GUÉRIR
ENVERS ET CONTRE TOUT

Dr CARL SIMONTON
STEPHANIE MATTHEWS SIMONTON
JAMES CREIGHTON

Guérir
envers et contre tout

Le guide quotidien
du malade et de ses proches
pour surmonter le cancer

A l'usage des patients, de leur famille et de
ceux qui les soignent, un guide détaillé pour
vaincre le cancer et revivre
Préface du Pr Jacques Bréhant
de l'Académie Nationale de Médecine
Introduction par Anne Ancelin Schützenberger,
professeur à l'Université de Nice
Traduit par Anne Ancelin Schützenberger
et Leslie Rothschild Lavigne

*L'édition originale de cet ouvrage, en anglais,
est parue chez J.P. Tarcher, Inc., Californie Etats-Unis,
sous le titre*

GETTING WELL AGAIN.

© *édition américaine Carl Simonton, Stephanie Matthews Simonton et Bantam Books
New York.*

© Desclée de Brouwer, 1982

76 *bis,* rue des Saints-Pères, 75007 Paris

ISBN 2-220-02537-3

PRÉFACE

L'espérance de guérir est déjà la moitié de la guérison

Voltaire

Des trois auteurs de ce livre, un seul est cancérologue, Carl Simonton, qui est radiothérapeute au Centre de recherches sur le cancer de Forth Worth, dans le Texas. Les deux autres sont conseil en psychologie et psychothérapeute.

C'est assurément cette orientation particulière qui nous vaut, pour ce livre destiné au public, une approche très neuve des problèmes que pose le cancer et explique la grande audience qu'il a obtenue depuis sa parution aux Etats-Unis.

Certes le comportement psychologique et la psychothérapie du malade cancéreux font l'objet, depuis de nombreuses années déjà, d'études et de recherches dans presque tous les pays scientifiquement avancés. Nombreuses sont les réunions interdisciplinaires, les congrès qui en ont fait leur thème de réflexion. Mais ce qui fait l'originalité de cet ouvrage, c'est que c'est exclusivement sous cet angle que le problème du cancer est abordé, c'est sous ce seul éclairage que les auteurs ont décidé de l'envisager.

Je crois que, dès l'exorde, le lecteur de cette édition française doit être prévenu que la question – mille fois débattue... – de la vérité à dire ou à ne pas dire au malade atteint de cancer ne se pose pas de la même façon dans les pays de culture anglo-saxonne et chez nous.

Cette révélation – qui est toujours traumatisante, pourquoi le nier? – est de règle chez les premiers. Notre position est plus nuancée. Est-ce notre sensibilité latine qui nous conduit, non à la celer comme on le faisait autrefois, ce qui est une attitude peu défendable, mais à n'alerter en général et dans un premier temps que la famille? A ne s'exprimer, vis-à-vis du malade lui-même, que progressivement, au fil des jours et des événements, un peu en écho de

ses questions et de ses inquiétudes ? Et surtout à respecter certains
« niveaux » de vérité (essentiellement en ce qui concerne le pronos-
tic), qui dépendent eux-mêmes du niveau psychique du malade, de
sa réaction devant la maladie, en un mot du risque que représente
potentiellement la révélation du diagnostic et les inconvénients du
traitement ? Tous les malades n'ont pas une âme de bronze et, sans
vouloir débattre au fond de ce problème éminemment complexe,
il m'apparaît que l'erreur générale est de vouloir à tout prix systé-
matiser une attitude qui ne saurait, je le crois, être définie qu'à la
suite d'un tête-à-tête intime avec chaque malade et concertation
avec son entourage.

Dans ce livre, le lecteur verra que la démarche est toute diffé-
rente. Je dirai mieux : Carl Simonton et ses collaborateurs, partant
du fait que leurs malades sont parfaitement au courant de leur état,
s'en font une arme pour mieux vaincre. L'idée directrice qu'ils vont
poursuivre tout au long de ce volume est simple à résumer, la voici :
la plupart des malades s'imaginent que la guérison est passive,
qu'on la reçoit (c'est « quelque chose qu'on nous fait », disent-ils) et
qu'en somme, puisqu'ils n'ont pas à faire l'effort de la mériter, leur
seule responsabilité se limite au bon choix des médecins qui vont
avoir à les traiter.

S'il n'est pas niable que la guérison dépend beaucoup, et
même essentiellement, de la façon dont le cancéreux sera pris en
charge sur le plan somatique (mais cela, les auteurs sont les pre-
miers à le reconnaître), il demeure que l'être humain est fait de
chair et d'esprit, et que le traitement sera inévitablement influencé
par l'idée qu'il se fera de son efficacité, donc par la confiance qu'il
mettra en la guérison. Ce n'est là, d'ailleurs, que le reflet d'une
notion qui est vieille comme le monde, depuis les mystères d'Eleu-
sis jusqu'à la vogue actuelle des empiriques. Or il appert que cette
conviction peut être un atout – qu'elle doit même devenir un atout
– dans le traitement de certaines maladies, et particulièrement
dans celui de la maladie cancéreuse.

Ce livre très remarquable vise à nous en faire prendre cons-
cience. Il constitue de la part de ses auteurs une vraie profession de
foi. J'aime les écrivains qui s'engagent. Et même si je ne souscris
pas à tout ce qu'ils disent, j'admire la sincérité et l'ardeur de leur
conviction. Dans la première partie, ils nous expliquent pourquoi
certains malades « dégringolent plus vite la pente » que d'autres, en
insistant beaucoup sur le rôle des stress. Dans la seconde, ils nous
disent comment, par quels moyens on peut y remédier, c'est-à-dire
de quelle façon on peut parvenir à leur insuffler ce désir de vivre qui

se trouve passagèrement enfoui, mais demeure latent au tréfonds du cœur des hommes.

Cependant ce désir de survivre qu'il faut véritablement « ancrer » dans l'esprit des malades découragés, cette volonté qu'il faut leur redonner nécessitent un tête-à-tête, une approche, une procédure qui ne s'improvisent pas. Les bonnes paroles ne sauraient y suffire. Il est indispensable de recourir à des techniques psychologiques qui sont maintenant bien codifiées et que l'on trouvera longuement décrites dans ces pages. Ainsi s'avère que les psychologues et les psychothérapeutes soient devenus les collaborateurs indispensables des médecins dans nos Centres anticancéreux.

Sans doute les cancérologues, dont la formation est surtout médicale, chirurgicale, radiologique ou anatomo-pathologique, trouveront-ils que, dans ce livre, les auteurs privilégient trop la « psyché » au dépens du « soma ». Mais à dire vrai, saurait-il en être autrement ? Pourrait-il en être autrement sans qu'ils renient leur discipline ? Or c'est précisément cette face par laquelle ils abordent le problème du cancer qui constitue à mes yeux l'originalité de l'œuvre. Je souhaite que beaucoup de ceux qui l'auront lue y trouvent le même espoir, la même inébranlable volonté, en un mot la conviction qui a constamment orienté la démarche de pensée de ceux qui l'ont conçue.

Pr. Jacques BRÉHANT
Membre de l'Académie Nationale
de Médecine.

INTRODUCTION

Anne Ancelin-Schützenberger
Professeur à l'Université de Nice

*Ce ne sont pas les choses elles-mêmes
qui nous troublent, mais l'opinion
que nous nous en faisons.*

Epictète

*Ose devenir ce que tu es
Même si ce n'est pas conforme à
Ce qui est demandé.*

C'est par hasard que j'ai connu les travaux des Simonton, plusieurs années avant que leur livre ne soit écrit. Ma cousine Nathalie était morte du cancer un an après une opération (réussie) du sein, et je ne pouvais pas l'accepter. Nathalie était médecin, fille de médecin, femme de chirurgien, médecin chef de service d'un centre s'occupant de perfectionner les médecins et avait reçu les soins les meilleurs, les plus éclairés, les plus efficaces que la France, l'Europe et le monde pouvaient offrir. Elle était gaie, riante, heureuse, intelligente, travailleuse et brillante, un excellent médecin, une épouse, une mère, une très jeune grand-mère comblée, trouvant aussi le temps de faire chaque semaine du tennis avec son mari, et du piano, de faire du ski l'hiver, de l'alpinisme l'été, en famille, et aussi des confitures, et de garder du temps pour son mari, sa famille et ses amis, en plus de diriger un service et d'écrire un ouvrage scientifique. Elle était la gaieté même, et la bonté, et rayonnait de bonheur et de dynamisme. Brusquement atteinte, elle se soignait sérieusement, prenait un peu de repos, continuait à vivre, n'avait arrêté ni son travail, ni ses conférences, ni ses voyages. Elle était adorée de tout le monde – malgré sa réussite – ce qui est en soi déjà exceptionnel.

Pourquoi elle ? Pourquoi ? Je ne pouvais pas l'accepter. Je me rappelais une question de ma fille : « On a vu Tante Alie hier, elle a dit "à demain" et ce matin, elle est morte. Comment c'est possible de parler un soir à quelqu'un – et le lendemain qu'il n'y soit plus ? » Je me rappelle aussi avoir passé un bon moment, seule avec elle ce dimanche-là (je veux dire seule avec la morte), et avoir ressenti comme un fort sentiment de présence. Je ne pouvais pas plus accepter la mort de ma cousine dans la cinquantaine, que trente ans plus tôt, celle de ma sœur. Ce n'était « pas juste », pas possible, ces vies fauchées trop tôt.

Ayant écrit à plusieurs de mes amis mon désarroi, mon sentiment d'injustice et mon impossibilité à croire que le cancer était fatal dans près de la moitié des cas, opérés et bien soignés, comme l'écrit Schwartzenberg [1] – j'ai reçu d'un de mes amis la photocopie d'un petit article paru dans une obscure revue, et signé d'un radiologue-cancérologue inconnu (Carl Simonton) et d'une psychologue (Stephanie Matthews Simonton) habitant une petite ville de province. Ce travail m'a beaucoup intéressée. Il me semblait qu'il ouvrait une porte importante et multipliait par deux ou dix les chances de guérison [2].

Peu après, invitée à faire des conférences au Canada, je rencontrai une de mes élèves, collègue et amie, Michelle R., qui me disait que les Simonton lui avaient sauvé la vie (en fait, elle a eu 5 à 6 années de survie de son cancer et a pu longtemps élever ses très jeunes enfants et travailler, profiter de la vie avec son mari). J'ai alors essayé de faire connaître la « méthode Simonton » par un article que j'ai écrit en 1977 et qui a été publié en 1978 par le *Bulletin de Psychologie* (Sorbonne, Paris) dans le numéro spécial de psychologie clinique dédié à mon amie et collègue Mireille Monod. J'avais

---

1. Schwartzenberg L. et al., *Changer la mort,* 1977, p. 79 : « Deux sur trois malades opérés meurent ».
2. Ou de rémission spontanée et/ou domestication et arrêt de la progression de la maladie.

essayé de mon mieux d'argumenter et compléter ce qu'écrivaient alors les Simonton par des recherches sur l'importance des images mentales, de la clarification de la motivation et des traumatismes et stress subis, des recherches sur les localisations cérébrales et les morphines du cerveau (endorphines) et sur ce qui pouvait déclencher un meilleur fonctionnement du système immunitaire.

*
* *

Quand ce livre a paru en anglais, j'ai voulu le traduire et le mettre à la disposition des gens – le voici. Pendant la traduction et l'impression, cet ouvrage est devenu un best-seller très rapidement aux Etats-Unis et au Canada, et est paru en livre de poche, avec de nombreuses et récentes rééditions. Carl Simonton prépare un autre livre sur le sujet – un ouvrage complémentaire et plus médical, destiné aux médecins.

De son côté, Stephanie Matthews Simonton prépare aussi un livre sur l'assistance, l'aide familiale et le cancer.

*
* *

L'un de mes buts, en écrivant cette préface, c'est de *convaincre le corps médical de l'importance du bon moral du malade sur ses progrès physiques,* de l'importance de la foi en la *guérison possible* d'une maladie grave, voire mortelle, et de cette foi sur le bon moral, – et sur le fait que la guérison est entre leurs mains et celles de leurs malades – et ceci sans triche [3] (je veux dire que quand le médecin croit que son malade peut guérir, cela aide le malade à avoir bon moral et à guérir, car *la foi en la guérison possible est contagieuse* – comme de faire son devoir et se battre sans y croire

---

3. Peut guérir veut dire *peut* guérir (ou avoir une rémission spontanée, ou une très longue stabilisation). C'est une chance de guérir: 1/2, 1/10, 1/100, 1/1000. Cela ne veut pas dire *va* guérir.

transparaît aussi dans le *non-dit).* Lucien Israel en parle dans «La décision médicale».

Une demi-bouteille peut être vue comme à demi-pleine ou comme à demi-vide – *l'optimiste* se réjouit de pouvoir boire à sa soif et le *pessimiste* pense souvent que ce n'est pas la peine de se mettre à table – ce qui change la vie de l'un comme de l'autre – plus qu'on ne croit. *Etre optimiste, c'est être raisonnablement réaliste :* quels que soient la maladie, le traumatisme, les dégâts, les pronostics, les statistiques, *certains guérissent.* Alors, pourquoi ne pas multiplier les approches, les techniques, mettre toutes les chances de son côté *(aider le malade à jouer sa chance),* aider le malade à revivre, à avoir une meilleure qualité de vie, à vivre mieux, plus pleinement, le temps qu'il a à vivre – à chaque jour suffit sa peine et chaque jour de gagné est gagné – et chaque instant peut apporter du bonheur.

Dès que des gens ont su que je m'intéressais à une approche psycho-somatique, somato-psychologique du cancer, à une approche de la personne totale, on est venu me demander conseil pour des cas désespérés, et après avoir refusé plusieurs fois, j'ai fini par accepter de recevoir (gratuitement et à titre expérimental) quelques personnes, pour tenter de les aider, à partir d'une version reconstituée de la méthode Simonton (ceci avant que ne paraisse cet ouvrage) et d'une trentaine d'années d'expériences de psychothérapeute, professeur et chercheur, utilisant le psychodrame, la psychanalyse, le rêve éveillé dirigé, l'imagerie mentale, la relaxation, la méditation, les «histoires de vie» et le «roman familial».

Par bonheur, par miracle, par «serendipité», par hasard[4], ces personnes ont commencé à aller mieux (il s'agissait de personnes atteintes d'un cancer terminal, avec une espérance de vie de quelques mois). Certaines de ces personnes sont encore en vie, plusieurs années après, et vivent agréablement une vie pleine, c'est-à-dire que les douleurs ont disparu, et qu'elles ont repris leur travail et une vie familiale, sexuelle, affective, amicale, sociale, profession-

---

4. J'avais, en fait, redécouvert plusieurs aspects de la méthode Simonton.

nelle, normale. Je n'ai qu'une petite (très petite) expérience de quelques années, en France et en Scandinavie, mais elle est cliniquement probante [5].

Guérir envers et contre tout, – aller mieux de nouveau, aller bien, revivre, ne pas avoir mal, rire, sortir, est un miracle en soi et un bonheur – et vivre quelques mois ou années de plus, agréablement et pleinement, est une grâce du ciel quand on a un cancer terminal – voir les métastases disparaître est merveilleux – même si elles ne disparaissaient que pour un, deux ou cinq ans ou plus (je parle de cinq ans parce que je l'ai vu sur cinq ans – et n'ai pas plus de recul en écrivant ceci –) mais je connais des cancéreux guéris définitivement depuis longtemps et trouve les exemples cités par les Simonton probants et convaincants [6]. Ceux de leurs malades que j'ai rencontrés, soit Gregory Bateson (qui a survécu trois ans à son cancer terminal), soit mes amies et collègues canadiennes et américaines (Hannah W. va bien, avec des métastases au cerveau depuis deux ans par exemple ; Doris F. voit de nouveau, rit, marche, voyage, fait du sport après ablation de la glande parotide et de muscles de la joue [7]... elle a même récupéré un visage symétrique et harmonieux après un stage d'une semaine chez les Simonton, un travail psycho-corporel de deux mois avec Feldenkrais et l'aide de la psychothérapie, de la relaxation et de la méditation. Elle est passée d'une chance sur cent de survie à la guérison en quelques mois).

Parlons maintenant un peu de Kristina. Christine, suédoise et soignée à Stockholm pour un cancer grave (terminal) a contacté à l'Institut Karolinska une psychologue-psychothérapeute pour l'aider à lutter et lui a demandé le nom de quelqu'un qui vivait ou passait souvent à Paris, car elle emménageait en France. Patricia lui a donné mon nom ; elle m'a téléphoné de Suède et je suis passée chez elle à son arrivée à Paris.

---

5. Même si la douleur d'un seul malade était supprimée et la qualité de sa vie améliorée, cela vaudrait la peine d'essayer. Mon expérience recoupe – à une toute petite échelle – celle de l'équipe Simonton.
6. En particulier je connais des amis de Bill.
7. Et des métastases dans l'autre glande et dans la cavité bucale.

Christine m'a dit d'emblée que lorsqu'elle m'a rencontrée, elle cherchait de quel pont de Paris se jeter, car elle ne voulait pas continuer à être découpée en tranches de saucisson (4 opérations du pied, puis de la jambe, en cinq mois, puis douleur à la hanche). Nous avons commencé à travailler trois heures ce jour-là pour lui apprendre à se relaxer seule, à avoir des images mentales de son cancer et surtout de son système immunologique fonctionnant mieux – et surtout pour essayer de voir avec elle quel stress lui était arrivé depuis deux ans et qui avait pu la prédisposer au cancer – découvert peu après sa rencontre avec son mari [8] et son mariage. Ce qui me sautait aux yeux, c'est qu'elle avait eu le cancer à l'âge même où sa mère l'avait eu (sa mère en est morte) et aussi que dans les deux dernières années, elle avait eu une surcharge professionnelle, deux déménagements, et des soucis et stress divers (dont un cancer dans sa famille proche)... avant sa rencontre avec son mari. Dès la première séance avec Christine nous avons travaillé sur les douleurs de son membre fantôme (utilisant ici des techniques psychodramatiques et d'imagerie mentale dynamique et une approche totale issue de certaines leçons de Feldenkrais d'intégration fonctionnelle) ; – la douleur cessa, Christine sourit. Son mari entra et on prit du thé tous ensemble.

A ma visite suivante, Christine n'était plus la même. Elle allait mieux. La grande photographie de sa mère qui trônait sur la cheminée avait disparu. J'ai appris à son mari à faire les exercices de relaxation avec elle, à l'entourer de son bras lorsqu'elle les faisait.

Après chaque séance de thérapie d'environ une heure, ou avant, on allait voir une exposition de peinture, tous les trois.

Bref, peu de temps après, Christine avait appris à conduire d'une seule jambe une voiture aménagée pour elle, avait repris son travail dans un organisme international, s'était commandée une jambe artificielle plus légère, de nouvelles chaussures et de jolies robes ; elle se promenait tous les

---

8. Le jeune mari de Christine a raconté sa vie – leur vie – sa maladie et ses traitements dans « Kristina Swanson », 1981, Stockholm : Tidens editeur (en suédois).

jours à pied au Champ de Mars ou au Bois de Boulogne, avait prévu de prendre des leçons de ski pour unijambiste *(sic)*. Elle s'amusait et vivait. Nous savions l'une et l'autre qu'elle avait en principe des métastases au poumon, mais j'avais vu plusieurs fois des métastases disparaître (et les Simonton le décrivent, ce livre étant paru), aussi cela ne m'inquiétait pas trop. Une fois, elle eut de grosses douleurs au poumon. Quand nous avons pu en parler par téléphone, la douleur de la poitrine a immédiatement disparu. Bien sûr, elle se sentait bien, elle retravaillait et sortait, elle allait mieux, mais il restait un « mais » – l'évolution inconnue des métastases. L'épée de Damoclès était suspendue sur sa tête, mais ses progrès étaient saisissants, malgré quelques crises d'angoisses (elle me téléphonait alors), elle allait bien, s'était prise en charge elle-même, et n'avait jamais été aussi heureuse, disait-elle.

Les gens de l'Institut Karolinska n'en ont pas cru leurs yeux lorsqu'ils ont vu Christine réapparaître six mois après l'amputation de sa jambe, rayonnante et en pleine forme – alors qu'ils la pensaient blème, triste, morte ou mourante.

Christine me disait que ma certitude qu'elle *pouvait aller mieux* – que cette possibilité existait (je ne lui ai jamais dit qu'elle allait guérir – je ne lui ai jamais menti) lui donnait la force de lutter pour vivre – ça – et l'amour et le soutien de son mari.

Il est impossible de savoir qui avait raison, le grand médecin qui l'a soignée et qui était certain de sa mort, ou moi, qui croyais qu'elle pouvait s'en sortir et allait probablement s'en sortir, si on ne lui avait pas fait une bronchoscopie de contrôle (elle est morte ce jour-là à l'hôpital), un contrôle inutile (inutile puisqu'on savait qu'elle avait des métastases au poumon) m'a dit – un an après – le grand patron qui la soignait et qui ne comprenait pas – alors – pourquoi, comment, elle faisait, pour aller bien et être tellement en forme.

Cette méthode lui a-t-elle donné seulement six mois de vie pleine, heureuse et sans douleur, ou est-ce qu'elle aurait pu lui sauver la vie ? On ne saura jamais [9] mais qu'importe !

---

9. Simonton a commencé des études de contrôle.

La qualité de la vie vaut peut-être plus que la durée de la vie – et est une qualité en soi.

*
* *

Qu'est-ce que la méthode Simonton?

Pour nous, elle se fonde sur des postulats à partir de la recherche scientifique de ces dernières années :

La réalisation automatique des prédictions

Les recherches récentes, en particulier de Robert Rosenthal (Université de Harvard) exposées dans l'ouvrage « Pygmalion à l'école », montrent que la réussite ou l'échec d'un élève en classe, dépend en grande partie de l'image que son professeur s'en fait. Lorsqu'on dit au professeur que certaines « queues de classe » sont en réalité des sujets brillants et intelligents (sur la foi de tests [10] corrigés fictivement), ces élèves commencent à faire des progrès remarquables. C'est peut-être dû à l'attention bienveillante que le professeur leur porte alors et qui les encourage [11]. Ceci rappelle, par ailleurs, les recherches classiques de psychologie sociale d'Elton Mayo à la Western Electric [12] concernant la productivité. Or l'opinion publique, le milieu social, et souvent le milieu médical ont mauvaise opinion du cancer, lié dans l'esprit des gens plus à la souffrance et à la mort qu'à la guérison.

Le médecin est aussi un homme (ou une femme) de son époque, baignant donc dans les idées générales de son milieu social. Cela veut dire que le médecin reflète par son attitude la médecine de son époque, et que son optimisme ou son pessimisme sont communicatifs (même s'il ne verbalise pas son pessimisme, cela se ressent dans les gestes, dans l'expres-

---

10. Tests d'intelligence et tests de niveau, donnés à tous mais non corrigés.

11. Il y a des gens plus doués que d'autres, mais la recherche scientifique prouve que l'apport affectif améliore le quotient intellectuel dans de nombreux cas.

12. Dans cette célèbre recherche classique (1930-1933), Elton Mayo démontre que si on aménage le poste de travail (siège, lumières, pause-café, horaires...), la productivité augmente, et que si on supprime ces aménagements à titre expérimental, la productivité continue à monter, donc le facteur en cause est l'attention et le respect portés aux travailleurs, c'est-à-dire le facteur humain. Ceci ne remet pas en cause la nécessité d'améliorer les conditions de travail, tout en pensant au « moral » et au respect de la personne.

sion – une certaine retenue ou trop de cordialité, dans la distance, l'utilisation de l'espace...).

La relation entre stress et cancer (personne ne nie qu'il y a aussi des causes externes provoquant le cancer) **parce que il y a une relation étroite psycho-somatique, somato-psychique entre l'esprit et le corps,** l'état d'esprit et la bonne ou la mauvaise santé. **L'homme est un.**

Trouver les causes (du stress [13]) ayant pu déclencher la maladie (ne fut-ce qu'en diminuant les défenses immunologiques du corps) est important. Cela donne un sens à la maladie. On peut demander au malade de se poser la question : « Est-ce que cette perte (d'une personne aimée, d'un travail, d'un objet d'amour...) vaut la peine que j'en meure ? »

– Si oui, que la personne aille vers le destin que consciemment ou inconsciemment elle s'est choisi [14].

– Si non, on peut « ramasser ses forces » dans un sursaut de volonté de vivre et arriver à survivre. Le malade a alors besoin de l'aide de tous. Cette aide, on essayera de l'apporter.

La prise en main active de soi-même par soi-même (par le patient) de son bien-être et de l'amélioration de son hygiène de vie et de son état de santé – avec toute l'aide qu'il pourra trouver chez son conjoint, dans sa famille, chez des amis réels, et aussi à l'aide d'êtres imaginaires : animaux, fétiches, fées, nains, elfes, ange gardien, guide mental intérieur... livres, films...

Des recherches récentes sur l'activité ou la passivité, l'apprentissage actif d'un territoire par la marche, ou passivement en étant promené, roulé dessus (Le « moulinet » de Held, les travaux de Paillard [15]), démontrent qu'il ne s'agit pas seulement d'un changement d'attitude, mais de consé-

---

13. Un stress souvent oublié : le stress du dévouement et de l'oubli de soi (over-dose de dévouement).

14. On peut parfois aider le malade à re-avoir ou avoir – envie de vivre. Mon choix – comme celui de Simonton et collaborateurs – c'est d'aider le malade à y voir clair (mais ne pas essayer de convaincre) et de travailler avec ceux qui veulent guérir, ou réellement ont envie de vouloir guérir.

15. « Le Corps en thérapie », colloque de 1980, édité sous la direction du Dr. E. Jeddi (Université de Tunis), Paris : Masson éd. (sous presse, 1982).

quences inscrites dans les structures corporelles et les schémas nerveux, fondamentaux. Le chaton qui court dans une
pièce connaîtra la pièce et l'intégrera dans son corps-espace-
temps, le chaton amené et promené en chariot (toujours,
depuis sa naissance) dans la pièce, ne verra pas la profondeur, tombera de la table sur laquelle il court, etc. n'intégrera jamais (jamais plus) certaines fonctions.

Il est fondamental pour le malade d'apprendre à se
prendre en charge – et de savoir qu'il peut le faire seul – seul
et en présence ou avec le soutien actif éventuel, à distance,
d'images paternelles ou maternelles – (médecin, psychothérapeute, soignants divers) qu'il peut appeler à son secours
quand il en a besoin (jour et nuit, et aussi pendant les
vacances).

Quand le malade cesse d'être un objet passif de soins,
pour devenir un partenaire actif de la guérison, son attitude
change, son psychisme aide son état de santé... il commence
à ressentir qu'il peut prendre part à sa guérison, et qu'elle
dépend de lui en grande partie... et généralement il va
mieux [16] rapidement. Tant de malades se plaignent de n'être
que des objets de soins...! Il est fondamental pour le cancéreux de redevenir une personne à part entière.

Cette approche totale de l'être humain, entier, j'ai eu
aussi l'occasion moi-même de l'essayer à titre expérimental
et bénévole [17] sur des malades atteints de cancer terminal en
France et en Scandinavie – et dont certains vont très bien,
vivent bien et pleinement une vie normale sociale et professionnelle depuis plusieurs années (sans signe apparent de
cancer – rémission? guérison? régression? – qu'importe le
nom quand on constate le résultat – qu'importe la durée de
survie lorsqu'on constate l'amélioration de la qualité de la
vie).

Voici pour résumer en quoi consiste l'ensemble de la
méthode :

---

16. Voir les tableaux du livre (et de mon article de janvier 1979).
17. En fait, ce sont des malades adultes qui ont «forcé ma porte», car ils voulaient de
l'aide, désespérément et *réellement*.

1. **Un temps de reprise de souffle** pour sortir de l'angoisse, de l'affolement, pour voir les choses en face, de façon réellement réaliste. Le cancer, une maladie comme une autre – une maladie grave, mais pas forcément mortelle.

Un temps pour respirer et faire le point, et aussi un temps pour réapprendre le goût de la vie, pour se donner le droit de vivre.

Un temps pour apprendre à se détendre, à se relaxer, à respirer, à souffler (en apprenant des méthodes de relaxation, de respiration, de détente musculaire... et se relaxer 3 à 5 fois par jour, 5 minutes).

La maladie est stressante et le stress augmente douleur et maladie.

La *relaxation* et le fait de *prendre de l'exercice* détendent et relaxent le corps et l'esprit, font du bien, rechargent l'organisme, diminuent et/ou suppriment la douleur [18].

Un moment pour *ré-apprendre la joie,* la gaîté, la possibilité de rire et de *se faire plaisir* (cela n'a l'air de rien, par exemple, faire une liste de 30 choses agréables et qu'on a envie de faire – et en faire trois au moins par jour) et de s'accorder le droit de se faire plaisir (à 100 % et 100 % du temps), cela change la vie.

2. **Une aide pour sortir de l'impasse, du « pourquoi » et « pourquoi moi »** par une recherche de stress, de « perte d'objet d'amour » [19] et qui expliquerait l'apparition du cancer (lié à la fatigue, à la perte de l'envie de vivre, à la diminution des défenses naturelles du corps...).

3. **Un modèle de « re-décision » et de « re-programmation »** (tiré de l'analyse transactionnelle selon Bob et Mary Goulding [20] : si la perte de tel objet d'amour a pu causer ou

---

18. Il a un effet quasi magique. Je conseille d'y ajouter les vitamines et en particulier la vitamine C en grandes quantités quotidiennes (plus de 5 à 10 grammes selon le résultat de recherches cancérologiques du Prix Nobel Pauling avec un cancérologue : Cameroun & Pauling : « Cancer et Vitamines C », 1979, New York : Warmer ed. 1981) et tout ce qui peut aider l'immunologie naturelle (par ex. Iscador...).

19. Conjoint, enfant, travail, maison, œuvre, espoir... selon Lawrence Le Shan (cf. « You can Fight for your life » trad. fr. « Vous pouvez lutter pour votre vie », Robert Laffont, 1982).

20. Spécialistes anglo-saxons de l'analyse transactionnelle, travaillant surtout sur la re-décision, les changements de « script » et plans de vie, de « reprogrammation »...

précipiter le cancer, et que le cancer est là, désire-t-on vraiment en mourir ? ou guérir envers et contre tout en re-décidant de vivre ?

4. **Un support amical et thérapeutique,** cette chaleur affective aidant le malade à se prendre en mains, à s'imaginer le corps guéri et à reprendre une vie normale.

5. **L'imagerie mentale** – technique pivot – de cette thérapie, part de l'idée-force de l'unité fonctionnelle de la personne. Imaginer qu'on agit sur le corps, c'est déjà agir sur le corps [21]. (Mon hypothèse est que l'imagerie mentale, en agissant sur les lobes frontaux, agit sur l'hypophyse et stimule les fonctions immunologiques et les défenses naturelles du corps.)

6. **Une psychothérapie** personnelle et qui est considérée par Simonton et son équipe comme un **outil indispensable.**

Dans la méthode Simonton cette psychothérapie (englobant toutes les approches déjà évoquées, y compris toutes les techniques de survie – inconsciemment utilisées par certains malades ayant eu des rémissions spontanées et dans les championnats, les concours, la mise en super-forme), est préparée d'abord chez soi – un temps de reprise du souffle – puis en groupe intensif et résidentiel [22] (6 à 8 malades, avec, pour chacun, un conjoint ou un parent), utilisant en particulier la thérapie familiale, le jeu de rôle, le psychodrame, et – entre les séances – un cahier de remarques (journal à la Progoff) personnelles, et du sport ou de l'exercice physique.

Ensuite un support – par téléphone si nécessaire – avec un des thérapeutes du Centre par exemple, ou une équipe similaire, et la continuation de leur psychothérapie près de

---

21. Cf. travaux de Cannon et Jacobson.
Les exercices d'imagerie mentale suivent les exercices de relaxation, – dans des séances de relaxation de 10 à 12 minutes pluri-quotidiennes rythmant la journée (3 à 5 fois par jour, grosso modo au rythme des têtées – ou des prières musulmanes quotidiennes, publiques, ou chrétiennes en couvent). Ceci a pour but d'interrompre, de « couper » l'activité, le resassement, la tension, l'angoisse de la maladie, en permettant au malade de se relaxer, de se centrer sur soi, sur son être au monde, – et aussi d'imaginer la lutte de ses globules blancs (et de la médication qu'il reçoit) contre les cellules malignes, – de se projeter dans l'avenir, de s'imaginer libéré de la maladie et menant une vie agréable, de son choix.
22. Généralement dans un hôtel ou une auberge, à la campagne, offrant la facilité de faire de l'exercice (marche à pied, tennis, piscine, etc.) en dehors des heures de séances.

leur domicile, de leur programme d'exercices physiques, allant de pair avec la reprise d'une vie normale (tout cela est décrit, dans les études de cas dans cet ouvrage-ci).

Rappelons qu'être malade, c'est aussi changer d'identité aux yeux des autres (par exemple, on passe du rôle et statut de mari travailleur à celui de « malade » et de « mourant » – ce qui transforme et biaise toutes les relations). On peut se « déprogrammer » et aussi se « reprogrammer » comme guérissant. Nous voudrions insister ici – comme nous l'avions fait en 1980 au Congrès de Marseille « Psychologie et Cancer » sur le fait que l'image que l'on se fait de soi et que les autres vous renvoient, que l'idée que l'on se fait de son avenir (ou de son manque d'avenir), avec les divers problèmes, difficultés et stress que cela provoque, transforment l'image de soi et l'identité, au point d'en faire littéralement une question de vie ou de mort, au sens le plus strict de survie.

On pourrait, pour conclure, rappeler l'importance de la théorie de la surveillance (nous avons tous par moment des cellules malignes, dont le cops se débarrasse normalement), de la remise en marche du système immunologique et « réfléchir » à l'histoire de Monsieur de la Palice « qui est mort et enterré, mais qui, un quart d'heure avant sa mort, était encore bien en vie ».

Anne Ancelin-Schützenberger   Paris, octobre 1981

P.S. L'effort polyvalent du médecin qui veut se battre tous azimuth et donner sa force au malade est très bien décrit par Henri Briot (Hodgkin 33 33, 1974), lorsqu'il raconte sa lutte contre la maladie et comment le petit médecin de campagne qui le soignait pour un cancer terminal et fatal (la maladie de Hodgkin) s'est mis en quête de toutes les nouveautés. Cette femme médecin a pris le risque d'essayer *à la fois* plusieurs méthodes, en allant jusqu'à compléter sa formation médicale par de la cancérologie, l'a envoyé dans plusieurs services en demandant (et obtenant) qu'il reste « son » malade, c.à.d. qu'elle soit consultée pour chaque dose de médication ou irradiation – et à partir de leurs trois volontés (celle du malade, celle du médecin, celle de la femme du malade) ils ont fait un travail d'équipe proche de la préparation d'un sportif au championnat qu'on bouchonne, bichonne, encourage, soutient, à qui on redonne confiance quand le tonus baisse... jusqu'à ce que la victoire totale soit définitivement acquise.

                                                                    A.A.S.

PREMIÈRE PARTIE

L'ÉTAT D'ESPRIT
ET LE CANCER

1. La relation entre l'esprit et le corps : une méthode psychologique de traitement du cancer

Chacun d'entre nous participe activement tant à sa propre bonne santé qu'à ses maladies.

Ce livre se propose de démontrer aux cancéreux et à tous ceux qui ont d'autres maladies très graves, comment ils peuvent participer au maintien ou au rétablissement de leur bonne santé, comment ils peuvent aller mieux de nouveau, et revivre.

Nous parlons en termes de jouer un rôle actif par rapport à sa santé, et utilisons le mot *participer* à sa bonne santé dans le but de mettre en évidence le rôle vital que vous jouez dans votre propre état de santé. La plupart d'entre nous imaginons que guérir, c'est quelque chose *qu'on nous fait* [1], et que si nous avons un problème médical, notre seule responsabilité est de trouver un médecin qui va nous guérir. C'est vrai jusqu'à un certain point, mais ce n'est qu'une partie de ce qui se passe.

Tous, nous participons à notre propre état de bonne ou mauvaise santé, tant par nos croyances, nos opinions, sentiments, et attitudes envers le vie, que, plus directement, par l'entremise, par exemple, d'exercices physiques, de régimes, d'habitudes alimentaires, et d'hygiène mentale. De plus, notre réponse à tout traitement médical est influencée par

---

1. Nous traitons la bonne santé passivement comme un objet qu'on nous donne, retire, redonne – le médecin étant celui qui s'en occupe et la redonne – et non activement comme faisant partie de nous (A.A.S.).

l'idée que nous nous faisons de l'efficacité de ce traitement et par la confiance que nous accordons à cette équipe médicale.

Ce livre ne minimise en aucune manière le rôle du médecin, ni d'autres professionnels de la santé, engagés dans le traitement médical. Plutôt «Guérir envers et contre tout» («Getting well again»)[2] va décrire ce que *vous* pouvez faire en même temps, conjointement avec le traitement médical, pour regagner la bonne santé que vous méritez.

Comprendre à quel point vous pouvez participer à votre bonne santé ou à votre maladie, est pour chacun un premier pas significatif vers le fait d'aller mieux (guérison). Pour beaucoup de nos patients, c'est le pas critique essentiel. Ce le sera peut-être pour vous aussi.

Nous nous appelons Carl Simonton et Stephanie Matthews Simonton, et nous dirigeons le Centre de «Counselling», Conseil et recherche sur le cancer à Forth Worth, Texas (Etats-Unis)[3]. Carl, le directeur médical du Centre est oncologue[4] et radiothérapeute, un médecin se spécialisant dans le traitement du cancer. Stephanie est directeur du «counselling» (le service d'aide, d'entretiens et de conseils psychologiques); elle est psychologue de formation.

La majorité de nos patients, dont beaucoup viennent nous voir de loin[5], ont reçu le diagnostic de cancer «incurable» (ou «terminal») par leurs médecins traitants. Selon les statistiques nationales américaines concernant le cancer, ils ont en moyenne encore un an à vivre, une «espérance de vie» de moins de douze mois[6]. Lorsqu'ils croient que seul un traitement médical peut les aider – mais que leurs médecins ont dit que la médecine ne peut plus les

---

2. Pour la commodité du lecteur, nous gardons le titre original et traduisons aussi en français. Voir aussi à la fin, la bibliographie (N.d.T.).

3. Cancer Counseling and Research Center, depuis 10 ans à Fort Worth, près de Dallas, Texas, Etats-Unis (en 1981-1982, le centre sera transféré à Dallas).

4. Spécialiste du cancer.

5. Des Etats-Unis, du Canada et aussi d'Europe (N.d.T.).

6. Dans les recherches menées en 1981, les Simonton ne prennent que les malades ayant un pronostic de survie de moins de six mois, ou opérés depuis moins de six mois.

Rappelons qu'aux Etats-Unis, le médecin est tenu d'indiquer le diagnostic au malade (A.A.S.).

aider et qu'ils n'ont que quelques mois à vivre – ils se sentent condamnés, «piégés», désemparés, impuissants, et réagissent habituellement selon les prévisions du médecin. Mais lorsque les patients se mobilisent et participent activement à leur rétablissement, il arrive qu'ils dépassent de beaucoup leur «espérance de vie» et modifient la qualité de leur vie, de façon significative (et statistiquement significative).

Les idées et les techniques décrites dans ce livre sont celles que nous utilisons à notre Centre de conseil et de recherche sur le cancer, pour enseigner aux cancéreux comment ils peuvent participer à leur rétablissement et vivre une vie agréable et qui les comble.

Le point de départ: la «volonté de vivre»

Pourquoi certains patients guérissent-ils et d'autres pas, ceci avec le même diagnostic? Carl s'est intéressé à ce problème au moment où il terminait son stage d'interne en cancérologie à la Faculté de Médecine d'Orégon. Il avait remarqué, alors, que les malades qui proclamaient qu'ils voulaient vivre étaient le plus souvent ceux qui se comportaient comme s'ils ne le voulaient pas. Il y avait des malades avec un cancer des poumons qui refusaient de s'arrêter de fumer, des malades avec un cancer du foie qui refusaient de réduire la quantité d'alcool qu'ils buvaient, et d'autres qui ne venaient pas régulièrement pour leur traitement.

Dans beaucoup de ces cas, c'était des gens dont le pronostic médical indiquait qu'avec un traitement, ils auraient normalement eu encore beaucoup d'années à vivre. Néanmoins, bien qu'ils réaffirmaient qu'ils avaient de nombreuses raisons de vouloir vivre, ces patients montraient plus d'apathie, de dépression et de défaitisme que grand nombre de malades ayant un diagnostic de maladie terminale, d'incurabilité.

Parmi les malades dits incurables, on trouvait un petit groupe de patients qui avaient été renvoyés chez eux après un très léger traitement (palliatif), avec peu d'espoir qu'ils

5

vivent assez longtemps pour venir à leur premier rendez-vous de surveillance («follow-up»). Toutefois, plusieurs années après, ils arrivaient encore et toujours à leur rendez-vous annuel ou semi-annuel de «follow-up»[7], en très bonne santé, et ayant mis en défaut les statistiques, sans qu'on puisse expliquer comment, ni pourquoi[8].

Lorsque Carl leur a demandé comment ils expliquaient leur si bonne santé, ils ont souvent répondu: «Je ne peux pas mourir avant que mon fils ait terminé ses études», ou «Ils ont trop besoin de moi au bureau», ou «Je ne pourrai pas avant d'avoir résolu tel problème avec ma fille». Ce qu'il y avait de commun dans toutes ces réponses, c'était le sentiment *qu'ils exerçaient une certaine influence sur l'évolution de leur maladie.* La différence essentielle entre ces malades et ceux qui ne coopéraient pas, était leur attitude envers leur maladie et leur regard positif sur la vie. Les patients qui continuaient à se porter bien, pour une raison ou une autre, qui guérissaient envers et contre tout, avaient un «désir de vivre» plus fort. Cette découverte nous fascinait.

Stephanie avait travaillé dans le domaine de la motivation et en particulier avait une expérience de «counselling» en psychologie du comportement et motivation; elle s'intéressait à des gens qui réussissaient remarquablement[9] au point de vue professionnel, qui avaient une réussite rare – comme s'ils étaient prédestinés à arriver – des gens qui, dans le monde des affaires, semblaient choisis d'avance pour arriver au sommet. Elle avait étudié le comportement de gens ayant cette forme de réussite et en enseignait des techniques à des gens qui réussissaient moyennement.

Il semblait possible d'étudier les cancéreux de la même manière – d'apprendre ce que faisaient ceux qui se portaient

---

7. Nous gardons certains anglicismes passés dans le français technique et courant, comme «follow-up» ou «counselling» (conseil) (N.d.T.).

8. Ce qu'on appelle des «rémissions spontanées» – faute de comprendre le processus. Voir plus loin (N.d.T.).

9. «Unusual achievers». La réussite exceptionnelle, en particulier dans le domaine du sport, a été beaucoup étudiée et diverses méthodes mises au point pour la provoquer, – des thérapies du comportement au zen et à l'utilisation du bio-feed-back et des ondes alpha – puis transposées dans d'autres domaines (A.A.S.).

bien, et comment ils se distinguaient de ceux qui n'allaient pas bien [10].

Si la différence entre le patient qui se rétablit et celui qui ne va pas bien est en partie une question d'attitude envers la maladie et le sentiment qu'il peut influencer lui-même quelque peu sa maladie, alors, nous nous sommes demandés comment pouvons-nous influencer ce que ressentent et pensent les patients pour qu'ils réagissent de manière positive? Pourrions-nous appliquer des techniques de la psychologie du comportement afin d'induire le désir de vivre et augmenter une «volonté de vivre»? A partir de 1969, nous avons commencé à examiner toutes les possibilités, explorant des techniques psychologiques aussi variés que les groupes de rencontre, les thérapies de groupe, la méditation, l'imagerie mentale, la pensée positive, des techniques de motivation, des cours de «développement du psychisme», tel le «Silva Mind Control» (Contrôle et dynamique de l'esprit, selon la méthode de Silva) [11], et le «bio-feed-back» [12].

De notre étude du «bio-feed-back», nous avons appris que certaines techniques permettaient aux gens d'influencer certains des processus internes de leur corps, tel le rythme cardiaque et la tension artérielle. Un aspect important de «bio-feed-back», l'imagerie mentale, était aussi une composante importante d'autres techniques que nous avions étudiées. Plus nous nous approchions du processus, plus il nous intriguait.

Le processus de l'imagerie mentale comporte essentiellement une période de relaxation, au cours de laquelle le patient imagine et se représente un but recherché, un objectif ou un résultat. Avec le cancéreux, ceci voudrait donc dire qu'il essaie de visualiser son cancer, le traitement qui détruit le cancer, et ce qui a encore plus d'importance, les défenses

---

10. C'est-à-dire allaient de plus en plus mal (N.d.T.).

11. La méthode «Silva mind control» comprend une partie de relaxation, de mise au repos du cerveau en ondes alpha, et, dans cet état, la visualisation d'objectifs, ou de réalisation, dans l'avenir, par exemple.

Des groupes de formation à cette méthode existe en Amérique, Europe, Afrique du Nord... (A.A.S.)

12. Voir plus loin l'explication du «bio-feed-back».

naturelles de son corps, et qui l'aident à guérir (son système immunologique).

Après de nombreux échanges avec deux chercheurs éminents dans le domaine du « bio-feed-back », Joe Kamiya [13] et Elmer Green, de la Clinique Menninger [14], nous avons décidé d'utiliser la visualisation et les techniques d'imagerie mentale avec des cancéreux.

Le premier patient : un exemple dramatique

Le premier patient à qui nous avons essayé d'appliquer nos premières théories était un homme de 61 ans, qui était venu à la consultation de l'hôpital universitaire en 1971 avec un type de cancer de la gorge ayant un très mauvais pronostic. Il était très faible, avait beaucoup maigri (son poids était tombé de 59 à 45 kilos). Il pouvait à peine avaler sa salive, et il avait du mal à respirer. Il avait moins de 5 % de chances de survie à 5 ans. En fait, les professeurs de la Faculté de Médecine avaient sérieusement débattu s'il fallait le traiter ou non, car il était fort possible que la thérapie ne ferait que le faire souffrir davantage, sans guère diminuer son cancer.

Carl est entré dans son cabinet [15], déterminé à aider cet homme à participer activement à son traitement. Celui-ci était un cas qui justifiait des mesures exceptionnelles. Carl a commencé à traiter le patient en lui expliquant comment lui-même pouvait influencer l'évolution de sa propre maladie. Puis Carl a proposé un programme de relaxation et d'imagerie mentale basé sur la recherche que nous avions effectuée jusque-là. Cet homme devait prendre chaque jour

---

13. Pionnier du « bio-feed-back » (N.d.T.).

Les pays anglo-saxons ont l'habitude d'indiquer les titres universitaires des gens, mais « Dr » peut vouloir dire n'importe quel doctorat. Aussi nous n'indiquerons Dr X. que si nous savons qu'il s'agit d'un médecin, d'un docteur en médecine – et non pour les autres, en rappelant que la plupart des auteurs, enseignants et chercheurs cotés, sont docteurs ès Sciences, docteurs ès Lettres, docteurs en Sciences humaines, docteurs en psychologie... mais que le texte ne le précise pas (N.d.T.).

14. La célèbre clinique Menninger se trouve à Topeka, aux Etats-Unis.

15. De radiothérapeute-cancérologue.

trois périodes de détente (de relaxation) de cinq à quinze minutes – le matin au réveil, à midi après le déjeuner, et le soir avant de se coucher. Pendant ces périodes, il devait d'abord se calmer en restant assis tranquillement et se concentrer sur tous les muscles de son corps, commençant par la tête et allant jusqu'aux pieds, en disant à chaque groupe musculaire de se détendre. Puis, dans cet état de relaxation [16], il devait s'imaginer, se représenter dans un endroit agréable et tranquille, se voir [17] lui-même assis sous un arbre, près d'un ruisseau [17], ou dans n'importe quel endroit qui lui plaise, qui lui soit particulièrement agréable. Ensuite, il devait imaginer son cancer de façon imagée, vive et nette, quelle que soit la forme qu'il prenne.

Ensuite, Carl lui a demandé de se représenter son traitement, la radiothérapie, comme des milliers de minuscules balles d'énergie qui frapperaient [17] les cellules, tant les cellules cancéreuses que les cellules normales, qui se trouveraient sur leur trajectoire. Comme les cellules cancéreuses sont plus faibles, moins bien organisées, plus faciles à mettre en déroute que les cellules normales, elles n'arrivaient pas à réparer les dommages – a suggéré Carl – et ainsi les cellules normales resteraient saines, alors que les cellules cancéreuses mouraient.

Ensuite, Carl est passé à la partie la plus importante et a demandé au patient d'imaginer les globules blancs [18] qui entrent en action, envahissent les cellules cancéreuses, prennent et emmènent les cellules mortes et mourantes, les chassant de son corps par le foie et les reins. Mentalement, psychiquement, il devait imaginer clairement [19], il devait visua-

---

16. Simonton précise plus loin l'importante différence entre loisirs et détente, d'une part, et véritable relaxation (N.d.T.).

17. Il est intéressant de noter que Simonton propose ici une image visuelle puis auditive, puis kinésique – ce qui a son importance, en particulier par rapport aux récentes découvertes de Grinder et Bandler (programme neuro-linguistique) (A.A.S.).

18. Image médicalement pas absolument exacte mais volontairement choisie parce que «parlante» pour le public (N.d.T.).

19. *Mind's eye:* expression usuelle américaine générale et technique, que ne rend pas en français le «troisième œil», ou «l'œil de l'esprit» (Harper), «avoir en vue», «voir en idée», «s'imaginer», «imaginer clairement»... en imagination, avec l'œil intérieur, avec l'œil de l'esprit, avec le cerveau droit créateur... Cette expression provient des techniques californiennes développant la créativité, l'imagination créatrice, les images mentales à partir de diverses techniques de relaxation, d'attention flottante, d'état de semi-rêverie en ondes

liser son cancer diminuant de taille, et sa santé redevenant normale. Après qu'il ait fini chacun de ces exercices, il devait continuer à faire ce qu'il avait prévu pour la journée.

Ce qui s'est produit dépassa toute expérience antérieure de Carl avec des traitements purement physiologiques. La radiothérapie donna des résultats exceptionnellement bons et le patient n'eut guère de réactions négatives aux rayons, ni sur la peau, ni dans les muqueuses buccales, ni dans celles de la gorge. Dès la première moitié du traitement, il a pu manger de nouveau. Il reprit vite forces et poids. Le cancer disparut petit à petit.

Le patient nous dit avoir suivi consciencieusement le traitement – radiothérapie et imagerie mentale – et n'avoir manqué qu'une seule séance d'imagerie mentale, le jour où il est parti se promener avec un ami, et où ils se sont trouvés coincés dans un embouteillage. Il était très mécontent, de lui et de son ami, car en manquant cette seule séance, il avait l'impression de perdre le contrôle de son état de santé.

Traiter ce patient de cette manière était très stimulant, mais c'était aussi un peu effrayant. Les possibilités thérapeutiques qui semblaient s'ouvrir devant nous dépassaient de beaucoup ce à quoi la formation médicale universitaire de Carl l'avait préparé.

Le patient continua de faire des progrès, et enfin, deux mois plus tard, il ne montra plus trace de cancer. L'intensité avec laquelle il croyait pouvoir influencer le cours de sa propre maladie était évidente lorsque, vers la fin de son traitement, il dit à Carl: «Docteur, au début, j'avais besoin de vous pour guérir. Maintenant, je pense que vous pourriez disparaître et que je pourrais continuer tout seul.»

Après la rémission de son cancer, le patient s'est décidé de lui-même à utiliser la technique de l'imagerie mentale pour soulager l'arthrite dont il souffrait depuis des années. Il s'est représenté mentalement ses globules blancs passant en les polissant sur les articulations de ses bras et de ses jambes, les lissant, emportant tous les débris, jusqu'à ce que les sur-

---

alpha, mettant au repos l'hémisphère gauche rationnelle du cerveau et laissant la bride sur le cou à l'hémisphère droit, et à son imagination créatrice. Ce terme est devenu courant tant dans la langue courante que dans le langage technique américain (N.d.T.).

faces deviennent lisses et brillantes. Ses symptômes diminuaient petit à petit, et s'ils revenaient de temps en temps, il a pu les diminuer au point de pouvoir régulièrement pêcher à la truite, un sport difficile, même sans arthrite.

De plus, il décida, pour améliorer sa vie sexuelle, d'employer la relaxation et l'approche par l'image mentale. Bien qu'ayant été impuissant depuis plus de vingt ans, il lui suffit de quelques semaines de la pratique de l'image mentale pour être en mesure de recouvrer sa pleine activité sexuelle, et ses performances, dans l'ensemble de ces domaines, et ce depuis plus de six ans [20].

Heureusement que les résultats de ce premier cas on été aussi positivement spectaculaires car lorsque nous avons commencé à parler ouvertement dans les cercles médicaux de nos expériences et quand nous avons émis l'idée que les malades semblaient influencer leur maladie beaucoup plus que ce que nous avions l'habitude de croire, nous avons reçu de fortes réactions négatives. Et il nous arrivait, souvent, à nous aussi, de douter nous-mêmes de nos conclusions. Comme tout le monde – et surtout comme quelqu'un ayant reçu une formation médicale – nous avions appris que la maladie «tombait» sur les gens, sans aucune possibilité d'un contrôle psychologique de la part du malade sur le cours de sa maladie, ou sans guère de relations de cause à effet entre la maladie et ce qui se passait dans la vie du patient.

Néanmoins, nous avons continué à utiliser cette nouvelle méthode pour le traitement du cancer. Bien que parfois elle ne changeait rien à l'évolution de la maladie, dans la majorité des cas, elle a produit des changements significatifs dans les réponses, les réactions, des malades à leur traitement. Aujourd'hui, sept ans après le travail de Carl avec ce premier patient, nous avons développé plusieurs autres processus, en plus de l'imagerie mentale, que nous avons utilisé avec des patients, d'abord à la Base d'Aviation de Travis [21] où Carl était chef de service de radiothérapie, et maintenant à notre Centre du Texas [22]. Ces techniques sont la base de

---

20. C'est-à-dire au moment où ceci est écrit (A.A.S.).
21. Travis Air Force Base, près de San Francisco, Californie, Etats-Unis.
22. A Forth-Worth, près de Dallas, et déménageant en 1981-1982 à Dallas.

«La voie vers la bonne santé», la deuxième partie de «Guérir envers et contre tout».

Une méthode globale du traitement du cancer abordant la personne tout entière [23]

Etant donné que socialement le cancer est une «maladie effrayante», au moment où l'on sait que quelqu'un a un cancer, souvent le cancer devient alors la caractéristique qui définit cette personne. Cet individu joue peut-être de nombreux rôles: parent, patron, amoureux – il a peut-être de nombreuses qualités personnelles: intelligence, charme, bon sens, humour – mais à partir de ce moment là, il ou elle est un «cancéreux», il est étiquetté. L'identité pleine et entière de la personne, ce qu'elle est au point de vue humain, en tant que personne complète, est perdue au profit de son identité de cancéreux. Tout ce dont chacun est conscient, y compris souvent le médecin, c'est de l'existence physique du cancer, et tout le traitement est orienté sur le patient en tant que corps et non en tant que personne.

Notre hypothèse principale, c'est qu'une maladie n'est pas un problème uniquement et purement physique, mais plutôt et surtout un problème de la personne tout entière, et qu'elle inclut non seulement le corps, mais aussi l'esprit, le psychisme, les émotions et l'affectivité. Nous croyons que les états émotionnels et mentaux jouent un rôle significatif, aussi bien dans la *prédisposition* à la maladie, y compris le cancer, que dans le *rétablissement* – c'est-à-dire dans le rétablissement de la bonne santé et la disparition de toutes les maladies. Nous croyons que le cancer est souvent une indication d'autres problèmes dans la vie du malade – ailleurs – problèmes aggravés ou compliqués d'une *série de stress,* ayant eu lieu six à dix-huit mois avant l'apparition du cancer. Le cancéreux semble avoir réagi à ces problèmes ou

---

23. *Whole person:* personne entière, personne globale, psycho-somatique et somato-psychique, unité de l'esprit, du corps, de l'état psychique et affectif (N.d.T.).

stress avec un profond sentiment d'impuissance, ou de «renoncement». Nous croyons que cette réponse émotionnelle sert de déclic à un ensemble de réponses physiologiques qui suppriment les défenses naturelles du corps et le prédisposent à produire des cellules anormales.

En supposant que nos hypothèses soient grosso modo correctes – et la plupart des sept chapitres qui suivent serviront à vous montrer pourquoi nous y tenons autant – il devient alors nécessaire que le patient et le médecin, en se battant contre la maladie, en travaillant pour la guérison, tiennent compte, non seulement de ce qui se passe à un niveau physique, mais tout autant – et c'est important – de ce qui se passe dans le reste de la vie du patient. Si *tout le système, l'ensemble,* intégré, de l'esprit, du corps et des émotions de la personne totale, ne va pas dans le sens d'une bonne santé, alors des interventions purement physiques peuvent ne pas réussir. Ainsi, un programme de traitement efficace va tenir compte de l'être humain tout entier, et ne se centrera pas sur la seule maladie, car se serait comme traiter une épidémie de fièvre jaune seulement avec des sulfates, sans drainer et assécher les canivaux où se reproduisent les moustiques qui transmettent la maladie.

Les résultats de cette méthode

Après avoir enseigné pendant trois ans à des patients comment se servir de leur esprit (leur psychisme) et de leurs émotions pour changer le cours de leurs tumeurs malignes, nous nous sommes décidés à faire une recherche sérieuse pour distinguer les effets des traitements émotionnels et médicaux et démontrer scientifiquement que le traitement émotionnel produisait réellement un effet.

Nous avons commencé par étudier un groupe de patients ayant des tumeurs malignes considérées comme incurables d'un point de vue médical. La durée de survie pour le malade moyen, avec une telle tumeur, est estimée à douze mois.

Durant les quatre dernières années, nous avons traité 159 patients ayant un diagnostic de tumeur médicalement incurable. Soixante-trois de ces patients sont vivants, avec une moyenne de survie de 24,4 mois depuis le diagnostic. La prévision de survie pour ce groupe, basée sur des normes nationales, est de 12 mois. Pour compléter cette recherche, nous avons, depuis, constitué une population de contrôle comparable [24] et les résultats préliminaires indiquent une survie comparable à celle des normes nationales, une période de survie de moitié moindre que celle de nos patients. Quant aux patients de notre étude qui sont morts, leur durée de survie moyenne était de 20,3 mois. C'est-à-dire que les patients dans notre étude qui sont vivants ont vécu, en moyenne, deux fois plus longtemps que les patients ayant reçu un traitement médical seulement. Même les patients de cette recherche qui sont morts, ont quand même vécu une fois et demie plus longtemps que ceux du groupe de contrôle.

En janvier 1978 [25] la position de la maladie chez les patients encore en vie est la suivante :

	Nombre de patients	Pourcentage
Aucun signe de maladie	14	22,2 %
Tumeur en train de progresser	12	19,1 %
Maladie stabilisée	17	27,1 %
Nouvelle croissance de la tumeur (rechute)	20	31,8 %
	63	

---

24. « Matched controle population » : groupe de contrôle avec une population équivalente, scientifiquement comparable au point de vue âge, sexe, profession, statut socio-économique, diagnostic médical, pronostic... (N.d.T.).

25. Les recherches en cours continuent avec d'autres, en 1980 et 1981. Pour affiner les résultats, les Simonton n'acceptent que des malades ayant un pronostic de survie de moins de six mois ou venant d'être opérés depuis moins de six mois (A.A.S.).

Rappelons que 100 % de ces patients étaient considérés médicalement incurables.

Bien entendu, *la durée de vie* [26] après le diagnostic n'est qu'un aspect de la maladie. *La qualité de la vie* [26] pendant la survie du patient est d'une importance équivalente (ou encore plus grande). Il existe actuellement peu de mesures objectives de la qualité de la vie ; toutefois, un paramètre que nous utilisons, c'est le niveau d'activité quotidienne maintenue durant et après le traitement, et ceci comparé au niveau d'activité précédant le diagnostic. Pour le moment, 51 % de nos patients ont le même degré d'activité qu'avant le diagnostic. Etant donné notre expérience clinique, ce degré d'activité pour des patients médicalement incurables n'est rien moins qu'extraordinaire.

Les résultats de notre méthode de traitement du cancer nous confirment que les conclusions que nous avons tirées sont correctes – qu'une participation active et positive peut influencer la genèse de la maladie, l'évolution du traitement, et la qualité de la vie.

Certains s'inquiéteront peut-être de ce que nous offrons « un faux espoir », en suggérant qu'il est possible d'influencer l'évolution de sa maladie, nous produisons des attentes irréalistes. Il est vrai que l'évolution d'un cancer varie de façon spectaculaire d'une personne à une autre et que ce serait présomptueux que d'offrir des garanties. Le résultat est d'ailleurs incertain (comme il y en a avec des procédures médicales standards), mais nous croyons que *l'espoir* est une position, une attitude bien adaptée face à l'incertitude.

Comme nous le verrons en détail dans les chapitres suivants, ce à quoi on s'attend – l'attente positive ou négative – peut jouer un rôle significatif dans le dénouement, le résultat, l'évolution de la maladie. Une attente négative empêchera la possibilité de déception, mais elle peut aussi contribuer à un résultat négatif, et qui n'était pas inévitable.

Au point où nous en sommes de la recherche, il n'y a bien sûr aucune garantie qu'une attente positive de guérison

---

26. Souligné par le traducteur.

sera réalisée. Mais, sans espoir, il ne reste au patient que son désespoir (et ce désespoir, cette absence d'espoir, comme nous le verrons, est déjà trop présent dans la vie et la personnalité du cancéreux). Nous ne nions pas la possibilité de mort ; de fait, nous travaillons beaucoup avec nos patients pour les aider à l'affronter comme dénouement possible. Nous travaillons aussi avec eux pour les aider à croire qu'ils peuvent influencer leur condition et que leur esprit, leur psychisme, leur corps et leurs émotions peuvent œuvrer ensemble pour créer ou recréer une bonne santé.

De la théorie à la pratique

« *Guérir envers et contre tout* » est divisé en deux parties principales. La première traite de la théorie sur laquelle se fonde notre méthode psychologique ; la deuxième présente un programme de rétablissement pour les patients et leurs familles. Les chapitres de la première partie, « L'état d'esprit et le cancer » ne sont pas une tentative de prouver la validité de cette méthode à la communauté scientifique [27]. Ils constituent plutôt une tentative pour donner une explication simple et directe, afin que vous puissiez évaluer vous-mêmes si notre méthode vous paraît raisonnable et si vous voulez vous en servir.

La deuxième partie introduit les « *Voies vers la bonne santé* », le programme que nous utilisons avec nos patients au Centre de Conseil et de recherche sur le cancer au Texas. Nous vous encourageons à essayer ces techniques spécifiques. Nous vous prions de le faire, et de vous y mettre vite. Les lire sans les faire n'est pas plus efficace que d'acheter les médicaments d'une ordonnance sans les prendre. En participant au programme, vous participerez à votre propre santé, à améliorer votre santé.

---

27. Le Dr. Carl Simonton prépare un ouvrage destiné plus particulièrement au monde médical et scientifique – prévu pour 1982-1984 (A.A.S.).

Dans le dernier chapitre, nous nous tournons vers les problèmes de ceux qui vivent avec un être cher ayant une maladie très grave et qui menace sa vie. Nous décrivons certains des problèmes de communication qui arrivent en cas de maladie grave, le kaléidoscope des sentiments, et la possibilité d'un plus grand rapprochement, de plus d'affection et d'amour encore, dus à cette épreuve. Si vous avez un cancer, ce n'est pas seulement vous que nous encourageons à lire ce chapitre, mais donnez-le à votre conjoint, vos enfants, votre famille, vos amis proches... à ceux qui vous aident et vous soignent.

Nous invitons tous nos lecteurs à nous rejoindre dans la recherche de nouvelles méthodes de rétablissement de la guérison et du maintien d'une bonne santé.

2. Les mystères de la guérison : l'individu et ce qu'il croit (ses opinions et idées sur la maladie)

La technologie impressionnante de la médecine moderne donne l'image d'une puissance, d'un savoir si grand, qu'il est difficile d'imaginer que nos ressources individuelles peuvent y changer quelque chose. Bien entendu, aucune personne digne de confiance ne songe à se passer exprès des apports de la médecine de notre temps, ni nier ses progrès. Ses apports se trouvent parmi les meilleurs produits de l'esprit humain. Dans le seul traitement du cancer, de grands progrès ont été faits en radiothéraphie, dans les procédures sophistiquées de chimiothérapie, et dans les techniques chirurgicales. Le résultat de cette technologie, c'est que 30 à 40 % de tous les cancéreux sont « guéris » de leur maladie.

Certains cancéreux sont soignés par des machines placées dans des chambres spéciales où sont affichés des panneaux avertissants des dangers de l'irradiation. Les patients sont laissés seuls, à se poser des questions et à se demander pourquoi, si le traitement est supposé faire autant de bien, toute l'équipe médicale l'évite à tel point. D'autres machines émettent des bruits et des grincements si forts que le malade doit porter des protège-oreilles. La machinerie, l'équipement diagnostic le plus récent est si énorme, qu'on emmène et roule[1] le patient dans la machine, où des images sont prises

---

1. Sur une chaise roulante ou un chariot.

de sections transversales de son corps. Des équipes chirurgicales utilisent un équipement terriblement sophistiqué et coûteux pour des interventions qui durent des heures, et qui impliquent les procédures les plus élaborées. La technologie est brillante et puissante. Certaines thérapies du cancer sont si fortes, en fait, que les patients craignent autant les effets secondaires que la maladie elle-même.

Tellement de temps, d'argent et de savoir ont servi à notre technologie médicale, qu'il est facile de penser à la médecine comme toute puissante. Mais, lorsque malgré tout cela, les gens continuent à mourir, c'est la maladie qui paraît toute puissante. Les machines scintillantes, les laboratoires géants, et les progrès médicaux réels de notre époque sont peut-être responsables du fait que nous oublions que beaucoup des ingrédients essentiels à la guérison sont encore mystérieux.

Il est important que nous nous rappelions les limites de notre savoir.

L'importance de l'individu

Il n'y a aucun cancérologue qui ne se soit demandé pourquoi un patient est mort alors qu'un autre, avec quasiment le même diagnostic et le même traitement, s'est rétabli. Une telle situation s'est produite avec deux patients qui participaient à notre programme. Chacun a reçu le meilleur traitement médical possible. Chacun a participé aux techniques et utilisé les processus décrits dans ce livre. Mais leurs réponses ont été fort différentes. Jérôme Green et Bill Spinoza (noms fictifs) avaient des diagnostics presque identiques d'un cancer du poumon, qui avait essaimé, avec métastases cérébrales.

Le jour où il entendit son diagnostic [2] Jérôme démis-

---

2. Rappelons qu'aux Etats-Unis, le médecin est tenu de dire au patient son diagnostic, alors que c'est facultatif en France, où beaucoup de praticiens préfèrent cacher ou farder la vérité (N.d.T.). On peut lire à ce sujet les actes du colloque de Marseille de décembre 1980 : *Psychologie et Cancer* (Masson édit.).

sionna de la vie. Il quitta son travail, et, après s'être occupé de ses affaires financières, il s'installa devant sa télévision, regardant dans le vide pendant des heures. Vingt-quatre heures après le diagnostic, il souffrait beaucoup et ressentait un grand manque d'énergie, une grande fatigue (une absence de vitalité).

Personne ne pouvait l'intéresser à quoi que ce soit. Il se rappela toutefois qu'il avait toujours voulu fabriquer des tabourets pour la maison, alors il travailla pendant une semaine ou deux dans son atelier, donnant quelques signes d'une augmentation d'énergie et d'une diminution de la douleur. Mais dès que les tabourets furent terminés, il retourna devant sa télévision. Sa femme disait que Jérôme ne la regardait pas vraiment autant qu'il regardait la pendule, par crainte d'oublier le moment où il devait prendre ses médicaments contre la douleur.

Jérôme ne répondit pas au traitement, ne réagit pas à la radiothérapie, et mourut trois mois après. La femme de Jérôme se rappela plus tard que ses parents, aussi bien que beaucoup des membres de sa famille proche, étaient morts du cancer, et, qu'en fait, Jérôme l'avait prévenue, quand ils s'étaient mariés, que lui aussi mourrait d'un cancer [3].

Bill Spinoza avait aussi reçu un diagnostic de cancer du poumon avec métastases cérébrales. Le pronostic de survie et le traitement étaient presque identiques à ceux de Jérôme. Mais la réponse de Bill au diagnostic était très différente. En premier lieu, il prit sa maladie comme une occasion de revoir les priorités de sa vie. En tant que voyageur de commerce, il se déplaçait souvent, et il disait qu'il «n'avait jamais pris le temps de regarder les arbres». Bien qu'il ait continué son travail, il réorganisa ses horaires pour avoir le temps de faire davantage de choses pour son plaisir.

Dans notre clinique, il participa activement au groupe de thérapie et utilisa régulièrement le processus d'imagerie mentale qu'il y avait appris. Il réagit favorablement à la radiothérapie, et se trouva bientôt quasi débarrassé de ses

---

3. On pourrait parler de «réalisation automatique des prédictions» ou «Effet Pygmalion» (A.A.S.). Ce sera traité plus en détail plus loin.

symptômes. Pendant tout ce temps, il mena une vie active. Environ un an et demi après avoir quitté notre programme, Bill a eu plusieurs épreuves affectives majeures et, peu de temps après, il eut une rechute et mourut.

Les deux patients ont reçu le même diagnostic et le même traitement. Néanmoins, Bill a vécu un an de plus que Jérôme et il a survécu considérablement plus longtemps par rapport au pronostic médical pour cette forme de cancer. De plus, la *qualité* de la vie dont Bill a joui était très différente : il était resté actif, très engagé dans la vie, profitant de sa famille et de ses amis. Chaque patient a répondu à son traitement de manières considérées atypiques. Le déclin de Jérôme fut précipité par rapport à ce à quoi on s'attend habituellement ; par contraste, Bill a survécu plusieurs mois à son pronostic.

Un rétablissement mystérieux

Si les cas de Bill et Jérôme démontrent les différences que la personnalité de l'individu peuvent engendrer, les mystères d'un rétablissement sont démontrés de manière encore plus dramatique dans le cas de Bob Gilley [4], un assureur très estimé de Charlotte-ville (Caroline du Nord), – un cadre de haut niveau, ayant particulièrement bien réussi dans le domaine des assurances. Bob a toujours joui d'une santé presque parfaite, et, donc, n'avait jamais beaucoup pensé à la maladie. Pendant des années, il a beaucoup joué au « handball ». Néanmoins, dans les mois qui ont précédé son diagnostic, Bob avait noté qu'il se sentait déprimé, découragé, déçu par certaines relations de sa vie. Mais lorsqu'il se rendit à son check-up annuel en 1973, il « se sentait bien » physiquement : de fait, il avait joué avec acharnement pendant une heure au « handball » le matin même de son examen.

A cause de son métier, Bob était très conscient de

---

4. Nom réel (le seul nom réel des patients cités) (N.d.T.).

l'importance de faire régulièrement un examen médical régulier, bien qu'il s'y rendait avec ennui, puisque ces «check-ups» révélaient rarement des signes de maladie. L'électrocardiogramme, les radios, les analyses de sang étaient normaux, mais après un examen complet et approfondi, on découvrit une boule à l'aine. Une biopsie chirurgicale fut prévue pour la semaine suivante.

Bob a décrit son expérience dans une conférence récente à des cancéreux et des professionnels de la santé, intéressés par notre approche, de cette façon :

> «On m'avait dit qu'il y aurait une très petite incision, peut-être longue d'un centimètre ou deux, comme dans une opération d'appendicite. Cependant, quand je me suis réveillé quelques heures après la biopsie, j'ai vu qu'ils avaient ouvert tout mon abdomen, verticalement et horizontalement.
> Lorsque le chirurgien est arrivé, il m'a dit qu'il était très difficile de diagnostiquer le type particulier de tissu qu'il m'avait enlevé. C'était une masse maligne, mais j'avais une bonne chance de m'en tirer. Tôt le lendemain matin, la probabilité était tombée à 50 %. Lorsque mon propre médecin est arrivé sur place, le diagnostic était encore changé : on me donnait une probabilité de 30 % de survie.
> Après en avoir beaucoup discuté, l'anatomo-pathologiste, le cancérologue et le chirurgien l'ont enfin appelé un «carcinome secondaire indifférencié». La probabilité de mon rétablissement était tombée à moins de 1 %.»

Bob a été alors envoyé dans une très grande clinique cancérologique, pour chimiothérapie.

> «Ça a été une expérience bizarre, une épreuve difficile. J'y suis arrivé (dans cette clinique) très affaibli par l'intervention chirurgicale et pendant une journée entière, avec des centaines d'autres malades cancéreux. Tout le monde paraissait être traité de manière très impersonnelle, mais je suis sûr que c'était dû au nombre astronomique de malades. Je suis devenu le «carcinome indifférencié de la chambre 351-A». Quand j'ai repris assez de forces, j'ai demandé et obtenu des autorisations pour tout : l'autorisation de me promener dans le parc, l'autorisation de descendre pour aller prendre petit déjeuner, déjeuner et dîner – j'ai même reçu l'autorisation d'utiliser les W.C. de la station-service d'en face, de l'autre côté de la rue, car il était très important pour moi que je continue à faire partie du monde extérieur, du monde nor-

mal, que je ne devienne pas un patient enterré dans un hôpital de cancéreux. J'ai reçu plus d'autorisations que quiconque dans l'histoire de cette clinique. J'ai aussi dirigé mon bureau et mes affaires de mon lit d'hôpital.

Les types et les dosages de la chimiothérapie finalement décidés, j'ai fait connaissance d'un autre aspect stressant du cancer : les trois quarts du temps j'étais très mal, mortellement malade ; j'ai perdu tous mes cheveux, mon appétit, et beaucoup de poids. J'avais tout le temps la nausée, la diarrhée, les veines brûlées (veines irritées par la chimiothérapie), des cloques dans la bouche, j'étais pâle, blême et affaibli. En peu de temps, je ressemblais à un déporté d'un camp de concentration.

Je pouvais voir dans les yeux de presque tout le monde – à l'exception de quelques rares êtres chers – que j'étais mourant. Pendant mes dix mois de chimiothérapie intensive, j'ai fait la chasse aux «miracles», utilisant de mon mieux la nutrition, les vitamines, divers guérisseurs par la foi, des voyants extra-lucides ("psychiques"), etc. Souvent je criai "Au diable, cancer! Fous le camp de mon corps!"».

Bob est retourné plusieurs fois dans cette clinique cancérologique, y recevant une chimiothérapie intensive. A la fin d'une période de dix mois, il en était arrivé à un point tel que continuer la chimiothérapie n'offrait guère d'espoir, mais un grand danger de détérioration des muscles cardiaques. Et la masse dans l'aine n'avait pas réduit de dimension.

Bob avait entendu parler de notre programme, et il vint assister à une session pour nos patients à Fort Worth. Avant la session, nous lui avions envoyé du matériel concernant notre travail, ainsi qu'une bande magnétique lui enseignant le processus de l'imagerie mentale [5]. Bien que son premier séjour ne dura que quelques jours, la première session lui a donné un nouvel espoir. Selon les paroles mêmes de Bob : «Quand je suis rentré et descendu de l'avion à Charlotteville, ma femme a dit : «Tu parais différent!» – «Et j'étais différent. J'avais de l'espoir. Je suis rentré chez moi plein d'enthousiasme, et avec une orientation nouvelle».

---

5. Maintenant aussi les patients lisent le matériel (ce livre-ci en particulier depuis sa parution), font les exercices, écoutent les bandes, avant de venir participer à une session de cinq jours – mais de plus, actuellement, on leur demande d'entrer aussi en psychothérapie (A.A.S.).

La chimiothérapie de Bob fut arrêtée, et son cancérologue local le vit tous les mois. Bob trouva difficile la discipline nécessaire au processus régulier d'imagerie mentale, mais il le continuait quand même. Il commença aussi à prendre régulièrement de l'exercice, à faire un peu de sport, et bientôt il put jouer pendant vingt minutes au « handball » sans trop forcer. Il commença tout doucement à se rétablir, reprenant un peu de poids. Mais le spectre du cancer étant encore là ; il le raconte ainsi :

« Aucun changement médical n'apparut pendant deux, trois et même quatre semaines. Mais je continuais à m'accrocher à l'idée que ce système marcherait. Après six semaines, mon docteur de Charlotte-ville m'a examiné. Quand il a commencé à tâter mon corps, je ne peux pas décrire l'énorme terreur qui m'a envahie. "Peut-être que le cancer a grandi ou propagé !". "Peut-être qu'il est cinq fois plus grand qu'avant". Mon docteur s'est tourné vers moi, étonné, et a dit, avec une expression très tendre : "Il est considérablement plus petit. En fait, je dirais qu'il a diminué de 75 % de grosseur". Nous nous sommes réjouis ensemble, mais avec prudence.

Deux semaines plus tard – ce qui ne faisait que deux mois depuis que j'avais rencontré les Simonton – on m'a passé au scanner (galium scan) et fait divers autres tests et examens. Il n'y avait plus aucune trace de la maladie, seulement une cicatrice résiduelle en nodule, de la taille d'une petite bille. Deux mois après le début de la relaxation et de l'imagerie mentale, je n'avais plus de cancer ! Mes médecins à Charlotte-ville n'arrivaient pas à y croire ! ».

Pendant les mois qui ont suivi, l'énergie et la vitalité de Bob ont continué à croître, jusqu'au moment où il sentit que son énergie et sa vitalité étaient aussi forts, et même plus, qu'elles ne l'avaient été avant le diagnostic.

Bob avait encore beaucoup de travail à faire. Au cours de nouvelles séances avec nous, il a commencé à résoudre beaucoup de problèmes personnels qui l'avaient déprimé avant le début de son cancer. Il a aussi beaucoup travaillé à changer des comportements qui interféraient dans ses relations avec autrui. Au moment où nous écrivons ceci [6], il continue à ne montrer aucun signe de cancer. En fait, il rapporte que :

---

6. 1978 – Plusieurs années après, Bob va toujours très bien (A.A.S., 1981).

«Aujourd'hui, ma vitalité est encore plus grande qu'avant mon cancer. Si je n'avais pas de dossier médical, je pourrai réussir à passer n'importe quel examen pour prendre une assurance en Amérique. Je ne veux pas paraître trop confiant, car j'ai de nombreux moments où je suis déprimé. Des craintes de la maladie reviennent quand j'ai des douleurs abdominales dues à une indigestion, par exemple. Parfois, je doute même de la réalité de tout cela, et mon esprit logique dit "Peut-être qu'il n'y a jamais eu de cancer". Mais la plupart du temps, je me sens confiant : ceci était ma voie, le chemin que je devais prendre, et cette voie est peut-être la même pour beaucoup, beaucoup d'autres».

Bob a beaucoup fait pour éduquer les gens de Charlotteville sur le rôle que les patients peuvent jouer pour vaincre leur cancer, et il a créé un service de «counselling» (aide, entraide et conseil) au sujet du cancer, connu sous le nom de «Dayspring». Il conclut son expérience en disant : «j'ai beaucoup appris au sujet de ma propre responsabilité dans ma maladie, ma responsabilité dans la guérison, et sur les techniques à utiliser pour débloquer les forces que l'on peut trouver en chacun de nous».

La rémission spontanée et « l'effet placebo »

Le cas de Bob est illustratif, voire spectaculaire, dans la mesure où il ne paraissait pas réagir au traitement médical habituel[7], bien que quatre ans après, il ne montre plus aucun signe de cancer. Sa transformation, son changement complet seraient peut-être dus à un «effet retard» de la chimiothérapie, même si la plupart des médecins n'avaient ni prédit ni attendu un tel événement. Nous croyons que son rétablissement avait quelque chose à voir avec Bob lui-même. Il n'est pas possible de l'expliquer comme une réponse normale au traitement médical. C'est un cas apparent de rémission spontanée ; cela s'est «juste passé comme ça».

Lorsqu'une maladie évolue favorablement mais n'évo-

---

7. Rappelons que les médecins ne lui donnaient que 1 % de chances de survie.

lue pas d'une manière explicable par l'intervention médicale, le résultat s'appelle « rémission spontanée ». Le mot recouvre l'ignorance de notre temps, tout comme le terme « génération spontanée » recouvrait l'ignorance médicale à la fin du Moyen-Age. A cette époque, il n'y avait aucune explication du fait que des organismes vivants, tels les asticots, pouvaient se développer à partir de matière non vivante, telle que de la nourriture pourrie, et ainsi on disait qu'ils étaient apparus qu'ils s'étaient générés spontanément. (Ce ne fut qu'en 1765 que Spallanzani a démontré que lorsqu'on mettait de la nourriture dans des bocaux sous vide, les organismes vivants qui apparaissaient normalement dans la nourriture pourrie n'apparaissaient pas. Autrement dit, quelque chose dans l'air était porteur de larves. Lorsque la nourriture n'était pas en contact avec l'air, il n'y avait pas de « génération spontanée »). « La rémission spontanée », aussi, résulte de processus et de mécanismes qui ne sont pas compris encore.

Le nombre de rémissions spontanées de cancers semble faible, bien que toute estimation n'est que supposition, car nous n'avons aucune idée du nombre de rémissions qui ont lieu avant même que le diagnostic n'ait été posé. Toutefois, quel que soit le nombre de cas, aucun d'eux n'est « spontané ». Dans chaque cas, il y a une sorte de processus de cause à effet, quel qu'il soit. Le processus de la rémission spontanée est tout simplement au-delà de ce que nous pouvons comprendre actuellement. Peut-être sommes-nous incapables de reconnaître le processus parce que nous ne faisons pas assez attention à l'effet que les aspects cognitifs mentaux et affectifs-émotionnels des êtres humains ont sur le corps, y compris ce que les gens croient au sujet de leur maladie, de leur traitement, et de leurs chances de rétablissement.

Cette exclusion des opinions, des croyances et des sentiments de la pratique médicale nous paraît sans fondement, et d'une certaine manière, surprenante, car elle ne tient pas compte de la signification de ce que de nombreux médecins considèrent comme une de leurs drogues les plus puissantes, le placebo. Chaque médecin connaît l'efficacité de traitements qui n'utilisent qu'un sucre ou une autre préparation anodine, sans produits pharmaceutiques. On l'appelle « l'effet placebo ». On dit au patient que le traitement produira un effet secondaire bénéfique – effet qui se produira – bien qu'il n'y ait aucun produit pharmaceutique dans la pilule qui pourrait le produire.

Un médecin peut prescrire un placebo, soit parce qu'un médicament n'est pas nécessaire (à un hypocondriaque, par exemple) soit parce qu'un traitement adapté n'est pas possible, et que le médecin ne veut pas que le patient se sente abandonné. (Pour ces raisons évidentes, les médecins ne discutent pas de placebo avec leurs malades). Dans beaucoup de cas, le placebo se montre très efficace pour réduire ou éliminer des symptômes physiques, y compris des maux pour lesquels nous ne connaissons pas de traitement. Le seul ingrédient actif du traitement semble être la force de la *conviction* – de la croyance – *les attentes positives* – qu'ont les patients, d'avoir reçu un traitement adapté. Puisqu'ils croient que le placebo est efficace, puisque le médecin a créé des attentes positives de résultats, le traitement, en fait, « marche », produit le résultat escompté.

Une illustration frappante de l'effet placebo s'est produite dans une recherche faite sur deux groupes de patients ayant des ulcères qui saignaient. Un médecin a dit à l'un des groupes qu'il recevrait un nouveau produit, qui amènerait sûrement un soulagement. Une infirmière a dit au second groupe qu'il recevrait un nouveau médicament expérimental, mais qu'on connaissait encore peu ses effets. Le même produit est alors donné aux deux groupes. Soixante-dix pour cent des patients du premier groupe ont montré une amélioration significative de leurs ulcères ; dans le second groupe, vingt-cinq pour cent des patients ont montré une amélioration significative. La seule différence dans le traitement était l'attente positive créée dans le premier groupe par le médecin.

De nombreuses autres études ont confirmé les résultats d'une attente positive du traitement.

Les Drs Henri K. Beecher et Louis Lasagna, de l'Université de Harvard, ont conduit une étude sur la douleur post-opératoire. Certains patients ont reçu de la morphine, d'autres des placebos. Cinquante-deux pour cent des patients ayant pris de la morphine rapportent avoir été soulagés de la douleur ; quarante pour cent de ceux qui ont pris des placebos rapportent un soulagement. En d'autres termes, le placebo était quasi aussi efficace que la morphine. En fait, les Drs Beecher et Lasagna ont découvert que plus la douleur est forte, plus le placebo est efficace. Quatre-vingt-trois patients arthritiques ont reçu des pastilles de sucre à la place de leur médicament habituel, aspirine ou cortisone. Un deuxième groupe a reçu le traitement habituel. Le pourcentage de patients qui ont rapporté un soulagement était le même parmi ceux qui ont reçu le sucre que parmi ceux qui ont reçu un traitement traditionnel. De plus, les patients ayant reçu du sucre et qui n'ont pas été soulagés, ont reçu des injections d'eau distillée stérile : soixante-quatre pour cent d'entre eux rapportent un soulagement ou une amélioration. (Apparemment, les injections inspirent une attente positive plus forte que les pillules, malgré la valeur médicale de l'une comme de l'autre).

Des médecins spécialistes connus de l'Institut National de Gériatrie à Bucarest en Roumanie [8] ont conduit une étude sur un nouveau médicament ayant pour but d'augmenter la santé et la longévité par une activation du système endocrinien. Cent cinquante patients étaient divisés en trois groupes égaux. Le premier groupe n'a reçu aucun traitement, le second a reçu un placebo, et le troisième a reçu le nouveau médicament. Les trois groupes ont alors été soumis à observation pendant plusieurs années.

Les membres du groupe n'ayant rien reçu avaient des taux de mortalité et de maladie similaires aux personnes du même groupe d'âge, dans la même région géographique que ceux des patients. Les membres du second groupe qui avaient reçu le placebo, ont montré une amélioration importante de leur état de santé et un taux de mortalité inférieur au premier groupe. Le troisième groupe, qui avait reçu le médicament, a montré à peu près la même amélioration par rapport au groupe du placebo que celui-ci par rapport au premier groupe. Ainsi, même si le produit pharmaceutique a créé une différence importante de longévité et de santé, l'effet placebo lui-même était capable de produire des améliorations aussi bien dans le degré de maladie que dans la durée de vie.

L'effet placebo n'est pas limité à l'administration de pilules de sucre. Dans toute l'histoire médicale, il y a eu de

---

8. On pratique souvent en Roumanie la méthode Alsan en gériatrie (N.d.T.).

nombreuses pratiques, telle « saigner » le patient (ce qui était habituel au Moyen-Age), qui n'ont aucune base physiologique de guérison, mais qui donnaient néanmoins souvent de bons résultats, apparemment parce que tout le monde – y compris le médecin – croyait en leur efficacité. De fait, quelques procédures chirurgicales, qui étaient à la mode pendant les dernières cinquante années, semblaient produire de remarquables résultats, bien que nous sachions aujourd'hui que dans beaucoup de cas, il y a de sérieux doutes quant à leur valeur. Ainsi, des patients ont rapporté assez souvent qu'ils se sentaient beaucoup mieux après avoir subi des hystérectomies ou des amygdalectomies non nécessaires. Une fois de plus, on peut expliquer les résultats, en grande partie par la conviction du patient que le traitement produirait de bons résultats et par sa confiance dans le médecin.

L'effet placebo explique peut-être une partie du bénéfice reçu d'un vrai médicament. L'effet est créé aussi bien par la manière dont le docteur prescrit ou administre le médicament que par le processus par lequel les médicaments sont cautionnés par la profession médicale. Tout le monde sait que (dans nos pays) les nouveaux médicaments doivent subir au préalable des tests poussés par les laboratoires pharmaceutiques et qu'ils doivent être approuvés par le gouvernement [9]. Ces mêmes services gouvernementaux travaillent aussi activement pour essayer d'enlever du marché tant les mauvais aliments que les drogues dangereuses, ce qui inspire encore plus confiance au public. Donc, lorsque la recherche, les tests, et l'approbation de services gouvernementaux respectés sont combinés avec quelques succès reconnus et même acclamés par le public, tel le vaccin contre la polio par exemple, le rite qui établit la croyance sociale dans le traitement médical est complet, et le public en vient à croire que le médicament ordonné par un médecin *doit* être efficace.

Un exemple particulièrement spectaculaire – et dramatique –,de l'effet placebo a été rapporté par le Docteur Bruno

---

9. Les Américains prennent très au sérieux les recherches, les tests et les efforts de la « Food and drug administration » (F.D.A.), agence du Gouvernement Fédéral des Etats-Unis pour le contrôle des aliments et des produits pharmaceutiques (N.d.T.). Un contrôle est aussi exigé en France pour les produits pharmaceutiques (N.d.T.).

Klopfer, un chercheur travaillant à tester le médicament appelé Krebiozen. En 1950, le Krebiozen reçut une publicité nationale américaine formidable comme «cure» du cancer, et était en train d'être testé par l'Association Médicale Américaine (A.M.A.) et le Service National américain de contrôle des aliments et produits pharmaceutiques (F.D.A.).

Un des patients du Dr. Klopfer avait un lumphosarcome, un cancer généralisé, très avancé, qui touche les ganglions lymphatiques. Le patient avait des masses tumorales énormes partout dans son corps, et il était dans un état physique si désespéré, qu'il avait souvent besoin de prendre de l'oxygène à l'aide d'un masque; il fallait lui enlever du liquide de sa poitrine tous les deux jours. Lorsque le patient découvrit que le Dr. Klopfer travaillait dans l'équipe de recherche sur le Krebiozen, il supplia qu'on lui fît le traitement au Krebiozen. Klopfer accepta et le rétablissement du patient fût étonnant. En peu de temps, les tumeurs avaient diminué de façon spectaculaire et le patient put reprendre une vie normale, y compris piloter son avion privé.

Puis, lorsque les rapports de l'A.M.A. et du F.D.A. sur les résultats négatifs du Krebiozen commencèrent à être publiés, l'état du patient empira. Croyant les circonstances assez graves pour justifier des mesures exceptionnelles, Klopfer raconta à son patient qu'il avait obtenu un nouveau Krebiozen, super-raffiné, doublement puissant, et qui produirait de meilleurs résultats. En fait les injections que fit Klopfer n'étaient que de l'eau distillée. Néanmoins, le rétablissement du patient fut encore plus remarquable. Encore une fois, les masses malignes fondirent, le liquide dans la poitrine disparut, et il redevint autonome; même il reprit le pilotage de son avion. Le patient resta libre de tout symptôme durant deux mois. La foi seule du patient, indépendante de la valeur du médicament, avait produit son rétablissement.

Puis d'autres articles sérieux sur les tests, des rapports médicaux (A.M.A.) et gouvernementaux (F.D.A.) parurent dans la presse: «Des tests de portée nationale montrent que le Krebiozen est un médicament sans valeur dans le traitement du cancer». En l'espace de quelques jours, le patient mourut.

La santé psychosomatique

Comment peut-on expliquer l'effet placebo? Certains l'écartent d'un geste en disant que la maladie du patient était « psychosomatique » : c'était « tout dans sa tête », un produit de son « imagination », et donc pas une maladie « réelle ».

Mais cette vue est simpliste; c'est une distorsion de la signification du mot *psychosomatique,* qui veut simplement dire que l'origine d'une maladie est le résultat de processus psychiques d'un individu ou est aggravée par eux. Cela ne veut pas dire que la maladie est moins réelle parce que son origine n'est pas purement physique – si tant est qu'une maladie quelconque puisse jamais être considérée comme purement physique. Un ulcère a pu être déclenché par de l'anxiété et des tensions, et être aggravé par ce stress. Ceci ne rend pas l'ulcère moins réel.

Bien que presque tout le monde admette qu'il y a des facteurs psychosomatiques dans le fait d'avoir une tension artérielle trop forte, des crises cardiaques, des maux de tête, certaines maladies de la peau... la relation psychosomatique avec le cancer n'est généralement pas acceptée, même si l'idée que de telles relations puissent exister n'est ni nouvelle, ni révolutionnaire. Dès 1959, Eugène P. Pendergrass, Président de la Société Américaine de Cancérologie, soulignait la nécessité de traiter le patient dans sa totalité, et pas seulement les manifestations physiques du cancer.

« Quiconque a une grande expérience du traitement du cancer a conscience des grandes différences qui existent entre les patients... Personnellement, j'ai observé des cancéreux qui ont subi des traitements réussis et qui vivaient et se portaient bien pendant des années. Puis, un stress émotionnel, – comme la mort d'un fils pendant la guerre de 1939-1945, l'infidélité d'une belle-fille ou le poids d'un chômage prolongé – semble avoir joué un rôle important dans le re-déclenchement, la rechute, la réactivation rapide de leur maladie, qui se termina par la mort... Il y a des preuves tangibles que le cours de la maladie en général est influencé par le stress, la détresse émotionnelle... Ainsi, nous, en tant que médecins, pouvons commencer à insister sur *le traitement du patient en tant qu'entité, en tant que personne entière* [10], aussi bien que

---

10. Souligné par Simonton.

sur le traitement de la maladie dont il souffre. Nous pouvons apprendre comment influencer les systèmes généraux du corps et modifier à travers eux le néoplasme qui réside à l'intérieur du corps.
Pendant que nous avançons... à la recherche de nouveaux moyens de contrôler la croissance, tant à l'intérieur de la cellule qu'en agissant sur divers systèmes, c'est mon vif espoir que nous pouvons élargir la recherche pour y inclure la possibilité distincte, qu'à l'intérieur de l'esprit humain, de son psychisme, il y a une puissance capable d'exercer des forces qui peuvent, soit faciliter, soit empêcher l'évolution de la maladie».

L'importance de ce point de vue d'Eugène Pendergrass, ne réside pas seulement dans le fait qu'il souligne le rôle joué par les facteurs psychologiques dans l'aggravation d'une maladie, mais aussi parce qu'il insiste sur la possibilité que des facteurs psychologiques, y compris ce que croit le patient, peuvent être mobilisés pour une meilleure (et bonne) santé. Non seulement les conditions mentales et émotionnelles peuvent engendrer ou aggraver la condition physique du patient, mais elles peuvent aussi contribuer à sa bonne santé. *Tout comme on peut faire une maladie psychosomatique, quelqu'un de malade peut prendre l'autre direction et rétablir une «bonne santé psychosomatique[11]»*.

Bien qu'il nous arrive parfois de dire que quelqu'un «voulait» se rendre malade, une maladie psychosomatique est généralement due à des processus inconscients. Nous avons cru, essentiellement, que l'aspect inconscient de la maladie psychosomatique la mettait hors de notre contrôle, et de ce fait, la maladie était quelque chose qui, simplement, nous «tombait» dessus. Même si nous savions que le psychisme peut rendre le corps malade, nous n'avions pas réellement réfléchi à l'importance du psychisme dans la bonne santé, ni à quel point nous pourrions influencer le psychisme pour guérir le corps.

Toutefois, une des plus grandes nouveautés de la médecine moderne, c'est la nouvelle vision que des médecins sont en train d'acquérir par rapport à l'ampleur du contrôle

---

11. Souligné par le traducteur.

qu'une personne peut apprendre à exercer sur les processus mentaux qui agissent sur une grande variété de processus physiques, et de maladies.

Le bio-feed-back et la capacité d'influencer son état de santé

Depuis des années, les Occidentaux ont entendu parler des exploits étonnants de contrôle physique, attribués le plus souvent aux yogis indiens. Ils étaient capables, dit-on, d'enfoncer de grandes aiguilles à différents endroits de leurs corps, sans saigner ni ressentir de douleur. D'autres, disait-on, se faisaient enterrer vivants dans des cercueils plombés pendant de longues périodes, et longtemps après que la consommation normale de l'oxygène du cercueil aurait dû provoquer leur mort, en sont sortis vivants et en bonne santé. D'autres yogis encore, rapporte-t-on, étaient capables de marcher sur des braises ardentes sans ressentir ni douleur ni brûlures. La plupart des gens doutaient de ces rapports ou les écartaient comme des tours de passe-passe d'illusionnistes, ou de magiciens. Néanmoins, certains chercheurs avaient fait des enquêtes et constaté que de tels faits pouvaient être véridiques.

Ces histoires exotiques et des expériences individuelles usuelles font partie de l'impulsion donnée au développement de la nouvelle science du « bio-feed-back ». Dans les années 60, des études sur le bio-feed-back ont démontré comment on peut exercer une importante influence sur des états corporels, qui auparavant étaient considérés hors de la portée d'un contrôle conscient.

Des chercheurs en bio-feed-back ont découvert qu'il est possible, pour un sujet moyen, et non seulement par le yoga, d'apprendre à contrôler *volontairement* son rythme cardiaque, sa tension musculaire, l'activité des glandes sudoripares, la température de sa peau, et un grand éventail d'états physiques internes, normalement attribués au contrôle *involontaire* du système nerveux autonome. Le procédé par lequel le novice (en apprentissage) contrôle ses états physiques n'est pas très compliqué. Des électrodes sont attachées à la peau de la personne en apprentissage, pour qu'un instrument de bio-feed-back puisse enregistrer et contrôler certaines de ses fonctions physiologiques, telle que le rythme cardiaque, les ondes cérébrales, ou la tension musculaire. La machine donne des signaux visuels et/ou sonores à l'apprenti, et indique ce qui se passe dans la fonction physique.

Si, par exemple, vous appreniez à modifier votre rythme cardiaque, un son se ferait entendre d'une fréquence de plus en plus haute au fur et à mesure que le rythme cardiaque augmente, et à une fréquence plus basse quand le rythme cardiaque ralentit. Au début, il peut vous sembler que les sons de fréquence plus haute ou plus basse soient purement dus au hasard, qu'il n'y a aucune relation entre ce à quoi vous pensez et votre rythme cardiaque. Mais, en peu de temps, vous prenez conscience que vous ressentez certaines pensées ou certains sentiments quand votre rythme cardiaque se ralenti, ou bien que certaines positions physiques y tiennent un rôle. Après un certain temps, vous apprenez à exercer un contrôle suffisant sur la fonction physiologique pour pouvoir augmenter ou abaisser le son (et votre rythme cardiaque), à peu près comme vous le voulez.

Actuellement, un très grand nombre de fonctions physiologiques, qui peuvent être mesurées avec précision, être prévues et rendues claires par rétroaction (par «feed-back») au sujet en apprentissage font l'objet d'un contrôle appris. En utilisant le bio-feed-back, on a appris à certains patients à réduire leur tension artérielle, éliminer leurs migraines, contrôler les battements irréguliers de leur cœur, augmenter et réduire la circulation du sang, guérir l'insomnie, et contrôler nombre d'autres fonctions physiologiques «involontaires».

Elmer et Alice Green, de la Clinique Menninger [12], des pionniers dans le domaine du bio-feed-back, ont rapporté des expériences où les stagiaires ont appris à contrôler par leur propre volonté une seule cellule nerveuse. Ils croient

---

12. Clinique de pointe de Topeka (Etats-Unis) célèbre pour le sérieux de la recherche médicale et des soins médicaux.

que la technique de bio-feed-back a démontré clairement le principe physiologique que «chaque changement dans l'état physiologique s'accompagne d'un changement correspondant dans l'état émotionnel, mental, conscient ou inconscient, et réciproquement, *chaque changement dans l'état émotionnel mental, conscient ou inconscient, s'accompagne d'un changement correspondant dans l'état physiologique* [13]». Autrement dit, l'esprit (le psychisme), le corps et les émotions sont un système unitaire – influez sur l'un et vous influez sur les autres. Le Dr. Barbara Brown, un autre pionnier de la recherche sur le bio-feed-back, écrit :

> «Si certains chercheurs médicaux enseignent maintenant à des cœurs ou à l'esprit des cœurs à transformer et inverser une condition pathologique, alors la médecine doit être en train d'apprendre que les relations entre l'esprit et le corps sont plus fortes qu'ils ne l'ont pensé à un moment donné. Le concept de "psychosomatique" est généralement accepté comme l'indication de l'origine mentale d'une pathologie physique ; la recherche en bio-feef-back est la première indication médicale vérifiable que *le psychisme peut soulager les maladies aussi bien que les créer.*»

Une conception de la santé comme un système, comme un ensemble

Les résultats d'innombrables études sur le placebo et l'utilisation de plus en plus sophistiquée de la technologie du bio-feed-back sont à l'origine du changement que l'orientation physique de la médecine commence à subir. Il n'est plus possible de voir le corps comme un objet qui attend des pièces détachées de l'usine. Au lieu de cela, nous voyons maintenant l'esprit et le corps comme un système intégré.

De ce point de vue *le traitement physique reste une partie intégrale et essentielle de la lutte contre une maladie mortelle comme le cancer. Néanmoins, sans convictions – celles du patient et de l'équipe médicale – sans foi suffisante en la guérison possible pour soutenir et créer une attente de bonne*

---

13. Souligné par Simonton.

santé, le traitement physique est incomplet. La guérison est plus fréquente, plus probable, lorsque nous mobilisons et orientons la personne entière dans la direction de la bonne santé [14].

C'est ce concept-ci, que la personne entière doit être mobilisée, qui créé, – et même exige – qu'on donne un rôle au patient lui-même pour vaincre le cancer, et d'autres maladies. Les limites de la responsabilité du patient s'étendent bien au-delà du fait de trouver un médecin qui le « retapera » et de se confier à lui.

Chacun peut assumer la responsabilité d'examiner, et même de modifier, des opinions, des croyances, des convictions et des sentiments qui ne donnent pas de soutien au traitement, qui ne vont pas dans le sens de l'affirmation de la vie et de la santé.

Chacun des quatre chapitres suivants traite une partie de cette conception changeante de notre rôle dans la maladie et la santé. Ce sera la trame de notre travail. Chacun ramène quelques fils de plus, qui relient entre eux le système. Le point de départ, c'est une définition du cancer, qui sera nouvelle pour beaucoup, ainsi qu'une appréciation accrue de nos propres ressources pour influencer la maladie.

---

14. Souligné par le traducteur.

3. La recherche des causes du cancer

Beaucoup de nos patients viennent à nous en se demandant ce qu'est le cancer et quelle est son origine? La plupart d'entre eux se demandent: «Pourquoi moi?» Bien que nous puissions donner une définition de la maladie et décrire les résultats de la recherche sur ses origines, c'est la troisième question – pourquoi une personne particulière aura un cancer – qui est au cœur de ce livre. Néanmoins, nous devons aborder les deux premières questions pour préparer le terrain pour que les témoignages concernant «pourquoi vous» puisse se faire.

Qu'est-ce que le cancer?

Parce que beaucoup de personnes ont perdu un être cher à cause du cancer, ou bien parce qu'elles ont entendu parler du cancer sous forme d'horreur, de terreur, elles supposent que c'est un envahisseur fort et puissant, capable de ravager le corps. En fait, la biologie cellulaire nous apprend que c'est l'inverse qui est vrai. Une cellule cancéreuse est, en effet, une cellule faible et chaotique [1], désordonnée [1], aisée à mettre en déroute [1].

---

1. *Confused:* nous traduisons ce terme ici en trois mots, plus loin par l'un ou l'autre, selon le sens de la phrase (N.d.T.).

Un cancer débute avec une cellule qui contient de fausses données génétiques ; elle est alors incapable de remplir sa fonction habituelle. Cette cellule peut avoir reçu les fausses données parce qu'elle a été exposée à des substances ou matières chimiques dangereuses, ou a été endommagée par d'autres substances externes, ou bien simplement parce que, dans le processus de la reproduction constante de milliards de cellules, le corps en fabrique de temps en temps une qui est imparfaite. Si cette cellule reproduit d'autres cellules ayant la même composition génétique incorrecte, une tumeur commence alors à se former, faite d'une masse de ces cellules imparfaites. Normalement, les défenses du corps, le système immunitaire, va reconnaître ces cellules et les détruire. Au minimum, elles vont être emmurées pour qu'elles ne puissent pas s'étendre.

Dans le cas de cellules malignes, les changements cellulaires qui se produisent sont suffisants pour qu'elles se reproduisent rapidement et commencent à s'introduire dans le tissu avoisinant. Tandis qu'il existe une forme de « communication » entre les cellules normales, et qui les empêche de trop se reproduire, les cellules malignes sont suffisamment désorganisées pour ne pas répondre à la communication des cellules autour d'elles, – et elles commencent à se reproduire n'importe comment. Normalement, le corps les détruit. Mais s'il ne le fait pas, la masse de cellules défectueuses, la tumeur, peut commencer à bloquer le bon fonctionnement des organes du corps, soit en s'étendant jusqu'au point où elle exerce une pression physique sur d'autres organes, soit en remplaçant des cellules saines d'un organe par des cellules malignes, jusqu'à ce que l'organe ne puisse plus fonctionner. Dans des cas graves de cancer, les cellules malignes se détachent de la masse originale et essaiment ailleurs dans le corps, où elles commencent à se reproduire et à former de nouvelles tumeurs. Cette façon de se détacher et de s'étendre s'appelle une « métastase ».

Qu'est-ce qui provoque ou crée un cancer?

Généralement, nos patients en ont entendu juste assez sur la recherche sur le cancer pour croire que la médecine est en train de cerner ses causes. Ils ont tendance à chercher le coupable dans des facteurs externes. Aujourd'hui tout le monde « sait » que le cancer est provoqué par des substances cancérigènes, ou par la prédisposition génétique, ou par de l'irradiation ou peut-être par un mauvais régime alimentaire. En réalité, aucun de ces éléments, pris en soi, seul, ne fournit une explication suffisante pour comprendre qui contracte la maladie, « attrape » un cancer et qui ne l'a pas. Regardons chacun de ces éléments séparément.

Les substances cancérigènes

Il n'y a pas de doute qu'il y a des substances dangereuses, par exemple des teintures à l'aniline, l'amiante, le goudron, et d'autres produits chimiques, qui sont apparemment capables d'agir sur les données génétiques des cellules et ainsi d'induire un cancer. La recherche utilisant des animaux de laboratoire a démontré que quand ils sont exposés à de grandes quantités de ces substances nocives pendant un certain temps, l'apparition du cancer augmente de façon significative. Par conséquent, ces substances sont connues comme « cancérigènes », ou comme des agents qui produisent le cancer.

Une donnée proposée pour renforcer l'argument que ces substances sont la cause du cancer, c'est qu'on a trouvé que le nombre de cas de cancer augmente proportionnellement au degré d'industrialisation. Le cancer est très répandu aux Etats-Unis, en Europe occidentale, et dans d'autres pays industrialisés. Etant donné qu'un effet secondaire fréquent de l'industrialisation est la pollution de l'environnement, qui expose la population à une quantité accrue de ces substances cancérigènes, on utilise ce fait pour donner du poids à l'argument que l'augmentation des cas de cancer résulte de la pollution qui accompagne l'industrialisation. De fait, le nombre de cas de cancer en Union Soviétique, qui n'est pas encore aussi industrialisée que les Etats-Unis, est presque identique à ceux des Etats-Unis il y a vingt ans ; cela a alors suggéré que ce retard correspond au décalage dans l'industrialisation.

D'autres chercheurs argumentent, à l'inverse, que les pays industrialisés bénéficient aussi de meilleurs soins médicaux. Ainsi, la population de pays moins développés meurt d'autres maladies, qui sont guéries ou prévenues dans les pays industrialisés, et elle ne vit donc pas assez longtemps pour avoir un cancer. Bien que le fait que les gens vivent plus longtemps, avec de meilleurs soins médicaux, puisse expliquer une partie de l'augmentation de mortalité due au cancer, dans les sociétés industrialisées, cela n'explique pas de manière satisfaisante l'ensemble du phénomène.

S'il y avait une relation directe, de simple cause à effet, entre les substances nocives, les produits chimiques, les irritants chroniques, et le cancer, alors une plus grande exposition à ces substances devrait augmenter le nombre de cas de cancer. Selon de larges bases statistiques, il y a une plus grande incidence du cancer chez les gens exposés à ces substances ; néanmoins, la grande majorité des personnes exposées ne contracte pourtant pas la maladie, et des gens qui apparemment ne sont pas exposés à des taux exceptionnellement élevés de substances nocives la contractent malgré cela.

En d'autres termes, la seule exposition à des substances cancérigènes n'est pas suffisante pour produire un cancer, tout comme une exposition réduite n'écarte pas automatiquement le cancer. Pour comprendre pourquoi cette personne donnée développera un cancer, pour parler en termes individuels, cela nécessite des explications supplémentaires.

La prédisposition génétique

La difficulté d'expliquer pourquoi un individu contracte un cancer et un autre pas, a amené les chercheurs à établir des théories selon lesquelles il y aurait une prédisposition génétique. Cette prédisposition expliquerait que certains individus produiraient un plus grand nombre de cellules anormales, ou bien qu'ils auraient une moindre réponse immunologique aux cellules anormales. On observe que l'incidence du cancer est nettement plus fréquente dans certaines familles que dans d'autres : d'où un grand nombre de recherches dans ce domaine.

De fait, on a utilisé pour ces recherches une race spéciale de souris provenant d'une souche de souris connues précisément pour leur prédisposition accrue pour le cancer. Cependant, une recherche importante sur ces souris prédisposées au cancer jette un doute considérable sur la théorie affirmant que «c'est la génétique seule» qui est en cause. Dans cette étude, Vernon Riley, de l'Université de Washington, a soumis un groupe de ces souris à des niveaux élevés de stress, tout en gardant un groupe témoin de ces souris prédisposées au cancer dans un environnement libre de stress. En commençant l'étude, on émit l'hypothèse [2] que 80 % des souris allaient développer un cancer. Cependant, en fait, 92 % des souris ayant été soumises au stress développèrent un cancer, tandis que seulement 7 % des souris libres de stress le développèrent. Ainsi, bien que toutes les souris avaient une prédisposition génétique au cancer, la quantité de stress dans l'environnement avait un impact statistiquement très significatif sur le développement d'un cancer.

Pour tenter d'expliquer le cancer en termes de prédisposition génétique on a comparé les taux de cancer dans différents pays. Par exemple, les Japonais ont un des taux les plus bas du monde du cancer du sein. Jusqu'à il y a quelques années, on a cru que ceci provenait d'une résistance raciale héritée, une prédisposition génétique contre le cancer du sein pour toute Japonaise. Mais ensuite, on a découvert que les Japonaises vivant aux Etats-Unis étaient quatre fois plus susceptibles d'avoir un cancer du sein que celles vivant au Japon. Apparemment, les différences dans ces cas ne sont ni

---

2. C'est la méthode classique expérimentale d'un groupe, où on change une variable – et d'un groupe de contrôle – où l'on fait d'avance une hypothèse sur les résultats – l'expérimentation confirmera ou infirmera l'hypothèse, par comparaison entre les groupes et l'hypothèse expérimentale (A.A.S.).

raciales, ni génétiques, mais ont quelque chose à voir avec le fait de vivre au Japon ou aux Etats-Unis.

D'autres études trans-culturelles ont produit des résultats aussi peu concluants. De plus, puisque la prédisposition génétique se transmet de génération en génération, les changements de prédisposition de toute une société devraient survenir très lentement. Donc, l'incidence nettement accrue du cancer dans la société industrialisée pendant les derniers vingt-cinq à cinquante ans n'est pas facilement explicable par cet argument génétique.

Bien que les facteurs génétiques puissent jouer un certain rôle, nous ne croyons pas qu'à eux seuls ils puissent expliquer les différents patterns de l'incidence du cancer à travers le monde. Il est important de prendre en compte les changements stressants qui accompagnent l'industrialisation et intégrer ces données dans notre manière de pensée actuelle au sujet de l'incidence du cancer.

Les radiations

On a aussi suspecté les radiations parmi les causes possibles du cancer, parce qu'il est bien connu que les radiations peuvent produire des mutations dans les cellules, qui pourraient à leur tour se reproduire et créer un cancer. Nous sommes tous soumis à de nombreuses sources de radiations. D'abord, la terre est constamment bombardée de l'espace par ce qu'on appelle «la radiation cosmique». Il est possible que cette radiation soit à l'origine de mutations occasionnelles résultant en cancers. Toutefois, pratiquement, aucun chercheur ne suggère de manière sérieuse que la radiation de fond soit une cause majeure de cancer. Premièrement, chaque partie du monde est exposée de façon égale à cette forme de radiation, ce qui rend difficile l'explication de variations majeures entre pays dans les taux d'incidence et les différentes sortes du cancer. Si la radiation de fond était une cause majeure de cancer, ses effets devraient être à peu près égaux entre tous les pays.

Une autre possibilité discutée récemment, c'est que les fluorocarbones libérées par les aérosols puissent être capa-

bles de détruire la couche protectrice d'ozone dans l'atmosphère, résultant en une exposition plus grande aux rayons
ultraviolets venant du soleil. Bien que ceci puisse certainement poser des problèmes de santé potentiels, des niveaux
élevés de rayons ultraviolets ne sont normalement associés à
aucun autre cancer qu'au cancer de la peau. Et puisque ces
modifications dans l'atmosphère n'ont pas encore eu lieu,
cette source ne peut pas expliquer les cas de cancer actuels.

Il y a eu aussi d'innombrables discussions au sujet des
effets nocifs des rayons X et d'autres radiations utilisées dans
les diagnostics et les traitements médicaux. Les preuves ne
sont toujours pas claires, et il est certainement raisonnable
d'être prudent (par exemple, on a observé une corrélation
entre l'utilisation des radiations dans. le traitement de
l'arthrite et le développement ultérieur d'une leucémie).
Mais citer cette source de radiation comme la cause du cancer pose les mêmes problèmes que la théorie sur les substances dangereuses : de nombreuses personnes ayant été exposées à des niveaux élevés de rayons X ou d'autres radiations,
ne contractent pas un cancer, tandis que d'autres personnes
ayant une exposition relativement faible contractent la
maladie. D'un point de vue statistique, c'est peut-être un
facteur – et encore – mais pour le patient qui demande
«Pourquoi moi ?», il ne donne pas du tout une réponse
complète.

Le régime alimentaire

Ajouter le régime alimentaire comme cause possible du
cancer est relativement récent. Des chercheurs ont suggéré
que l'incidence de certains cancers peut avoir un rapport
avec la quantité de graisses dans nos régimes alimentaires.
De nombreuses expérimentations animales ont montré que
lorsqu'on réduit l'absorption de calories, l'incidence du cancer baisse. Il apparaît que le cancer, comme d'autres maladies dégénératives, frappe souvent d'abord les suralimentés.

Par exemple, le Japon, où le régime alimentaire est
encore en prédominance composé de poissons, de riz et
contient beaucoup moins de graisses que le régime améri-

cain ou européen, a non seulement une incidence inférieure du cancer, mais aussi un profil réellement différent des types de cancer que ceux des autres pays industrialisés. Puisque l'incidence du cancer monte nettement parmi les Japonais vivant aux Etats-Unis, comme noté plus haut, certains chercheurs ont pensé que les différences de régime seraient une explication plausible.

Il y a des facteurs autres que le régime alimentaire qui pourraient expliquer le taux réduit du cancer au Japon, comparé à d'autres nations industrialisées. Des facteurs culturels, par exemple, peuvent jouer un rôle critique, car, encore plus que le régime, ils influencent notre façon de vivre, nos croyances et nos sentiments. Cependant, beaucoup de Japonais qui ne mangent pas gras contractent un cancer et beaucoup d'Occidentaux qui mangent des graisses ne le contractent pas.

Il y a d'autres études de population qui jettent un doute sur la théorie du régime alimentaire comme cause unique. Une des découvertes les plus bizarres de la recherche sur le cancer vient d'études faisant une comparaison de l'incidence de la maladie chez des schizophrènes [3] catatoniques en institution fermée [4] avec des schizophrènes paranoïaques en institution fermée.

La catatonie est une forme de maladie mentale dans laquelle les individus se renferment sur eux-mêmes, se coupent de contacts extérieurs. Les catatoniques typiques ne parlent pas et ne donnent aucun signe de reconnaissance quand on leur parle. Souvent, ils ne prennent même pas l'initiative de manger, ni de remplir aucune autre fonction physique nécessaire. Ils s'isolent et se protègent du monde extérieur. (Ils sont aussi, il faut le noter, protégés du monde extérieur.) Leur prédisposition au cancer est très basse.

A l'inverse des catatoniques qui se retirent du monde, les paranoïaques sont hyper-sensibles aux réactions de leur

---

3. Rappelons que la nosologie est différente selon les pays et qu'anglo-saxons et français définissent la schizophrénie légèrement autrement. Le terme de schizophrénie est plus englobant aux Etats-Unis (A.A.S.).

4. Hôpital psychiatrique, clinique spécialisée, ou autre (N.d.T.).

entourage – souvent ils soupçonnent que tout le monde conspire contre eux. L'incidence du cancer chez les schizophrènes paranoïaques est supérieure à celle de la population normale. Il paraîtrait que la capacité du catatonique à se couper du monde offre une forme de protection contre les facteurs qui influenceraient le développement du cancer, tandis que le paranoïaque n'a pas une telle protection.

La relation entre ces deux populations particulières et l'argument que le régime alimentaire joue un rôle dans l'incidence du cancer, est la suivante : dans les institutions spécialisées, ces deux sortes de patients, les catatoniques et les paranoïaques, reçoivent la même nourriture et cependant les incidences de cancer sont très différentes. De plus, ils ont un régime alimentaire [5] très proche du régime de la population [5] générale ; cependant, l'incidence du cancer pour les deux groupes est différente de celle de la population dite normale, du dehors. Une explication ayant un rapport avec la psychologie des individus plutôt que la nature des régimes alimentaires est nécessaire pour pouvoir expliquer ces différences.

Cependant, le fait qu'une autre population ait une incidence faible de cancer, bien qu'elle mange selon le régime occidental typique, n'élimine pas la possibilité que les taux d'incidence au Japon ont un rapport avec le régime alimentaire. Cela suggère plutôt que nous regardions de plus près ce qui rend le Japon distinct. Bien que le régime alimentaire japonais soit certainement unique parmi les pays industrialisés, il est clair que la culture japonaise est également unique. Etant donné qu'on reconnaît que les sentiments, opinions et croyances jouent un rôle face à la maladie, alors des facteurs culturels peuvent avoir une importance énorme dans le développement de taux différents de l'incidence du cancer, parce que les modèles culturels forment et modèlent les individus dans leurs opinions, croyances et sentiments.

Ce qui provoque le cancer n'est expliqué par aucune de ces théories, prise isolément, aucune n'en fournit une expli-

5. Aux Etats-Unis.

cation suffisante. Toutefois, une partie de chacune de ces explications doit finalement toucher et traiter de l'une des causes de la maladie – la suppression des défenses naturelles du corps contre la maladie.

Le système immunitaire : nos défenses naturelles contre la maladie

Beaucoup de temps, d'énergie et de ressources ont été investis dans la recherche des causes du cancer, mais un fait important est souvent oublié : lorsqu'ils sont exposés à des substances cancérigènes connues, la majorité des individus restent bien portants. Il est assez clair, par exemple, que l'incidence du cancer du poumon augmente nettement chez les gros fumeurs. Mais s'il ne fallait que l'exposition à la nicotine et au goudron pour contracter un cancer, alors tous les gros fumeurs auraient contracté la maladie. Mais, de fait, la plupart des gros fumeurs ne contractent pas un cancer du poumon. Alors, pour comprendre la maladie, nous devons prendre en considération non seulement ce qui fait que certaines personnes contractent un cancer, mais aussi ce qui empêche la plupart des gens de le contracter - autrement dit, qu'est-ce qui maintient la bonne santé ?

Un des facteurs les plus importants par rapport à la maladie et la bonne santé, c'est l'immunologie, les défenses naturelles du corps. Nous sommes tous régulièrement en contact avec la maladie, ne fut-ce qu'avec un simple rhume, la grippe, ou bien une maladie infectieuse plus grave. Cependant, un simple contact ne veut pas dire que nous allons en tomber malades. Car le système de défense du corps – le système immunitaire – est si puissant et efficace que la majorité des individus ne verrait pas un médecin pendant des années si l'on ne leur rappelait pas qu'il faut faire des bilans de santé, des « check-ups » périodiques.

En simplifiant beaucoup, le système immunitaire est composé de plusieurs types de cellules destinées à attaquer et à détruire les substances étrangères. Quand vous voyez du pus se former dans une blessure, c'est un rappel que le système immunitaire du corps travaille. Le pus n'est autre chose qu'une masse de globules blancs – une partie importante du système immunitaire – qui se sont précipités vers l'endroit de la coupure pour isoler ou détruire l'infection. Ce processus d'auto-guérison a lieu constamment, à tous les niveaux du corps.

Il y a de nombreux cas décrits par divers spécialistes, dans lesquels des radios des poumons montrent que des individus avaient contracté une petite tuberculose à un moment donné, mais que les défenses du corps avaient lutté et détruit la maladie – sans que les patients aient même jamais su qu'ils avaient une maladie. Presque de la même manière, le corps lutte régulièrement contre les cellules cancéreuses, – c'est une routine de notre système, à chacun de nous – et régulièrement les cellules cancéreuses sont contenues ou détruites, de façon courante, pour qu'elles ne puissent pas faire de mal.

En fait, l'aptitude du système de défense naturelle du corps à rejeter tout ce qui est étranger ou anormal est si grande qu'elle crée un problème majeur lors des transplantations d'organes, telles que le cœur ou le rein. Normalement, ce phénomène de rejet a une grande valeur pour la survie, mais dans le cas d'une transplantation, l'organe étranger doit être accepté par le corps, si le patient doit survivre. Pour cette raison, des patients transplantés reçoivent bon nombre de médicaments destinés à supprimer les défenses du corps. Et ici surgit un problème, car les médicaments et produits qui réduisent le rejet par le corps de l'organe transplanté, réduisent aussi la capacité du corps à se défendre contre d'autres dangers, tels que les maladies infectieuses, ou les cellules anormales comme le cancer. Donc, les hôpitaux prennent grand soin de s'assurer que le patient venant de subir un transplant ne soit pas en contact avec la maladie pendant cette période, et le tissu transplanté est examiné minutieusement et complètement, afin de s'assurer qu'il est normal et sain. Mais, lorsque quelque chose se passe mal avec ces procédures minutieuses, l'effet peut être meurtrier.

Un cas de ce genre a été décrit par Ronald Glasser dans son livre *The body is the hero* («Le corps est le héros»). Dans un incident rare, bien qu'on ait fait tout ce qui était possible pour assurer que le donneur du rein fut sain, un rein ayant des nodules cancéreux non remarqués avait été mis en place chez une personne qui avait reçu des médicaments pour supprimer son système immunitaire en vue de la transplantation. Après l'opération, le patient reçut des médicaments supplémentaires pour continuer à supprimer le système immunitaire et ainsi empêcher le corps de rejeter le rein. En quelques jours, le rein commença à grossir. La réation ressemblait à un genre de rejet actif, mais le rein continuait à fonctionner normalement. Quelques jours plus tard, une radiographie de routine montra une tumeur dans la poitrine du patient. Etant donné que les radiographies des poumons faites quatre jours plus tôt ne montraient aucune tumeur, il s'agissait clairement de quelque chose qui s'était développé depuis l'opération.

Le lendemain, on vit une tumeur semblable dans l'autre poumon. Lorsqu'on fit une intervention d'urgence, on trouva que la moitié supérieure du rein transplanté était trois fois plus grosse que la moitié inférieure. Une biopsie de la partie anormale montra qu'elle était pleine de cellules malignes. Les médecins en conclurent que les masses dans le poumon étaient des métastases du cancer (c'est-à-dire des cellules malignes qui s'étaient détachées de la masse cancéreuse originale et s'étaient reproduites dans d'autres parties du corps). Ce qui était saisissant, c'était la vitesse avec laquelle les masses avaient grossi. En quelques jours, des masses cancéreuses étaient apparues, qui normalement se seraient développées seulement en quelques mois ou même quelques années. Il n'y avait pas d'autre choix que d'arrêter l'administration des médicaments qui supprimaient les défenses du corps.

Glasser rapporte :

«En l'espace de quelques jours, le système immunitaire du patient redevint normal, les masses dans le poumon commencèrent à disparaître et le rein transplanté commença à diminuer de taille. Mais avec l'arrêt des médicaments, il devint

évident aux yeux des médecins que le patient commençait à
«rejeter» ses cellules cancéreuses, mais en même temps,
aussi, il commençait à rejeter son rein transplanté. Ils
n'avaient pas le choix. Ils ne pouvaient pas courir le risque
d'une récidive du cancer : ils évitèrent au patient les médicaments immunosuppresseurs ; le cancer était détruit, – mais le
rein était aussi complètement rejeté. Le rein fut enlevé et le
patient remis sous dialyse chronique. Il survécut sans autre
évidence de cancer.»

Les médecins en conclurent que le système immunitaire
du donneur avait gardé le contrôle sur ces cellules dans son
propre rein, les empêchant de se disséminer et de se métas-
taser. C'est même possible que les défenses naturelles du
donneur avaient été suffisamment fortes pour qu'il ne se soit
jamais aperçu de la présence de cellules malignes ; cependant, quand l'organe fut transplanté chez une personne
ayant reçu des médicaments supprimant les défenses naturelles, il n'y avait rien pour empêcher les cellules malignes
de se déchaîner et se disséminer partout. Malgré la propaga-
tion rapide du cancer – et c'est ceci qui est le plus important
– lorsque les défenses naturelles du corps purent fonctionner
à nouveau, le cancer fut rapidement détruit.

Cette histoire et un très grand nombre d'autres recherches significatives montrent que le développement d'un cancer ne nécessite pas simplement la présence de cellules anormales ; – il nécessite aussi *une suppression des défenses nor-*
males du corps. Cette recherche a contribué à une large
acceptation par les milieux médicaux de ce que l'on appelle
«la théorie de surveillance» du développement du cancer.

La théorie de surveillance et la prédisposition au cancer

Selon cette théorie, chacun produit de temps en temps
des cellules anormales dans son corps, ou bien à cause de
facteurs externes ou simplement à cause d'une reproduction
cellulaire défectueuse. Normalement, le système immunitaire du corps surveille de près l'apparition de cellules normales et les détruit (d'où le terme de «surveillance»). Alors,

pour qu'un cancer survienne, il faut bien que le système immunitaire ait été inhibé d'une manière quelconque.

Nous allons explorer les causes possibles de cette suppression dans d'autres chapitres, mais le point important, ici, c'est le fait que quelque chose se passe chez celui qui contracte un cancer, et qui crée une susceptibilité à la maladie.

Des agents externes, l'irradiation, la génétique, le régime alimentaire – tous ces quatre facteurs peuvent jouer un rôle dans le fait de contracter la maladie, mais aucun ne fournit une explication complète à l'apparition du cancer, ni ne répond à la question : *« pourquoi certains individus, à des moments bien particuliers de leur vie, contractent un cancer ? »* [6]. Ils ont certainement été en contact avec des substances nocives ou avec des radiations à d'autres moments. S'il y a eu prédisposition génétique, elle existe depuis toujours. Leur régime alimentaire a dû être stable depuis des années. Et, en se fondant sur les théories médicales les plus récentes – comme nous l'avons vu – des cellules anormales sont présentes dans le corps de chacun, de temps en temps, au cours de toute la vie. Alors, que les cellules anormales soient créées par des facteurs externes ou qu'elles surviennent simplement naturellement, les questions cruciales deviennent : Quelles défaillances dans les défenses naturelles du corps permettent que ces cellules anormales ou malignes se reproduisent jusqu'à créer une tumeur mortelle à ce moment-ci ? Qu'est-ce qui inhibe le système immunitaire du corps et l'empêche de remplir la fonction qu'il a remplie avec succès depuis de nombreuses années ?

Les réponses à ces questions nous ramènent aux *facteurs émotionnels et mentaux dans la santé et la maladie. Les mêmes facteurs qui peuvent déterminer pourquoi un patient va vivre et pourquoi un autre, ayant un diagnostic similaire et un traitement identique, va mourir influencent aussi pourquoi une personne contractera une maladie et l'autre pas* [6]. Comme nous verrons dans les deux chapitres suivants, il y

6. Souligné par le traducteur (N.d.T.).

a déjà plusieurs indices valables qui justifient cette ligne d'attaque contre les causes du cancer.

Premièrement, il y a un fort *lien entre stress* [7] *et maladie* [8]. Deuxièmement, l'incidence du cancer chez les animaux expérimentaux est fortement accrue lorsqu'ils sont dans des conditions de stress. Troisièmement, il y a des taux d'indices de cancer très différents chez des patients ayant des différentes sortes de problèmes émotionnels et mentaux. Ces indices montrent des liens significatifs entre des états émotionnels et la maladie.

C'est le moment de considérer comment les interrelations de l'esprit (du psychisme), du corps et des émotions peuvent nous donner de nouvelles vues importantes, de nouvelles prises de conscience concernant la susceptibilité accrue à la maladie en général, et au cancer en particulier, et la question « pourquoi moi ? »

---

7. *Stress* est un terme technique (la quantité de « contrainte », tension, charge, pression que peut supporter un cable sans se briser) passé dans la vie médicale et la vie courante depuis les travaux du canadien Hans Selye – après la guerre – sur l'influence des exigences du travail et des contraintes de la vie moderne, la surcharge des diverses tensions, problèmes, chagrins, exigences, contraintes... sur l'adaptation, la fatigue, les accidents, la maladie et la mort. (Lire : Selye H., *Le Stress et la vie*, Paris, 1956.) Bien qu'il soit généralement pris dans un sens négatif, le stress peut aussi être créé par des émotions positives : on peut mourir de chagrin comme mourir de joie (A.A.S.).

8. Souligné par le traducteur.

4. Le lien entre stress et maladie

Il y a un lien évident entre le stress[1] et la maladie, un lien si fort qu'il est possible de prévoir la maladie selon la quantité de stress dans la vie de quelqu'un. La plus grande partie des premiers travaux démontrant que les émotions peuvent provoquer la maladie ont été menés après la première guerre mondiale dans les années vingt par Hans Selye à l'Université de Prague[2]. Des études récentes faites sur des êtres humains et des animaux de laboratoire confirment les recherches de Selye et commencent à révéler le processus physiologique par lequel les réponses émotionnelles au stress peuvent créer une susceptibilité à la maladie. Ces découvertes sont d'une importance primordiale, critique, essentielle, pour les cancéreux, car elles suggèrent que les effets du stress émotionnel peuvent supprimer le système immunitaire, entravant ainsi les défenses naturelles du corps contre le cancer et d'autres maladies.

---

1. Nous gardons le terme de stress, passé dans la langue française et indiquant les tensions, pressions, surcharges que subit un individu (cf. note 7, chapitre précédent).

2. Puis à Montréal (N.d.T.). Voir en français les ouvrages de Hans Selye et les divers travaux sur le stress. « Le stress et la vie ». « *Stress without distress* »...

Mesure du stress et prédiction de maladie

Depuis des années, les médecins ont observé que la maladie a davantage tendance à survenir après des événements très stressant dans la vie d'un individu. Beaucoup de médecins ont remarqué que lorsque leurs patients avaient souffert de bouleversements émotionnels majeurs, il y avait une augmentation, non seulement de maladies habituellement reconnues, soumises à l'influence des émotions – ulcères, tension artérielle trop forte, maladies cardiaques, maux de tête – mais aussi maladies infectieuses, douleurs vertébrales, et même accidents.

Pour confirmer scientifiquement ces observations, un travail de recherches a été entrepris par le Dr. Thomas H. Holmes et ses collaborateurs à la Faculté de Médecine de l'Université de Washington. Ils développèrent une méthode, des techniques, des moyens, avec lesquels ils purent mesurer de manière objective la quantité des stress ou de bouleversements émotionnels dans la vie d'un individu. Le Dr. Holmes et le Dr. Rache ont préparé une échelle qui attribue des valeurs numériques aux événements stressants. Faire le total des valeurs numériques de tous les événements stressants dans la vie du sujet pourrait permettre d'évaluer, d'indiquer la quantité de stress qu'il ou elle subit. Voici leur échelle [3] :

Tableau d'événements stressants de la vie (de Holmes et Rache)

Evénement	Valeur
Mort du conjoint	100
Divorce	73
Séparation conjugale (mariage, concubinage)	65
Emprisonnement (temps passé en prison)	63

3. A partir de 300 dans l'année, danger de maladie.

Mort d'un parent proche	63
Blessure, accident, lésion ou maladie (personnelle)	53
Mariage	50
Perte du travail (renvoi, licenciement)	47
Réconciliation conjugale	45
Retraite	45
Ennui de santé d'un parent proche	44
Grossesse	40
Problèmes sexuels	39
Arrivée d'un nouveau membre dans la famille	39
Problèmes d'affaires (problèmes professionnels)	39
Modification de situation financière	38
Mort d'un ami intime	37
Changement de situation	36
Multiplication des disputes conjugales	35
Hypothèque ou dette de plus de 50.000 F°	31
Saisie d'une hypothèque ou échéance d'un emprunt	30
Changement de responsabilités professionnelles	29
Fils (ou fille) quittant la maison	29
Problèmes avec les beaux-parents	29
Réussite exceptionnelle, exploit personnel marquant	28
Epouse se mettant à travailler ou s'arrêtant	26
Début ou fin de scolarité	26
Changement de conditions de vie	25
Modification d'habitudes personnelles	24
Difficultés avec un patron	23
Changements d'horaires ou de conditions de travail	20
Déménagement	20
Changement d'école	20
Changement de loisirs	19
Changement religieux	19
Changement d'activités sociales	18

(°) Francs français en 1982.

Hypothèque ou emprunt de moins de 50.000 F	17
Changement dans les habitudes de sommeil	16
Changement de rythme des réunions de famille	15
Changements des habitudes alimentaires	15
Vacances	13
Noël	12
Amendes ou contraventions	11

Cette échelle comprend des événements reconnus stressants par nous tous, tels la mort d'un conjoint, un divorce, la perte du travail, et autres expériences douloureuses. Il est intéressant qu'elle comprenne aussi des événements tels que le mariage, la grossesse, ou la réussite personnelle exceptionnelle, qui sont généralement considérés comme des événements heureux. Cependant, ce sont tous des événements qui peuvent exiger de nous que nous changions nos habitudes, notre façon d'entrer en relation avec autrui, ou notre façon de nous voir, notre image de nous-même. Ce sont peut-être des expériences positives, mais elles peuvent aussi exiger de nous une bonne dose d'introspection et vont peut-être faire ressurgir des conflits émotionnels non résolus. La clef du problème, c'est la nécessité de s'adapter au *changement,* indépendamment du fait que le changement soit dans un sens positif ou négatif.

En utilisant ces mesures objectives de la quantité de changement observable dans la vie d'un individu, Holmes et ses collègues furent capables de prédire la maladie avec une très bonne précision statistique. 49 % des personnes ayant accumulé un taux de plus de 300 points pendant une période de douze mois sur l'échelle ont dit avoir été malades pendant la période de l'étude, tandis que seulement 9 % de ceux ayant des taux inférieurs à 200 ont dit avoir été malades pendant la même période. Une autre étude, faite sur une période de 12 mois, indique que les personnes ayant des taux se situant dans le tiers supérieur de ceux qui participèrent à l'étude, ont signalé 90 % de plus de maladie que ceux du tiers inférieur.

Bien que l'utilisation de cette échelle rende possible de prédire la probabilité de maladie, basée sur le nombre d'événements stressants dans la vie d'un individu, il n'est pas possible de prédire comment un individu réagira à des situations stressantes. Même dans l'étude de Holmes, 51 % des individus ayant un taux de 300 points ne sont pas tombés malades pendant la période de l'étude. Si le stress peut prédisposer à la maladie, le facteur significatif semble encore être la façon dont l'individu y fait face.

Il est clair que la signification d'un événement – même d'un événement stressant – est interprétée différemment par chaque personne. La perte du travail à 20 ans sera d'habitude moins stressante que la perte du travail à 50 ans. Lorsque quelqu'un attend sa retraite avec enthousiasme, parce qu'il désire se libérer pour des projets importants, alors la retraite est beaucoup moins stressante que lorsqu'elle est imposée par des lois sociales obligatoires. Certains divorces sont extrêmement amers et brisants, tandis que d'autres se passent plus ou moins à l'amiable. La même logique s'applique à toutes les autres situations, sur la liste des stress : puisque les événements impliquent le changement, ils produisent tous des stress ; toutefois, la quantité de stress varie selon l'individu.

Le stress peut s'accumuler jusqu'au point où l'individu ne pourra simplement plus y faire face [4] et, donc, tombe malade. Néanmoins, la relation entre le stress et la capacité de l'individu à l'affronter est souvent plus complexe. Holmes et Masuda reconnaissent l'importance de la réponse de l'individu dans leur analyse des raisons pour lesquelles le stress peut entraîner la maladie :

« Nous pensons que l'explication de ce phénomène, c'est que les activités nécessaires pour faire face peuvent abaisser la résistance à la maladie, *surtout lorsqu'un individu a des techniques défectueuses pour faire face ;* quand elles manquent de pertinence avec les (...) problèmes à résoudre. Cette approche de la maladie est une leçon sur la finitude humaine nous (rappelant) que nous n'avons que tant d'énergie et pas plus. S'il faut faire trop d'efforts pour l'environnement, nous en dispo-

---

4. Overdose de stress, selon Selye (A.A.S.).

sons moins pour prévenir la maladie. Quand la vie est trop agitée, trop trépidante, et *quand les tentatives de faire face échouent* [4], la maladie en est le triste résultat. »

Les recherches scientifiques faites sur des animaux confirment l'importance de ces découvertes. Samudzhen démontre que l'intensité de croissance cancéreuse chez des animaux de laboratoire soumis à des stress, était beaucoup plus forte que celle trouvée chez des animaux non stressés. En 1955, Turkevich démontre que le fait de stresser des animaux de laboratoire augmente, accélère, stimule le développement des tumeurs. Et dans une revue des questions, en 1969, S.B. Friedman indique « qu'il semble maintenant que des facteurs d'environnement de nature psychosociale peuvent modifier la résistance à nombre de maladies infectieuses et néoplastiques (cancéreuses) ». De nombreuses recherches faites sur des animaux ont montré un lien entre stress et cancer ; à tel point que Friedman a suggéré, dans un symposium de l'Académie des Sciences de New York, qu'il n'est plus nécessaire de poursuivre la recherche sur des animaux dans ce domaine, car le lien avait déjà été suffisamment prouvé.

Bien que ces études établissent clairement le fait que le stress peut souvent amener la maladie, elles ne décrivent pas *comment* cela se passe sur le plan physique. Cependant, d'autres chercheurs ont pu décrire la physiologie du stress.

Comment le stress augmente la prédisposition à la maladie

La communauté médicale a été lente à reconnaître le rôle joué par le stress dans la maladie. C'est en partie dû à l'orientation plutôt physique de la profession médicale : des maux physiques sont produits par des causes physiques et devraient être traités par des interventions physiques. Ce qui

---

5. Souligné par Simonton.

avait manqué aux études sur le stress ou l'aspect psychologique – pour les rendre plus acceptables pour la communauté médicale – c'est l'identification d'un mécanisme physiologique spécifique par lequel des états émotionnels contribuent au développement de la maladie. L'esquisse d'un tel mécanisme est en train d'émerger de la recherche récente sur les effets du stress chronique. Pour comprendre ces découvertes, vous trouverez peut-être utile d'en savoir un peu plus sur la physiologie du stress.

Le système nerveux humain est le résultat d'une évolution d'un million d'années. Ce que l'on demandait autrefois au système nerveux de l'homme était très différent de ce qu'exige de lui la civilisation moderne. La survie dans des sociétés primitives nécessitait que les êtres humains soient capables d'identifier immédiatement un danger et de prendre une décision rapide pour lutter ou pour fuir. Le système nerveux est conçu pour ce genre de mobilisation pour l'action : quand il y a un danger extérieur, nos corps sont mobilisés instantanément (par un changement d'équilibre hormonal et d'impulsions nerveuses) pour lutter ou pour fuir.

Toutefois, la vie dans la société moderne nécessite une fréquente inhibition de nos réponses lutte-ou-fuite. Lorsqu'un gendrame vous arrête pour excès de vitesse, ou lorsque votre patron critique votre travail, votre corps est mobilisé instantanément par la menace. Cependant, dans ces circonstances, ni « lutter » ni « fuir » ne serait une réponse socialement adaptée ; alors vous apprenez à éviter et contrôler votre réaction (vous inhibez l'action). Toute la journée, vous contrôlez constamment les réponses de votre corps au stress – quand vous vous trompez, quand un taxi klaxonne trop fort, quand vous devez faire la queue, quand vous ratez l'autobus, etc.

Le corps est conçu de manière à ce que ces moments de stress, suivis par une réaction physique, une action telle que lutte ou fuite, fassent peu de mal. Toutefois, quand il n'y a pas décharge de la réponse physiologique au stress – à cause des conséquences sociales que provoquerait la « fuite » – il se produit alors un effet cumulatif négatif sur le corps. C'est le *stress chronique,* le stress qui est enduré et conservé dans le corps et non plus déchargé [6]. On reconnaît actuellement de plus en plus que le stress chronique joue un rôle significatf dans un très grand nombre de maladies.

Le Pr. Hans Selye, cité plus haut, endocrinologue et directeur de l'Institut de Médecine et Chirurgie Expérimentales à l'Université de Montréal, a décrit les effets du stress chronique sur le corps. Sa description est cauchemardesque : on voit les dégâts du stress sur le corps, une sorte de liste d'horreurs médicales.

Pour commencer, le stress chronique produit fréquemment des déséquilibres hormonaux. puisque les hormones jouent un rôle critique dans la régulation du fonctionnement du corps, ces déséquilibres peuvent conduire à une trop forte tension artérielle, et éventuellement endommager les reins. Ce dommage fait aux reins peut, à son tour, conduire à une hypertension sévère (tension artérielle élevée), ce qui renforce le déséquilibre chimique.

De plus, les changements hormonaux qui résultent du stress peuvent créer et développer des déchirures dans les parois des artères. Le corps répare ces déchirures par un entassement de plaques de cholestérol, un type de tissu cicatrisant. Mais trop de plaques créent un durcissement des artères, l'artériosclérose. Ceci, à son tour, force le cœur à pomper plus fort pour faire circuler le sang, augmentant encore plus la tension artérielle. Lorsque l'artériosclérose se développe beaucoup, elle diminue la quantité de sang et d'oxygène qui arrive au cœur, jusqu'au point où une défaillance du cœur peut se produire. Les plaques de cholestérol peuvent aussi obstruer les artères principales du cœur, entraînant la mort d'une partie du muscle cardiaque, ce qui peut aller jusqu'à la défaillance cardiaque. Normalement, le corps ferait un effort d'adaptation à ces problèmes, mais sous stress chronique, les mécanismes responsables de la

---

6. Il s'agit de la décharge par l'action (lutte, fuite, course, activités physiques), opposée à l'inhibition de l'action, cause de stress et de maladies, tant selon Selye que selon Laborit (Voir Selye : «Le stress et la vie», «Colloque sur le stress» ; Laborit : «L'inhibition de l'action») – décharge utilisée par Simonton pour lutter contre le cancer (A.A.S.).

réduction et de l'adaptation des déséquilibres hormonaux sont dépassés. Le déséquilibre continue, dans un cycle de plus en plus négatif et menaçant pour la vie.

Ces preuves démontrent clairement les effets physiques très réels du stress.

Mais, il y a encore un autre effet du stress, de la plus grande importance pour le cancéreux.

Selye a découvert que *le stress chronique supprime le système immunitaire responsable de la phagocytose et de la destruction des cellules ou des micro-organismes étrangers.* L'importance de ceci est la suivante : les conditions physiques décrites par Selye comme étant le produit du stress sont presque identiques à celles sous lesquelles une cellule anormale pourrait se reproduire, grandir et grossir jusqu'à devenir un cancer dangereux. Il n'est donc pas surprenant que les cancéreux aient souvent un système immunitaire affaibli.

Les découvertes de Selye sont confirmées par d'autres chercheurs. R.W. Bathrop et ses associés à l'Université du nouveau Pays de Galles-Sud (New South Wales) en Australie ont fait des recherches qui montrent que le deuil diminue la réponse immunitaire du corps. Ils testèrent 26 personnes, âgées de 25 à 65 ans, en deuil depuis peu, deux semaines et puis six semaines après la mort de leur conjoint. Ils ont constitué un groupe de contrôle composé de 26 employés de l'hôpital n'ayant pas subi de pertes de ce genre (deuil) depuis 2 ans. La fonction lymphocitaire, une mesure critique primordiale de l'efficacité du système immunitaire du corps, était diminuée de façon significative chez ceux qui avaient perdu leur mari ou leur femme. Puisque le système immunitaire sert de défense puissante contre la reproduction des cellules cancéreuses, comme nous l'avons vu au chapitre précédent, la preuve qu'une perte affective peut produire une suppression du système immunitaire fournit une clef importante quant aux causes du cancer.

Une autre recherche du Dr. J.H. Humphrey et de ses collaborateurs, au centre de recherches médicales britannique (Medical Research Council), précise les facteurs mentaux-psychiques conduisant à la suppression du système immunitaire : elle démontre que l'immunisation du corps vis-à-vis de la tuberculose peut être profondément altérée par la suggestion hypnotique – démontrant ainsi clairement l'influence du stress mental et émotionnel sur les défenses du corps.

De plus, le Dr. George Solomon, de l'Université de Californie (California State) a découvert que les incisions dans l'hypothalamus – une partie du cerveau qui affecte la production endocrinienne du corps de manière significative – amènent une suppression du système immunitaire. L'hypothalamus est aussi la partie du cerveau considérée le plus directement associée aux émotions – autre preuve significative importante pour ceux d'entre nous travaillant dans le domaine de la recherche sur le cancer, recherchant les causes de la maladie.

Le travail de Solomon commence à préciser et spécifier le mécanisme physiologique par lequel le stress pourrait amener une suppression immunitaire. Lorsqu'on associe son travail à celui de Selye et de ses collaborateurs, on commence à se faire une idée générale sur la manière dont le stress émotionnel peut créer des conditions favorables au développement du cancer. Ce qui reste à faire, c'est de comprendre le corps et son fonctionnement pour décrire les liens précis entre cancer et stress.

Un résumé des découvertes : nous revenons encore à l'individu

Prenons un moment pour résumer les thèmes principaux de la recherche :

Des niveaux élevés de stress émotionnel augmentent la prédisposition à la maladie.

Un stress chronique aboutit à la suppression du système immunitaire, ce qui à son tour crée une prédisposition accrue à la maladie – et surtout au cancer.

Le stress émotionnel, ou affectif, qui supprime le système immunitaire, conduit aussi à des déséquilibres hormonaux. Ces déséquilibres pourraient augmenter la production de cellules anormales au moment même où le corps est le moins capable de les détruire.

Il est significatif que la quantité de stress émotionnel créé par des événements extérieurs dépend de la manière dont l'individu interprète ou affronte cet (ces) événement(s). Bien que les chercheurs soient capables de prédire l'apparition d'une grave maladie, à partir du nombre d'événements stressants dans la vie d'un individu, certains individus *ne sont pas* tombés malades, même s'ils avaient vécu et subi un niveau élevé de stress. Encore une fois, il est nécessaire de regarder attentivement la réponse personnelle de chaque individu à un événement stressant.

Chacun apprend à faire face au stress d'une façon ou d'une autre : soit par divers moyens qui réduisent son impact émotionnel, soit de manière à diminuer ses effets sur le corps. Aussi, l'étape suivante sera de comprendre ces différentes réactions et saisir quel genre de réaction individuelle face au stress joue un rôle important dans la prédisposition au cancer.

5. *Personnalité, stress et cancer*

La plupart du temps, les manières de réagir face aux divers stress de la vie sont individuelles et habituelles ; elles proviennent de ce que nous croyons être inconsciemment (de ce que nous croyons être notre Moi), de ce que nous «devrions» être [1] et de l'idée que nous nous faisons des autres et du monde. Ces modèles de comportement forment une orientation globale, ou attitude face à la vie. Il est maintenant de plus en plus évident que des manières différentes d'aborder la vie peuvent être associées avec certaines maladies particulières. Par exemple, dans leur livre célèbre : « *Type A Behavior and your heart* » (« Le comportement de type A et votre cœur ») les Docteurs Meyer Friedman et Ray Rosenman décrivent un ensemble de comportements, une attitude envers la vie – qui selon leurs études – contribue fortement aux maladies cardiaques. Ils ont appelé cette attitude compétitive, archi-active, perpétuellement sous pression, la «Personnalité de type A» [2].

De nombreuses recherches démontrent qu'on peut trouver une certaine typologie liée à certaines maladies, et qu'en plus de types de personnalité ayant des maladies cardiaques,

---

1. En termes plus techniques, il s'agit du Moi réel, du Moi idéal, de l'idéal du Moi, du Moi-devant-les autres – de ce que Sartre appelle l'en-Soi, le pour-Soi et le pour Autrui (A.A.S.).

2. Le «type A», super-actif, s'oppose au «type B» plus détendu, prenant plus de temps de pauses, pour se distraire, se relaxer, prendre de l'exercice. Cet ouvrage est devenu un best-seller depuis plusieurs années (A.A.S.).

on trouve beaucoup de caractéristiques similaires chez ceux qui souffrent de rhumatisme articulaire, d'ulcères gastriques, d'irritation du système urinaire (chez les femmes). Il y a aussi un ensemble d'observations anciennes, confirmées par de nombreuses recherches, récentes, montrant qu'il y a de fortes similarités de profil de personnalité chez les cancéreux.

Un regard historique sur les rapports entre cancer et émotions

Les rapports entre cancer et états émotionnels ont été observés depuis presque 2.000 ans. De fait, c'est séparer cancer et états émotionnels qui est nouveau et c'est une drôle d'idée. Il y a près de 2.000 ans, au 2ᵉ siècle avant J.C., le célèbre médecin Galien observe et écrit que les femmes gaies sont moins susceptibles d'avoir un cancer que ne le sont les femmes déprimées. Dans son traité de 1701 – une recherche sur la nature et les causes du cancer – Gendron cite l'influence des «désastres de la vie, comme occasionnant beaucoup de troubles et chagrins». Dans un exemple, encore cité aujourd'hui dans les facultés de médecine, Gendron rapporte :

> «Madame Emerson vécu tragiquement la mort de sa fille puis perçut que son sein grossissait, et qu'il devint bientôt douloureux. Il se déclara finalement un cancer, qui se généralisa et la consuma en peu de temps. Elle avait toujours joui d'un parfait état de santé.
> La femme d'un marin (qui fut pris il y a quelques temps par les Français et emprisonné) en fut si affectée que son sein commença à gonfler, et bientôt se déclara un cancer terminal qui se répandit si vite que je ne pus rien faire pour son cas. Elle n'avait jamais eu aucune douleur au sein.»

En 1783, Burrows, dans un commentaire qui ressemble de façon étonnante à une description précoce du stress chronique, attribua la maladie aux «passions agitées de l'esprit, par lesquelles le patient est fortement affecté pendant une longue période». En 1822, Nunn, dans « *The cancer of the*

breast » (« Le cancer du sein »), un texte respecté et souvent
cité, énonce que des facteurs émotionnels influencent la
croissance des tumeurs. Comme illustration, il note qu'un
cas particulier coïncida « avec un choc au système nerveux
(d'une femme) occasionné par la mort de son mari. Peu de
temps après, la tumeur grossit de nouveau et la patiente
mourut ».

En 1846, le Dr. Walter Hyle Walshe publie *« The
nature and treatment of cancer »* (« Nature et traitement du
cancer »), un livre respecté, qui eut beaucoup d'influence et
qui couvrit presque tout ce qui était connu sur le cancer à
cette époque-là. Walshe déclare :

> Beaucoup de choses ont été écrites sur l'influence de la misère
> mentale, des souffrances psychiques, des renversements de
> fortunes soudains et de l'humeur perpétuellement triste, sur
> l'inclinaison, la prédisposition en matière de cancer. Si nous
> pouvons croire les recherches systématiques en ces domaines,
> ces éléments constituent la plus forte cause de la maladie...
> Des faits très convaincants, par rapport au rôle de l'esprit
> dans la production de la maladie, sont fréquemment observés.
> Moi-même, j'ai rencontré des cas dont la relation avec le can-
> cer paraissait si claire que... questionner sa réalité aurait paru
> lutter contre la raison.

En 1865, le Dr. Claude Bernard écrivit un texte classique, *« La médecine expérimentale »,* dans lequel il rapporte
des observations semblables aux nôtres. Bernard prévint
qu'un être vivant doit être considéré comme un tout harmonieux. Bien que l'analyse séparée des parties du corps fut
nécessaire pour l'enquête, dit-il, les relations entre les parties
devaient aussi être prises en considération. Et dans un autre
texte classique, *« Surgical pathology »* (« La pathologie chirurgicale ») publié en 1870, James Paget exprime sa conviction que la dépression joue un rôle vital dans le développement du cancer :

> « Les cas sont si fréquents, dans lesquels l'angoisse, l'espoir
> déçu, la déception, sont suivis par la croissance et l'augmen-
> tation du cancer, qu'il n'est guère possible de douter que la
> dépression mentale est une addition puissante à d'autres
> influences favorisant le développement de la "constitution
> cancéreuse" (et l'apparition du cancer). »

La première étude statistique entre états émotionnels et cancer fut entreprise par Snow en 1893. En rapportant cette recherche relativement sophistiquée dans « *Cancers and the cancer-process* » («Cancers et le processus cancéreux»), Snow déclare :

> «De 250 patients hospitalisés et ambulatoires ayant un cancer du sein ou de l'utérus à Londres, au Cancer Hospital, l'histoire (anamnèse) de 43 d'entre eux permit de mettre en cause des blessures mécaniques. Quinze de ces 43 sujets se sont aussi décrits comme ayant eu récemment de graves soucis. Trente-deux autres parlèrent de travail difficile et de privations. Chez 156 patients, il y a eu beaucoup de problèmes graves, précédant immédiatement la maladie, souvent des problèmes poignants (telle la perte d'un parent proche). Chez 19 patients, on n'a pas trouvé de preuve causale dans leur histoire.»

Snow conclut que :

> «De toutes les causes du processus cancéreux, de n'importe quelle forme de cancer, les agents névrotiques, psychiques, sont les plus puissants. De ceux qui sont les plus répandus, la détresse de l'esprit (le stress psychique) est la plus souvent rencontrée ; le travail épuisant et la privation suivent, dans l'ordre. Ce sont des causes directes qui semblent provoquer la maladie et exercer une lourde influence et prédisposant au développement du reste. Les idiots, débiles, et lunatiques [3] de manière remarquable, n'ont pas de cancer, de quelque forme que ce soit.»

Malgré l'accord apparent, parmi les experts de la fin du XIXe siècle et le début du XXe siècle, qu'il y ait une liaison entre état émotionnel et cancer, l'intérêt pour ces recherches déclina devant l'intérêt pour l'anesthésie générale, les procédures chirurgicales nouvellement développées, et la radiothérapie. Le succès de ces thérapies physiques, avec de nombreux problèmes médicaux a fortement renforcé le point de vue que les problèmes physiques ne pouvaient être résolus que par une forme de traitement physique. De plus, les médecins commencèrent à voir les stress tel le travail épuisant et les privations comme inévitables ; après tout, même

---

3. Malades mentaux.

s'ils jouaient un rôle dans le développement du cancer, que pouvait y faire un médecin ? De plus, jusqu'au premier tiers du XXᵉ siècle, les outils pour traiter les problèmes affectifs et émotionnels étaient encore très limités.

Toutefois, c'est une des ironies de l'histoire médicale que, au fur et à mesure que les nouvelles sciences que sont la psychologie et la psychiatrie développaient de nouveaux outils diagnostics pour tester scientifiquement le lien entre le cancer et les états affectifs et émotionnels et les outils thérapeutiques pour aider à traiter les problèmes émotionnels et affectifs, la médecine perdit tout intérêt dans le problème. Le résultat en a été deux écoles distinctes de publications et de recherche. Les publications psychologiques sont riches en descriptions d'états émotionnels liés au cancer, mais généralement, elles n'arrivent pas à sauter le pas et n'arrivent pas à suggérer qu'il pourrait exister un mécanisme physiologique pouvant expliquer cette relation. Les publications médicales ont des fondements physiologiques, mais, peut-être parce qu'elles n'intègrent pas les faits psychologiques dans leurs recherches, elles sont incapables d'expliquer les rémissions « spontanées » ou d'importantes différences entre les réponses individuelles au traitement.

Avec sa formation médicale, Carl a été fort surpris de trouver des preuves importantes des liens entre les états émotionnels et le cancer dans les publications psychologiques. Depuis, nous avons observé que peu de médecins ont connaissance de ces recherches. Le prix payé par la spécialisation à notre époque, c'est que les personnes, dans des disciplines différentes, travaillant sur le même problème, ont souvent peu d'échanges d'informations interdisciplinaires. Chaque discipline développe son propre langage spécialisé, ses propres valeurs, sa propre méthode de communication de l'information, et des informations importantes (et résultats de recherches) peuvent être perdues parce que ces disciplines n'échangent pas leurs découvertes efficacement.

Nous avons trouvé qu'expliquer la recherche psychologique aux cancéreux est une tâche particulièrement délicate. Si nous déclarons que « la recherche indique que les cancéreux ont certains traits... », alors beaucoup de patients supposent automatiquement que la recherche dit qu'ils ont personnellement ces traits. Mais des études statistiques, par leur nature même, sont des généralisations, qui s'appliquent à des groupes, et non nécessairement à un individu en particulier. Dans son livre *« Mind as healer, mind as slayer »* (« L'esprit comme guérisseur, l'esprit comme assassin »), le psychologue Kenneth R. Pelletier suggère que les gens devraient être prudents lorsqu'ils appliquent des « profils de personnalité » à eux-mêmes :

> « A présent, la plus grande partie des recherches sur la personnalité et la maladie sont centrées sur la détermination de patterns [4] (modèles) caractéristiques parmi les personnes ayant déjà contracté une maladie particulière. Certaines des caractéristiques de personnalité typiques des gens ayant des maladies particulières peuvent paraître remarquablement similaires aux nôtres. Vous ne devriez pas vous en alarmer, puisqu'il *ne s'ensuit pas de manière inévitable que vous aurez les maladies ou affections associées à ces caractéristiques* [5]. Ces profils de personnalité ne sont que des guides-fils utiles, pour que les gens prennent conscience de ce que pourraient être des patterns (styles) de comportement potentiellement dangereux. L'auto-évaluation est rarement juste, et l'analyse des patterns de comportement devrait toujours reposer sur l'interprétation d'un clinicien sérieusement formé. Les profils de personnalité ne sont qu'un élément de diagnostic, et ils sont peu concluant s'ils sont considérés seuls. Il est habituel, pour des étudiants de 3e cycle (ou de doctorat) dans un domaine clinique quelconque [psychologie, médecine, travail social] de s'imaginer atteint de chaque maladie qu'ils étudient. Avec une formation plus poussée, ils se rendent compte que tout diagnostic est complexe, plutôt indicatif que définitif. Toute personne qui s'approche du domaine de la personnalité et de la maladie a besoin d'une mise en garde comparable ».

En passant en revue les résultats des recherches sur les états émotionnels-affectifs et le cancer, nous vous conseillons fortement, si vous avez ou croyez avoir un cancer, ou si vous avez peur du cancer, d'utiliser simplement ces

---

4. Pattern (patron, modèle, style particulier) est un mot utilisé en psychologie en France comme en Amérique (N.d.T.).

5. Souligné par Simonton.

recherches comme point de départ pour votre réflexion ; soyez conscient du fait que nous avons tous tendance à voir des aspects de nous-mêmes dans ces descriptions. Des individus ayant des traits de personnalité semblables ne développent pas tous la même maladie, pas plus que tous les gens qui subissent les mêmes agents cancérigènes ne développent un cancer. Beaucoup d'autres facteurs, comme vous le savez maintenant, jouent un rôle significatif.

Les preuves psychologiques

Une des meilleures recherches concernant les états émotionnels-affectifs et le cancer a été faite en 1926 dans « *A psychological study of cancer* » (« Une étude psychologique du cancer ») par le Dr. Elida Evans, une psychanalyste jungienne, avec une introduction de Carl Jung. Jung écrivit qu'il croyait que Evans avait résolu beaucoup de mystères sur le cancer – y compris pourquoi le cours de la maladie n'est pas toujours prévisible, pourquoi la maladie peut réapparaître après de nombreuses années, sans signe préalable de maladie et pourquoi c'est une maladie liée à la société industrielle.

Basée sur une analyse de cent patients ayant le cancer, Elida Evans conclut que de nombreux cancéreux avaient perdu une relation émotionnelle importante avant l'apparition de la maladie. Elle voyait de tels patients comme des gens ayant investi leur identité dans un seul objet ou rôle (une personne, un travail, une maison) plutôt que d'avoir développé leur propre individualité. Quand l'objet ou le rôle était menacé, enlevé ou éliminé, de tels patients étaient renvoyés à eux-mêmes, avec peu de ressources intérieures pour y faire face. (Nous avons nous aussi trouvé cette même caractéristique de placer les besoins d'autrui avant leurs propres besoins chez nos patients, comme vous verrez dans les études de cas qui suivent). Evans crut aussi que le cancer était le symptôme d'autres problèmes non résolus dans la vie du patient, et ses observations ont été confirmées et élaborées depuis par d'autres chercheurs.

Lawrence LeShan, PhD., psychologue expérimental de formation, devenu psychologue clinicien, est le plus grand théoricien sur les récits de vie, sur l'histoire de la vie personnelle psychologique des malades cancéreux. Dans son récent livre (1977) « *You can fight for your life: Emotional factors in the causation of cancer* » («Vous pouvez lutter pour votre vie: les facteurs émotionnels dans la cause du cancer») il apporte des constatations semblables à beaucoup de points de vue à celles d'Evans. LeShan identifie quatre composants typiques, dans l'histoire personnelle de plus de 500 patients atteints de cancer, avec lesquels il a travaillé:

La jeunesse du patient était marquée par des sentiments d'isolement, de manque d'affection, de désespoir avec des relations interpersonnelles intenses, qui semblaient difficiles et dangereuses.

Au début de sa vie comme jeune adulte, le patient a été capable d'établir une relation forte et profonde avec quelqu'un, ou bien a trouvé une grande satisfaction dans sa vocation ou profession. Une énorme quantité d'énergie était investie dans cette relation ou ce rôle. De fait, c'était devenu la raison de vivre, le centre de la vie du patient.

La relation ou le rôle était alors éliminé, enlevé, (ou disparu) – par la mort, un déménagement, un enfant qui quitte la maison, la mise à la retraite, ou une perte similaire. Il en résultait le désespoir, comme si la «meurtrissure» (ou traumatisme) restée de l'enfance frappait de nouveau, et très douloureusement.

Une des caractéristiques fondamentales de ces patients, c'est que le désespoir était non manifeste, caché, comme «renfermé», enfoui en soi. Ces individus étaient incapables de montrer aux autres leurs sentiments lorsqu'ils étaient blessés, froissés, meurtris, en colère, ou agressifs. Les autres voyaient souvent ces patients cancéreux comme des gens exceptionnels, merveilleux, disant d'eux: «C'est un homme si bon et si doux», ou «C'est une sainte». LeShan conclut: «La gentillesse, les qualités, la «bonté» de ces gens était en fait le signe de leur incapacité de se faire confiance, de croire suffisamment en eux-mêmes, et de leur manque d'espoir».

Il décrit l'état émotionnel de ses patients après qu'ils aient perdu la relation ou le rôle primordial comme suit:

«Le désespoir croissant auquel chacun de ces gens a fait face paraît être fortement lié à la perte dont chacun avait souffert dans son enfance... ils voyaient la fin de la relation comme un désastre qu'ils avaient toujours plus ou moins attendu. Ils avaient attendu qu'elle finisse, attendant le rejet. Et lorsqu'il (rejet) se produisit, ils se dirent: "Oui, je savais que c'était trop beau pour être vrai...". D'un point de vue superficiel, tous parvinrent à "s'adapter" au coup. Ils continuèrent à fonctionner. Ils continuèrent leur travail quotidien. Cependant, ils avaient perdu la "couleur", le zeste, le sens, la saveur de leur vie.

A ceux de leur entourage, même à leurs proches, ils paraissaient très bien faire face... mais, en fait, c'était la fausse paix du désespoir qu'ils ressentaient. Ils attendaient simplement la mort. Car cela leur semblait être la seule issue. Ils étaient prêts pour la mort. Dans un sens très réel, ils étaient déjà morts. Un patient m'a dit: "La dernière fois, j'ai espéré et... regardez ce qui s'est passé. Aussitôt que j'ai abaissé mes défenses, bien entendu, je me suis retrouvé seul encore une fois. Je n'espérerai plus jamais. C'est trop. C'est mieux de rester dans sa coquille".

Et ils y restèrent, attendant sans espoir que la mort vienne les libérer. En l'espace de six à huit ans, parmi ces patients, le cancer terminal apparut».

LeShan rapporte que 76 % de tous les patients cancéreux interviewés par lui, avaient la même histoire personnelle émotionnelle de base. Des patients cancéreux entrés en psychothérapie intensive avec lui, plus de 95 % montraient ce pattern. Seulement 10 % d'un groupe de contrôle de patients non cancéreux avaient ce pattern, ce genre d'attitude.

Bien que LeShan décrive de façon émouvante et convaincante les états émotionnels de ses patients, tous les aspects de ses observations n'ont pas encore été validées par d'autres études. Toutefois, plusieurs éléments fondamentaux ont été confirmés par une étude longitudinale – sur 30 ans – faite par Caroline B. Thomas, une psychologue à l'Université John Hopkins.

Caroline Thomas commença par interviewer des étudiants en médecine à l'Université John Hopkins dans les années 40, et étudia leurs profils psychologiques. Depuis lors, elle a interviewé plus de 1 300 étudiants et suivi l'histoire de leurs maladies. Elle rapporte que le profil psychologique le plus spécifique, différencié, appartient aux étudiants qui ont développé un cancer par la suite – plus spécifique même que celui des étudiants qui se sont suicidés par la suite. En particulier, ses données ont démontré que les étudiants ayant par la suite développé un cancer se sont perçus comme n'ayant pas été proches de leurs parents, manquant de chaleur, d'intimité, ne montrant guère d'émotions fortes, et vivant généralement comme s'ils avaient « débrayé », ou conduisant leur vie lentement, en « première [6] ».

Un autre élément de la description de LeShan, c'est que les patients atteints de cancer ont tendance à être en proie aux sentiments de désespoir, d'absence d'espoir, et d'impuissance [7] même avant l'apparition de leur cancer, a été confirmé par deux autres recherches.

A.H. Schmale et H. Iber ont observé chez leurs patientes atteintes de cancer, un type particulier de renoncement, un sentiment de frustration désespéré, sans aucun espoir, autour d'un conflit au sujet duquel il n'y avait pas de solution possible. Souvent ce conflit avait eu lieu six mois avant le diagnostic de cancer. Schmale et Iker ont alors étudié un groupe de femmes en bonne santé, considérées biologiquement prédisposées au cancer de l'utérus.

Utilisant des tests, questionnaires et autres moyens de mesure psychologique permettant d'identifier «une personnalité ayant tendance à se sentir impuissante», dans ce groupe, Schmale et Iker prédirent lesquelles de ces femmes allaient développer un cancer – et ils tombèrent juste à 73,6 %. Ces chercheurs ont souligné que cela ne veut pas dire que des sentiments d'impuissance causent le cancer – ces femmes semblaient avoir une certaine prédisposition au cancer du col de l'utérus – mais que l'impuissance [8] semblait être un élément important.

Pendant une période de quinze ans, W.A. Greene étudia les expériences psychologiques et sociales de patients ayant développé une leucémie et/ou un lymphome. Lui aussi observe

---

6. Première vitesse d'une automobile, la plus lente (N.d.T.).

7. William Schutz met en évidence 3 besoins fondamentaux de l'homme : l'affection, l'appartenance à un groupe, le contrôle de la situation (A.A.S.). – Voir *Joie*, Paris, EPI éditeurs.

8. *Hopelessness and helplessness* : sans espoir et impuissant, (voire désespéré, impuissant et abandonné) (N.d.T.).

que la perte d'une relation importante a été un élément significatif dans l'histoire personnelle d'un individu. Aussi bien
pour les hommes que pour les femmes, dit Greene, la plus
grande perte fut la mort ou la menace de mort d'une mère ;
ou pour les hommes, d'une «figure maternelle», telle une
épouse. D'autres événements émotionnels-affectifs significatifs pour ces femmes ont été la ménopause, ou le déménagement dans une nouvelle maison ; et pour les hommes, la perte
ou la menace de perte d'un travail, et la retraite ou la menace
de mise à la retraite forcée [6] ou anticipée.

Greene conclut que la leucémie ou le lymphome se
développèrent dans une situation d'ensemble dans laquelle
le patient avait subi de nombreuses pertes et séparations qui
avaient produit un état psychologique de désespoir, de manque d'espoir, d'abandon, de manque de continuité et
d'horizon.

D'autres recherches ont confirmé la description de
LeShan de la difficulté ressentie par beaucoup de cancéreux
d'exprimer des sentiments négatifs et leur besoin de toujours
paraître «bien», en bonne forme, de faire bonne impression,
de conserver la face vis-à-vis d'autrui.

Le Dr. D.M. Kissen a observé que la différence principale
entre de gros fumeurs qui contractent un cancer des poumons
et de gros fumeurs qui ne l'ont pas, c'est que les patients ayant
un cancer du poumon n'ont «pas de débouchés pour les
décharges émotionnelles».

E.M. Blumberg démontre que le taux de croissance tumorale
peut être prédit selon certains traits de personnalité. Les
patients ayant des tumeurs à croissance rapide essaient de
donner une bonne impression d'eux-mêmes. Ils ont été aussi
plus défensifs et moins capables de se défendre contre
l'anxiété. De plus, ils ont tendance à rejeter l'affection, et les
marques d'affection, bien qu'ils en aient envie. Le groupe de
patients ayant des tumeurs à croissance lente montre une plus
grande capacité à absorber les chocs émotionnels et à réduire
la tension par l'activité physique. Le difficulté pour les
patients ayant des tumeurs à croissance rapide semblait être
que l'expression des émotions (les débouchés émotionnels)
étaient bloqués par un désir extrême de faire bonne impression.

Le Dr. B. Klopfer a fait une recherche similaire dans laquelle
le type de tumeur (à croissance rapide ou lente) a été prédit

selon des profils de personnalité. Les variables permettant aux chercheurs de prédire une croissance rapide ont été les défenses de l'ego, la tendance du patient à rester sur la défensive, et à tenir «à leur propre vision de la réalité». Klopfer croit que lorsque trop d'énergie est bloquée à défendre l'ego (le Moi) et la manière dont le patient considère la vie, le corps n'aura plus l'énergie vitale nécessaire pour lutter contre le cancer.

Exemples de la vie de nos patients

En plus des recherches citées, notre expérience avec nos patients ne laisse place à aucun doute raisonnable dans nos esprits sur le lien entre certains états émotionnels et le cancer.

Une de nos premières expériences a eu lieu quand Carl était encore interne et que nous n'avions pas encore commencé à utiliser l'approche décrite dans ce livre. Elisabeth Johnson, une femme de quarante ans, vint à l'hôpital avec un cancer avancé du rein. Elle était devenue veuve l'année précédente, mais continuait à vivre et à travailler sur le ranch que son mari lui avait laissé. Une intervention exploratoire décela un cancer qui s'était étendu hors du rein, – et il était impossible d'enlever le cancer chirurgicalement. Elle fut traitée avec des doses minimes d'irradiation, mais il y avait peu d'espoir d'amélioration. Puis elle fut renvoyée dans son ranch, n'ayant plus – médicalement parlant – que quelques mois à vivre.

Une fois rentrée chez elle, elle tomba amoureuse d'un des hommes qui travaillait dans son ranch, et ils se marièrent bientôt. Malgré le pronostic de mort imminente, elle ne montra plus aucun signe de maladie pendant cinq ans. Puis son second mari la quitta après avoir dilapidé tout son argent. En l'espace de quelques semaines, Elisabeth fit une grave rechute. Il y eut une réapparition majeure du cancer, et elle mourut peu de temps après.

Il semblerait que son remariage ait joué un rôle significatif dans sa guérison apparente, et que, d'être délaissée, ait précipité la rechute et sa mort.

Dans notre expérience, quotidiennement, nous trouvons des preuves similaires du lien entre états émotionnels et maladie dans les vies des gens que nous voyons, et un des résultats, c'est que nous avons appris à les *écouter plus attentivement*[9]. A l'époque où nous pensions que le cancer était un problème purement physique, nous écoutions les descriptions que faisaient les patients de leur état émotionnel, et regardions ceci comme quelque chose auquel il fallait réagir avec sympathie et compréhension, mais n'ayant pas grand chose à VOIR avec le cours de la maladie. Au fur et à mesure que nous apprenions que « la personne entière » participe au déroulement de sa maladie, nous avons commencé à faire très attention à tout ce que nos patients disaient. Une des patientes qui nous donna une leçon importante dans ce domaine fut Marie.

Marie Thomas était exceptionnelle, un cas unique parmi nos premiers patients, dans le sens où elle était venue vers nous déjà convaincue qu'elle avait participé à sa maladie. C'est son médecin, un spécialiste de la chirurgie du thorax, qui l'avait envoyée consulter Carl, après avoir assisté à une conférence que Carl avait faite. Marie avait 70 ans, mais elle se tenait si droite qu'elle paraissait en avoir moins. On avait déjà fait le diagnostic du cancer et elle avait déjà été opérée une fois pour enlever le tissu malade.

La première chose que Marie dit à Carl, c'est qu'elle avait causé sa maladie et qu'elle avait peur d'une rechute, qu'elle craignait de faire réapparaître le cancer, ou de le voir s'étendre. Elle voulait de l'aide. Elle parla si directement et avec une telle force de conviction et tant d'intelligence qu'elle nous en a coupé le souffle, et que nous ne savions comment lui répondre ou réagir, sauf lui demander de s'expliquer.

Marie raconta que lorsqu'elle approcha de ses 70 ans et de l'âge de la retraite obligatoire en tant qu'institutrice, ses élèves semblaient l'énerver davantage et son travail commença à lui peser, et lui sembla désagréable. Célibataire, elle

---

9. Souligné par le traducteur (N.d.T.).

partageait son appartement avec une autre femme âgée, qu'elle trouva de plus en plus ennuyeuse. Tout son monde semblait se détériorer.

Elle remarqua qu'elle fumait de plus en plus et que, tout en avalant la fumée, elle pensait que dans peu de temps elle serait morte. La nuit, en s'endormant, elle prit conscience qu'elle pensait : « Voilà encore une journée de passée, un jour de moins à vivre », qu'elle avait achevé encore une journée et qu'il n'y en aurait plus guère. Pendant plusieurs mois, elle continua à fumer et à être de plus en plus déprimée. Puis elle développa une toux sévère qui s'aggrava de plus en plus et qui finalement produisit du sang.

Quand elle vit son médecin, il lui trouva un cancer du poumon et elle fut opérée. Après l'intervention, elle eut une nouvelle dépression ; le résultat de tout cela fut qu'elle se mit à appréhender une rechute, la possibilité de recréer la maladie dans le développement de laquelle elle était certaine d'avoir déjà fortement participé, pour commencer. Lorsqu'elle a exprimé cette peur à son chirurgien, il s'est souvenu de la conférence de Carl et l'envoya le consulter.

Marie a été la première patiente à nous dire qu'elle « s'était rendue malade » et à pouvoir nous raconter par le détail ses processus de pensée, tels qu'elle les avait vécus. Ayant déjà fait un peu de psychothérapie, elle avait une certaine conscience de ses pensées et de ses sentiments, bien plus que beaucoup de gens. Il ne lui a fallu qu'un peu d'aide pour surmonter sa peur et sa dépression.

Bien que Marie ait été un cas exceptionnel et rare, en raison du degré d'accès qu'elle avait à son vécu intérieur, de son être profond, de sa compréhension, de son soi, de son « Moi profond [10] », nous avons trouvé que beaucoup de nos patients – une fois qu'ils ont compris que leurs états émotionnels ont pu jouer un rôle dans leur maladie – se souviennent de pensées et sentiments semblables. Ils se sont rappelés avoir souhaité souvent de mourir, ou s'être sentis sans espoir et avoir pensé que la mort était la seule issue. Très souvent,

---

10. Inner self: soi intérieur (N.d.T.).

ces sentiments sont apparus, soit lors d'une nouvelle demande qu'on leur a faite, soit à cause d'un conflit apparemment sans solution.

Beaucoup de nos patients vivent le conflit quand ils découvrent que leur conjoint a eu une aventure, surtout s'ils refusent l'idée de recourir à un conseiller conjugal, ou si leurs croyances religieuses les empêchent de considérer le divorce, mais qu'ils se sentent néanmoins peu disposés à rester mariés. Edith Jones a fait difficilement face à ce problème, lorsqu'elle a découvert que son mari, le père de leurs six enfants, avait des relations extra-conjugales. Elle ne croyait pas pouvoir tolérer la situation, mais elle ne croyait pas dans un divorce non plus. Il ne semblait pas y avoir d'autres alternatives, et elle s'est sentie coincée. Elle a contracté un cancer et mourut bientôt. Pour Edith, la mort représentait une solution. D'autres femmes auraient peut-être trouvé d'autres bases pour continuer la relation, et d'autres se seraient peut-être donné «la permission» de divorcer.

Plusieurs de nos patients masculins ont eu des conflits professionnels avec des membres de leur famille, dans leurs affaires. C'était le cas de Robert Hansen, qui avait très bien développé, seul, sa petite affaire et en avait fait une grande entreprise. A cause de liens familiaux proches, Robert a fait entrer un parent dans son entreprise, en lui donnant une fonction importante du supervision. Ce parent s'est montré inapte à tenir ce niveau de responsabilité; l'entreprise commença à décliner; l'entreprise à laquelle Robert s'était donné cœur et âme a cessé d'être un plaisir – en fait, c'est devenu un problème intolérable auquel il ne voyait aucune solution.

Robert reçut le diagnostic de son cancer à peu près un an après que son entreprise commença à décliner. Après avoir travaillé avec nous, dans notre clinique, pendant quelques temps, Robert apprit comment faire face plus directement à ses problèmes. A un moment donné, il mis réellement à la porte ce parent, puis le fit revenir plus tard, dans un poste de moindre prestige et responsabilité, plus adapté à ses capacités.

Un autre pattern de vie qu'on voit souvent chez le patient atteint d'un cancer, c'est celui d'une femme qui «met tous ses œufs dans le même panier», qui a investi toute son énergie émotionnelle et la plupart de son énergie physique dans sa famille. Comme chauffeur [11], cuisinière, infirmière-bonne-à-tout-faire et «conseiller» de ses quatre enfants, les journées de Jeanne Larsen étaient un tourbillon de cours de ballets, leçons de musique, matchs de football, amis à loger et réunions de parents d'élèves. Etant donné que son mari était un cadre supérieur, dans une très grande entreprise – cadre brillant et ayant bien réussi –, et devant beaucoup voyager, la responsabilité des enfants retomba presque entièrement sur elle. Quand elle s'est mise à réfléchir à ces années-là, elle se rendit compte qu'elle et son mari en étaient arrivés à avoir peu de choses en commun, en dehors des enfants.

Au fur et à mesure que chaque enfant grandissait, et quittait la maison pour l'université ou pour se marier, Jeanne passait par un moment de découragement, mais se reprenait rapidement en main et se jetait avec une énergie renouvelée pour s'occuper des enfants qui restaient. Lorsque le dernier enfant quitta la maison pour aller à l'université, Jeanne se sentit, nous dit-elle, «comme si une partie de ma vie m'avait été arrachée.» Elle fit une dépression et ne savait que faire de ses journées. Elle commença alors aussi à faire des demandes croissantes à son mari, ce qui l'irrita, lui. Rien ne semblait pouvoir la mettre de bonne humeur, et en moins d'un an, on diagnostiqua un cancer du sein avec métastases osseuses.

L'essentiel de l'identité de Jeanne était attachée à ses enfants. Lorsqu'elle en fut réduite à ses ressources propres, elle découvrit que la plupart de ses dons avaient été utilisés pour combler, pour nourrir les autres, plutôt que pour répondre à ses propres besoins. Elle se sentit confrontée à la réalité de son mariage et à voir qu'il en restait peu de choses.

---

11. Dans beaucoup de villes américaines, étendues, il n'y a pas de bons systèmes de transports en commun, aussi la mère de famille sert de chauffeur pour conduire les enfants à l'école, pour leurs sorties, faire les courses, chercher le mari au train... (N.d.T.).

Bien que le véritable stress extérieur – le coup du départ de son dernier enfant pour l'université – puisse paraître minime (par rapport à ce qu'on considère comme les drames de la vie), ce dernier départ avait sapé le rôle qui l'avait définie pendant de nombreuses années.

La situation de Jeanne est typique : nous avons vu beaucoup de patientes comme elle, et avons observé un certain nombre de réponses différentes à ce stress particulier. Certaines femmes sont capables de se trouver une nouvelle identité, distincte du rôle de mère. Dans de nombreux cas, le mariage a retrouvé vie, il a été reconstruit pour qu'il ait un sens à nouveau. Dans notre expérience, les patients femmes qui sont capables de trouver de nouveaux rôles, ou qui retrouvent ou recréent des relations importantes, ne vivent pas simplement plus longtemps – certaines ne montrent aucun signe de maladie maintenant – elles mènent aussi des vies beaucoup plus actives et valorisantes.

Pour des hommes et femmes ayant eu des carrières très actives, la retraite pose souvent un certain nombre de problèmes. Tom Brun était un cadre qui ne voulait pas vraiment prendre sa retraite à 65 ans [12], mais c'était une pratique tellement acceptée dans l'entreprise où il travaillait, qu'il ne la remit pas en question. Néanmoins, une fois passée la série de réceptions pour fêter sa retraite, Tom sentit qu'il s'ennuyait de plus en plus, et se sentit déprimé. En tant que cadre supérieur de son entreprise, il avait de l'importance. Maintenant, sans ce statut professionnel, il sentait qu'il n'était rien. Lorsque les gens lui demandaient ce qu'il faisait, et qu'il répondait « retraité », il ne recevait plus l'intérêt et le respect auquel il était habitué. De plus, il trouvait qu'il lui manquait l'excitation et la stimulation de son travail, et des voyages d'affaires occasionnels. Bien qu'il ait préparé sa retraite financièrement, l'inflation l'obligea à réduire son train de vie.

---

12. Rappelons que dans de nombreux pays occidentaux, l'âge de la retraite est obligatoire à 65 ans pour de nombreuses professions, et que la crise conduit à des pré-retraites facultatives ou obligatoires (A.A.S.).

Pour compliquer la situation, Tom et sa femme ne s'étaient pas sentis proches depuis plusieurs années. Des conflits, cachés pendant qu'il passait de nombreuses heures au bureau, émergeaient maintenant : il se ressentait pris au piège, auditeur forcé d'écouter les plaintes répétées de sa femme, récriminations qui augmentaient régulièrement. Il en était arrivé à comprendre combien son estime de soi dépendait de son travail, et de son statut professionnel, faute de quoi il se sentait inutile et non productif. Il commença à se demander s'il avait vraiment accompli quoi que ce soit d'important dans sa vie, après tout. Finalement, lorsque plusieurs de ses amis moururent peu de temps après leur propre retraite, Tom commença à réfléchir davantage à la mort. Quatorze mois après sa retraite, on lui diagnostiqua un cancer de l'anus.

En plus des sources de stress que nous avons vues dans les cas précédents (perte d'un conjoint, difficultés financières, retraite non désirée, revers de fortune professionnels significatifs, perte du but de sa vie par départ des enfants et/ou détérioration du mariage), un autre stress que nous avons vu fréquemment dans la vie de nos patients, précédent le début du cancer, c'est ce qu'on appelle aujourd'hui « la crise du milieu de la vie » (voir chapitre 9, un tel cas en détail).

Le processus psychologique de la maladie

Ces cas sont typiques du genre de conflits auxquels nos patients ont fait face dans les mois précédant leur maladie. A partir de notre expérience et des recherches d'autres spécialistes nous pouvons identifier **cinq étapes** d'un processus psychologique qui précède fréquemment le début du cancer.

1. *Epreuves et expériences d'enfance aboutissent à la décision d'être un certain type de personne.*

La plupart d'entre nous se rappellent un moment, dans notre enfance, un incident où nos parents ont fait quelque chose que nous n'avons pas aimé – et où nous nous sommes fait une promesse intérieure : «Quand je serai grand, je ne serai jamais comme ça», ou un moment où un jeune de notre âge ou un adulte a fait quelque chose que nous avons admiré, et où nous nous sommes fait une promesse interne de nous comporter d'une façon semblable chaque fois que ce serait possible.

Beaucoup de ces décisions d'enfance sont positives et ont un effet plutôt bénéfique sur nos vies. Beaucoup d'entre elles, au contraire, ne le sont pas. Dans certains cas, ces décisions résultent d'expériences douloureuses ou traumatisantes. Si des enfants voient leurs parents se battre, par exemple, ils peuvent décider qu'exprimer l'agressivité est mauvais. Par conséquent, ils établissent des règles pour eux-mêmes, selon lesquelles ils doivent toujours être sages, plaisants, agréables, gais, quoi que soient leurs vrais sentiments. Cette décision d'enfance, que la seule manière de se faire aimer ou de recevoir de l'approbation dans la famille, c'est d'être le genre de personne qui aime tout le monde, peut durer une vie entière, même quand elle vous fait vivre sous énorme tension.

Ou bien, certains enfants prennent tôt la décision qu'ils sont responsables des sentiments des autres, autour d'eux, qui sont malheureux ou tristes, et que c'est leur responsabilité de les aider à aller mieux. Peut-être que de telles décisions sont les meilleures que les enfants peuvent faire à ce moment de leur vie, car, ainsi, ces décisions leur permettent de passer des caps et situations difficiles. Cependant, dans la vie adulte, ces décisions de rendre service, de faire plaisir aux autres (attitude oblative) ne sont probablement plus adaptées, car les circonstances de la vie sont différentes de celles qui existaient lorsque ces décisions ont été prises.

Notre préoccupation principale face à ces malades, c'est que ces décisions prises dans l'enfance limitent les ressources d'un individu pour faire face au stress ; à l'âge adulte, la plupart de ces décisions d'enfance ne sont plus conscientes. Les mêmes façons de se comporter se sont répétées tellement de fois que la conscience d'un tel choix – ou même qu'il y a choix – est perdue. Mais, sauf si ces choix changent, ils deviennent les «règles du jeu» de notre vie. Répondre à chaque besoin, résoudre chaque problème, ne se fait qu'à l'intérieur de ces choix limités, faits dans la petite enfance.

La plupart d'entre nous avons tendance à nous voir comme nous sommes, simplement parce que «c'est comme cela que nous sommes». Mais lorsque l'histoire de nos choix est rendue consciente, de nouvelles décisions peuvent être faites, de nouveaux choix deviennent possibles.

2. *L'individu est ballotté par un ensemble d'événements stressants de la vie.*

Aussi bien la recherche scientifique que nos propres observations de patients indiquent que des stress majeurs sont souvent précurseurs du cancer. Fréquemment, un ensemble de stress arrive en même temps, au cours de quelques mois. Les stress critiques que nous avons identifiés sont ceux qui menacent l'identité personnelle. Ceux-là peuvent inclure la mort d'un conjoint ou d'un être cher, la retraite, la perte d'un rôle significatif, social, familial, professionnel...

3. *Ces stress créent un problème auquel l'individu ne sait pas comment faire face.*

Ce n'est pas seulement le stress qui crée le problème, mais l'incapacité de faire face à ce stress, étant donné les «règles» de vie concernant la manière dont il ou elle doit se comporter, – et le rôle à tenir décidé dans l'enfance. Lorsque l'homme (ou la femme) qui ne s'autorise pas à se découvrir, à être proche des autres, qui ne se permet pas d'avoir des amis intimes, et qui, donc, trouve une signification surtout dans son travail, est forcé de prendre sa retraite, il ne peut pas y faire face. La femme, dont l'essentiel de son identité est liée à son mari, ne peut pas faire face à la situation quand elle apprend qu'il a eu une relation extra-conjugale. L'homme qui a appris à ne montrer que rarement ses sentiments trouve qu'il se sent piégé quand il est dans une situation qui ne peut s'améliorer que s'il s'exprime ouvertement.

4. *L'individu ne voit aucun moyen de changer les règles de comment il, ou elle, doit se comporter, et ainsi se sent piégé et incapable de résoudre le problème.*

Parce que les décisions au sujet de la «bonne manière»

d'être, forment une partie significative de leur identité, ces gens peuvent ne pas voir qu'un changement est possible, ou peuvent même sentir que changer de manière significative, c'est de perdre leur identité. La plupart de nos patients reconnaissent qu'il y eu un temps, avant le début de leur maladie, où ils se sentaient sans espoir, incapable de résoudre ou de contrôler les problèmes de leur vie, et se sont trouvés en train de « renoncer ».

Ils se sont assumés comme « victimes » – plusieurs mois avant le début de leur cancer – parce qu'ils ne se sentaient plus capables de changer leurs vies de façon à résoudre leurs problèmes ou réduire leurs stress. La vie leur « tombait » dessus ; ils ne la contrôlaient pas. Ils ressentaient qu'ils étaient manipulés, qu'on agissait sur eux, plutôt que d'être acteurs de leur vie. Les stress continus étaient la preuve finale, pour eux, que ni le temps, et ni de futurs développements n'amélioreraient leur sort.

5. *L'individu met une distance entre lui, ou elle, et le problème, et devient statique, inchangeable, rigide.*

Une fois qu'il n'y a plus d'espoir dans la vie, alors l'individu ne fait que « du surplace », n'attendant plus jamais d'aller nulle part, ni qu'une voie puisse s'ouvrir. Superficiellement, il, ou elle, peut donner l'impression de faire face à la vie, mais, intérieurement, la vie semble n'avoir plus de sens, sauf pour maintenir les conventions. Une maladie grave, ou la mort, représente une solution, une issue, ou un ajournement du problème.

Bien que beaucoup de nos patients se souviennent de cette série de tristes réflexions personnelles – de ces séquences – d'autres n'en ont pas conscience. La plupart, cependant, vont finir par se rappeler avoir eu des sentiments d'impuissance [8], d'absence d'espoir [8], ou de désespoir [8], quelques mois avant le début de la maladie. Ce processus ne provoque pas, ne cause pas le cancer, mais permet plutôt au cancer de se développer.

C'est cet abandon devant la vie qui joue un rôle important, interférant avec le système immunitaire, et peut, par des changements de l'équilibre hormonal, amener une augmentation de production de cellules anormales. Physiquement, il crée un climat propice au développement du cancer.

L'essentiel, le point crucial à se rappeler, c'est que chacun d'entre nous crée la *signification* [13] des événements de notre vie. L'individu qui assume la position de victime y participe, en assignant (attribuant) des significations à des événements de la vie, qui (lui) prouvent qu'il n'y a pas d'espoir. Chacun de nous *choisit* – bien que ce choix ne soit pas toujours à un niveau conscient, comment nous allons réagir. L'intensité du stress est déterminée par la signification que nous lui appliquons et les règles que nous avons établies pour déterminer comment nous devons faire face au stress.

En décrivant ou résumant ce processus, nous n'avons pas l'intention de culpabiliser quiconque ou de l'effrayer – cela ne ferait qu'empirer la situation. Plutôt, nous espérons que si vous pouvez vous reconnaître dans ce processus psychologique, vous le reconnaîtrez comme un appel à l'action et à faire des changements dans votre vie. *Puisque des états d'âme affectifs, émotionnels, contribuent à la maladie, ils peuvent tout aussi bien contribuer à la santé.* [14].

Reconnaissant votre propre participation dans le développement de la maladie, vous reconnaissez votre pouvoir pour participer dans la reprise de votre bonne santé, et vous avez aussi fait le premier pas vers la reprise d'une bonne santé pour bien se porter, à nouveau, pour revivre, pour guérir envers et contre tout.

Bien se porter, à nouveau, guérir envers et contre tout

Nous venons de décrire les étapes psychologiques que nous avons identifiées et observées chez le patient qui tombe

---

13. Scientifiquement parlant, il s'agit de l'attribution de signification – théorie de Heider (A.A.S.). C'est nous qui donnons un sens, une signification, à un événement – alors que d'autres pourraient donner au même événement un autre sens, tout aussi plausible, donc avec d'autres conséquences.

14. Souligné par le traducteur.

malade. Il est important de se rendre compte que beaucoup de ces étapes se passent inconsciemment, sans même que le patient ait conscience qu'il ou qu'elle y participe. Tout le but de cette explication des étapes psychologiques dans le mouvement de spirale qui conduit à la maladie, c'est de construire une base à partir de laquelle le patient peut parvenir aux étapes d'une spirale conduisant à la guérison.

Prenant conscience du mouvement de spirale qui a eu lieu dans le développement de leur propre maladie, beaucoup de nos patients font le premier pas pour modifier sa direction. Donc, en modifiant attitudes et comportement, ils peuvent faire pencher la balance dans la direction de la bonne santé.

Nous avons observé **quatre étapes** psychologiques qui ont lieu dans la spirale ascendante de la guérison:

1. *Avec le diagnostic d'une maladie qui menace la vie* [15], *l'individu gagne une nouvelle perspective au sujet de ses problèmes.* Beaucoup de règles habituelles qui permettent à un individu de vivre, semblent soudain insignifiantes lorsqu'on est face à la mort. Sous l'effet de la menace de mort, l'individu peut se permettre d'agir autrement; il dispose soudain de conduites qui lui étaient «impossibles», voire impensables auparavant. La colère contenue et l'hostilité peuvent s'exprimer maintenant. La maladie permet à la personne de dire: «non».

2. *L'individu prend la décision de modifier sa conduite et son comportement, d'être un autre genre de personne.* Puisque la maladie suspend souvent les règles d'un seul coup, il y a brusquement des options. Avec les changements de comportement, des conflits apparemment insolubles peuvent montrer des signes de solution. L'individu commence à voir qu'il lui est possible de trouver une solution, que c'est en lui (en elle) que réside le pouvoir de résoudre les problè-

---

15. Rappelons qu'en France, ce diagnostic n'est donné que facultativement au malade lui-même, et rarement – et souvent seulement si le patient insiste beaucoup et calmement pour savoir la vérité (parfois le diagnostic n'est donné confidentiellement qu'à la famille) – et qu'il est donné aux Etats-Unis obligatoirement (N.d.T.).

mes, ou de leur faire face. Il découvre aussi que « ce n'est pas la mort du petit cheval » que de changer quelque chose, que le ciel ne s'écroulera pas si de vieilles règles sont transgressées et que des changements de conduite ne conduisent pas à une perte d'identité. Il (elle) découvre avoir plus de liberté d'action, plus de possibilités, et plus de ressources pour vivre. Souvent le moral remonte, on sort de la dépression quand on peut exprimer les sentiments réprimés ou refoulés et qu'on a davantage d'énergie psychologique disponible.

En se fondant sur ces nouvelles expériences, l'individu décide de devenir un autre genre de personne ; la maladie donne la permission de changer.

3. *Les processus physiques, à l'intérieur du corps, répondent aux sentiments d'espoir et au désir renouvelé de vivre, créant un cycle à « feed-.back », se renforçant chaque fois, et se mettant à l'unisson avec le nouvel état mental.*

C'est un cycle de renforcement à « feed-back ». Le renouveau d'espoir et de volonté de vivre initie des processus physiques, qui aboutissent à une amélioration de la santé. Puisque l'esprit, le corps et les émotions agissent comme un tout, comme un système unique, des changements dans l'état psychique conduisent à des changements dans l'état physique. C'est un cycle permanent et renouvelé : un état physique amélioré amène un espoir renouvelé en la vie, et un espoir renouvelé en la vie amène une amélioration physique supplémentaire. (Pour une explication plus détaillée de comment cela se passe, voir Chapitre 7, figures 1 & 2).

Dans la majorité des cas, ce processus a ses hauts et ses bas. Les patients peuvent aller très bien physiquement, jusqu'à ce que leur santé physique renouvelée fasse qu'ils se trouvent à nouveau affrontés et confrontés à l'un des domaines de leurs conflits psychiques. Si l'un de ces conflits a quelque chose à voir avec le travail professionnel, par exemple, l'incapacité physique, associée à la maladie grave, a pu supprimer temporairement le conflit, parce que l'individu était incapable de travailler. Cependant, une fois la santé physique rétablie, le patient aura peut-être à faire face à nouveau à la situation de vie stressante. Et même avec un espoir renouvelé et une perception différente de soi et du problème, ce sont souvent des moments difficiles. Il peut y avoir des rechutes physiques temporaires, jusqu'à ce que le patient se sente avoir à nouveau assez confiance en soi (et en ses amis) pour faire face à la situation.

4. *Le patient rétabli est « mieux que bien ».* Karl Menninger, fondateur de la Clinique Menninger [16] décrit des patients qui sont allés mieux après des épisodes psychotiques, une crise de délire aigu, ou une ou des crises névrotiques aiguës, qui se sont rétablis de diverses maladies mentales, comme étant souvent « mieux que bien », ce qui veut dire que l'état de santé mentale où ils se sont trouvés après soins est en fait supérieur à ce qu'ils considéraient « bien » avant leur maladie. On peut appliquer une grande partie de cette optique à la guérison du cancer. Ces malades actifs ont une force psychologique, un concept de soi positif, un sens de contrôle sur leur vie, qui représente clairement un meilleur niveau de développement psychologique. Beaucoup de patients, qui ont pris une part active dans leur guérison, ont maintenant une position positive et active face à leur vie. Ils s'attendent à ce que cela se passe bien, et ils ne sont plus du tout des victimes.

---

16. A Topeka. L'une des plus célèbres et des plus réputées institutions médicales américaines et mondiales (A.A.S.).

6. Attentes par rapport au cancer et leurs effets sur la guérison

La plupart d'entre nous ont soit connu, soit entendu, des histoires se rapportant à une personne apparemment saine et vigoureuse, qui est morte presque immédiatement après avoir eu un diagnostic de cancer. De tels patients sont souvent si intimidés, si effrayés, par le diagnostic de cancer et ont une attente si négative quant à leur capacité de survie, qu'ils pensent ne jamais quitter l'hôpital après le diagnostic [1]. La maladie s'accélère beaucoup plus rapidement que ce que les médecins avaient prévu. Pour expliquer de tels cas, les médecins parlent parfois de « l'abandon » du patient, ou de sa perte du « désir de vivre ».

Beaucoup de médecins ont aussi vécu des cas où après un diagnostic de cancer, les patients ont conservé un espoir de guérison, une attente positive et ont eu une guérison exceptionnellement bonne. Dans ces cas, c'est au traitement médical qu'on attribue souvent le mérite majeur du retour du patient à une bonne santé.

En général, les gens sont plus enclins à croire à la relation entre la mort et une attente négative qu'à la relation entre le rétablissement et une attente positive. Nous croyons qu'une des raisons pour laquelle l'attente positive n'a pas été aussi pleinement reconnue en médecine que l'attente néga-

---

1. C'est la raison donnée par les médecins français qui ne donnent pas le diagnostic au malade. La méthode Simonton prend l'attitude inverse, sans nier ces cas (N.d.T).

tive, c'est qu'il est souvent difficile de voir si un patient parle de façon positive seulement pour son entourage, ou si les mots sont un réél reflet de ses vrais sentiments.

Quand les patients parlent d'une attente positive, disant qu'ils ne vont pas en mourir ou qu'ils vont « vaincre cette chose », et malgré cela se réfugient dans leur lit, remontent les couvertures sur leurs têtes, ne vont plus travailler, et exhibent d'autres comportements incompatibles avec ce qu'ils disent, cela nous semble évident qu'ils ne croient pas réellement qu'ils pourraient se rétablir.

Il est possible que les patients ne soient pas conscients des prédictions négatives, des attentes négatives qu'ils expriment par leur conduite, et qu'ils ne soient pas conscients de leur peur du cancer – crainte qui provient peut-être du fait d'avoir eu des amis ou parents morts de cette maladie, comme aussi du point de vue généralement pessimiste adopté par notre culture. Nous avons appris à regarder les actions, les conduites, aussi bien qu'à écouter les mots, pour lire et déchiffrer la disposition d'esprit de nos patients, – et les messages que nous en recevons, nous les prenons très au sérieux. Nous pensons que les opinions des patients au sujet de l'efficacité du traitement et au sujet de la puissance des défenses naturelles du corps – c'est-à-dire ce qu'ils croient, ce à quoi ils s'attendent, que ce soit positif ou négatif, sont des déterminants puissants dans l'issue de la maladie.

La réalisation automatique des prédictions [2]

Nous avons tous expérimenté ce qu'on appelle la « réalisation automatique des prédictions » – c'est-à-dire le fait que, parce que nous nous attendons à ce que quelque chose se passe, nous nous comportons de manière à augmenter la probabilité que cette attente se réalise. Si, par exemple,

2. Scientifiquement appelé aussi « effet Pygmalion », d'après la mythologie grecque, la pièce de Bernard Shaw, et à la suite des travaux de Robert Rosenthal *(Pygmalion à l'école)*, Professeur à Harvard et aussi statisticien, et spécialiste de la communication non verbale (A.A.S.).

un patient s'attend à guérir, il est probable qu'il prendra ses médicaments et suivra les prescriptions de son médecin, augmentant ainsi ses chances de guérir. S'il s'attend à mourir bientôt – il est probable qu'il ne croira pas utile de faire les choses que son médecin indique comme devant lui faire du bien. Ce petit exemple illustre l'une des caractéristiques essentielles de la réalisation automatique des prédictions – le «cycle de renforcement»: l'attente d'un succès amène souvent un succès, ce qui à son tour fournira la preuve que l'attente de départ était juste.

A l'inverse, s'attendre à un échec aboutira souvent à un mauvais résultat, à l'absence de succès, ce qui à son tour valide l'attente négative. Dans les deux cas, ce qui va se passer, le résultat créé par l'attente, valide l'attente de départ. L'attente, positive ou négative, se renforce avec chaque répétition du cycle, et devient plus forte chaque fois.

L'effet de la réalisation automatique des prédictions sur les résultats d'expériences scientifiques, donc en principe objectif, a été démontré par des recherches en psychologie. Dans l'une de ces recherches, Robert Rosenthal dit à des étudiants de maîtrise et de doctorat [3] qui faisaient de l'expérimentation animale en laboratoire, que certains rats étaient exceptionnellement intelligents et sortiraient d'un labyrinthe expérimental très rapidement, tandis que d'autres rats étaient ternes et lents et auraient de mauvais résultats. De fait, il n'y avait aucune différence entre les deux groupes: – ni en intelligence, ni en temps de performance de parcours de labyrinthe précédent – cependant, lorsqu'on calcule les résultats de la course en labyrinthe, les rats censés être intelligents avaient des performances nettement différentes et supérieures à celles des rats censés être ternes et lents. L'explication manifeste, c'est que les étudiants ont manipulé les rats «intelligents» différemment – peut-être leur donnant plus d'attention à la fin de chaque parcours du labyrinthe – ce qui les encourageait en fait à mieux accomplir cette tâche que les rats censés ne pas bien réussir.

---

3. Graduate students.

Rosenthal et ses collègues fournirent des preuves aussi surprenantes concernant l'attente quant aux résultats scolaires dans une étude faite avec des enfants des écoles publiques, dans un district de l'Etat de Californie. Un test non verbal d'intelligence fut administré à 18 classes d'élèves d'école primaire, en début d'année scolaire. On dit aux instituteurs que le test pouvait prédire quels enfants allaient faire de grands progrès, et étaient « prêts à s'épanouir intellectuellement » [4]. Vingt pour cent des élèves sélectionnés par Rosenthal au hasard, – et « selon les résultats du test » – furent alors identifiés comme allant faire de grands progrès et « pouvant s'épanouir intellectuellement » : on dit à leurs instituteurs respectifs qu'on pouvait s'attendre à ce que ces élèves fassent des progrès remarquables dans l'année à venir. La seule différence entre ces élèves et les élèves d'un groupe de contrôle, fut l'attente créée dans l'esprit de l'instituteur. Cependant, lorsque les deux groupes ont été testés à nouveau huit mois plus tard, les élèves choisis au hasard comme devant progresser, avaient gagné en points de quotient intellectuel (Q.I.)[5] sur ceux du groupe de contrôle.

Ces recherches et d'autres refaites plus tard et ailleurs ont indiqué que les enseignants s'occupent inconsciemment de certains élèves autrement que des autres. Ils créent pour eux un climat plus chaleureux, sont plus à l'écoute des performances de ces élèves, leur enseignent des données plus intéressantes ou plus sophistiquées, et leur donnent davantage l'occasion de poser et se poser des questions, et de répondre.

Ces découvertes sont importantes et significatives, car elles montrent que des prédictions, attentes modifiées, aboutissent à des changements inconscients de comportement, et peuvent produire des changements spectaculaires dans les résultats.

Carl confirma les effets d'une attente positive dans une

---

4. C'est-à-dire, grosso modo, d'enfants intelligents mais timides, par exemple, ou d'enfants doués, ou d'enfants dont on pouvait prédire qu'ils allaient très bien réussir en classe et faire de remarquables progrès.

5. Le Q.I. est un test de mesure de l'intelligence (N.d.T.).

étude sur 152 cancéreux, à la Base Aérienne de Travis – le principal centre médical de l'Armée de l'Air sur la Côte Ouest des Etats-Unis. Cinq membres de l'équipe ont noté les patients par rapport à leur attitude envers le traitement et ont évalué leurs réactions, donc leurs réponses au traitement au cours des 18 mois suivants. Les résultats ont été très nets : les patients ayant des attentes positives sur l'issue avaient de meilleures réactions au traitement ; ceux ayant des attitudes négatives avaient de moins bonnes réactions. De fait, des 152 patients, seulement deux ayant montré une attitude négative, avaient une bonne réaction au traitement anti-cancéreux.

La découverte la plus significative de l'étude *fut qu'une attitude positive par rapport au traitement était une meilleure prédiction de la réaction au traitement que ne l'était la gravité de la maladie.* C'est-à-dire, que des patients, ayant un pronostic très grave, mais des attitudes positives, avaient de meilleurs résultats que des patients moins atteints, ayant des pronostics relativement moins graves, mais des attitudes négatives. De plus, des patients qui ont commencé à voir positivement leur traitement ont eu souvent moins d'effets secondaires.

L'idée qu'on se fait de l'avenir, l'attente, peut aussi se manifester négativement. Nous en avons pris nettement conscience au cours d'une expérience de Carl à Travis, où il soignait des patients de toute la Côte Ouest du Pacifique. Il y avait plusieurs Japonais d'un certain âge. Bien qu'ils soient l'objet d'une radiothérapie standard, de même type et de même dosage que celle administrée à d'autres patients non-japonais, ils avaient des effets secondaires désagréables importants, qu'il n'était pas possible d'expliquer seulement en termes de traitement.

Un de ces Japonais était un Major [6] en retraite qui avait continué à travailler, après avoir achevé sa carrière militaire, et avait très bien réussi comme cadre dans le monde des affaires. On nous avait dit qu'avant son diagnostic, il était un

---

6. Commandant (N.d.T.).

homme volontaire, indépendant, assumant beaucoup de responsabilités, qui ne se laissait pas facilement battre, ni abattre. Mais depuis le début de la radiothérapie [7], il était devenu un invalide, refusant de faire lui-même les tâches les plus simples. Lui parler – même très longuement – ne semblait pas l'aider du tout, et il «dégringolait très vite la pente». Nous avons discuté de ses sentiments avec lui, et après un patient et minutieux interrogatoire il devint clair qu'il avait une peur profonde – voire panique – des radiations, datant de la Deuxième Guerre Mondiale. D'un seul coup, nous nous sommes rendus compte que les sentiments de nos patients japonais par rapport aux radiations provenaient, probablement à un niveau inconscient, des effets de la bombe atomique. Pour un Japonais d'un certain âge, qui se souvenait de la destruction d'Hiroshima et de Nagasaki, les radiations étaient associées à jamais à la destruction et à la mort.

Nous avons discuté longuement et sérieusement avec lui de la différence entre les irradiations par la bombe atomique et la radiothérapie par irradiations. Il paraissait presque impossible d'influencer ses opinions, ce qu'il croyait au sujet des effets de son traitement. Il était clair que ses attentes négatives contribuaient à la détérioration de sa condition.

Il est souvent difficile de distinguer entre les effets secondaires, qui sont inévitablement associés à un traitement, et ceux qui sont affectés de manière significative, par les opinions, par ce que les gens croient. La nausée, par exemple, est attribuée à la médication comme effet secondaire de certaines formes de traitement, mais beaucoup de patients commencent à avoir la nausée dès qu'ils se «mettent en route» vers leur traitement. Nous pourrions nous demander : Est-ce que la nausée est induite par le traitement ou induite par ce que croit le malade et le milieu traitant ?

---

7. Rappelons que Carl Simonton est médecin radiologue-cancérologue.

Opinion publique et sociale pessimiste et négative au sujet du cancer – et leurs effets

Nos expériences confirment de manière dramatique la puissance des pronostics pessimistes et des attentes négatives. Cette puissance est particulièrement effrayante lorsque nous prenons en considération ce que l'on croit généralement au sujet du cancer dans notre société et leurs effets probables sur les malades cancéreux. En simplifiant beaucoup, on pourrait résumer ainsi ce que l'on croit dans notre société au sujet du cancer :

1. Le cancer est synonyme de mort.
2. Le cancer est quelque chose qui frappe du dehors et il n'y a aucune chance de le contenir.
3. Le traitement – que ce soit la radiothérapie ou la chimiothérapie, ou la chirurgie - est dur, rigoureux, et a parfois des effets négatifs, et a souvent beaucoup d'effets secondaires indésirables et déplaisants.

Si les prédictions et attentes contribuent au résultat, alors ces opinions de notre Société ont un très grand effet négatif. Les journaux et hebdomadaires publient souvent des histoires de gens morts après une « longue et pénible maladie », – une longue lutte avec le cancer. Le message superficiel, conscient, patent, de ces récits de vie, c'est d'exprimer combien ces gens étaient courageux [8] face à *une mort inévitable.* Souvent lorsqu'on parle de quelqu'un qui a un cancer, le ton de la conversation change, on baisse la voix, il y a un silence lourd de malaise ; ceux qui écoutent détournent la tête - tout implique l'attente de la mort.

Bien entendu, les malades atteints de cancer deviennent très sensibles à de tels messages négatifs. Beaucoup nous racontent que leurs amis, quand ils apprennent leur maladie, commencent à les éviter, apparemment ne sachant plus que dire ni comment continuer à être en relation avec eux, puisqu'ils sont déjà « comme morts ». Une grande partie de

---

8. En France, les journaux écrivent souvent « décédé après une longue et douloureuse maladie » (N.d.T).

cet évitement des cancéreux par autrui est lié tant au fait d'éviter de penser à la mort, que dû à la crainte que, d'une manière ou d'une autre, le cancer ne soit contagieux.

Cet ensemble tragique de «prédictions» et d'attentes négatives est communiqué, non seulement par les amis et la famille, mais parfois aussi par la profession médicale. Un médecin qui, en tant que spécialiste ou généraliste, était auparavant un expert compréhensif et attentif, sachant ce qu'il faut faire – voire ayant un ensemble de réponses toutes prêtes, un éventail de médicaments et de soins – peut, en présence d'un patient diagnostiqué cancéreux, se transformer en un philosophe incompétent, essayant de réconforter malade et famille avec des banalités, face à ce qu'il considère une mort inévitable. Dans beaucoup de cas, ce qui ressort de la situation, ce qui est communiqué réellement en profondeur de la part du médecin, c'est qu'il fuit la situation et surtout évite les questions du patient.

Une patiente décrit son médecin, lorsqu'il vint dans sa chambre à l'hôpital, après une biopsie chirurgicale, pour lui annoncer qu'elle avait un cancer. Il n'entra que de cinquante centimètres à l'intérieur de sa chambre, et resta debout, près de l'entrée, le dos appuyé au mur. Il lui annonça très vite qu'elle avait un cancer, qu'elle aurait besoin d'un autre traitement, et qu'elle serait donc transférée vers un autre médecin. Puis, tout aussi rapidement, il quitta la pièce. Naturellement, la patiente a ressenti l'attitude réelle du médecin, par toute une série d'indices verbaux et non verbaux [9]. Le message est clair: la patiente ne survivra pas.

Rien de ceci n'est dit ici pour condamner les autres médecins – ni les amis et ni la famille, déconcertés, du patient, et ne sachant ni que dire ni que faire. Nous ne faisons que décrire des faits. Nous avons tous trop conscience des moments où nos propres prévisions et attentes négatives

9. Ce n'est que depuis peu que l'on sait que la communication est à la fois verbale-vocale et non verbale (mimo-gestuelle, kinésique, proxémique, donnant sens à l'orientation et l'utilisation de l'espace et du temps). Voir au besoin à ce sujet: Ancelin Schützenberger, A. (1976-1979) – «*Contribution à l'étude de la communication non verbale*» , Paris, éd. Champion, Paris – et Witkins, Y. (1981) – «*Une autre communication*». Paris, Seuil.

ont été communiquées, ou de cas où notre propre sentiment d'incapacité a contribué aux sentiments de désespoir du patient. L'issue lamentable de toutes ces attentes communiquées, d'effets secondaires, de souffrances et de mort, c'est qu'ils peuvent servir à créer une réalisation automatique des prédictions. Néanmoins, avec des opinions, prévisions et attentes différentes, le résultat peut être différent.

Construire un système positif d'opinions et d'idées

Demander à des gens atteints de cancer de changer leur opinion concernant l'issue de leur maladie, de comprendre qu'ils peuvent guérir et avoir ensuite et encore une vie pleine et agréable et qui leur donne satisfaction – malgré leurs propres peurs de la maladie, et les prévisions et attentes négatives de leur entourage – c'est leur demander de nombreux actes de courage et grande force personnelle. Cependant, toute notre expérience nous a montré que beaucoup de cancéreux ont été capables d'atteindre ce courage et cette force.

Pour les aider dans cet effort nous essayons d'abord de contre-balancer l'opinion publique et les opinions véhiculées par la société au sujet du cancer de façon positive. Les deux séries d'opinions se trouvent au tableau de la page suivante.

Les opinions qui se trouvent dans la colonne des « prévisions et attentes positives » sont, comme nous l'avons démontré, justifiées par la recherche scientifique moderne – et sont plus justifiées que les opinions « d'attentes négatives ». Toutefois, il est difficile de convaincre les gens de changer ce qu'ils croient et de passer du négatif au positif, c'est généralement, parce qu'ils ont eu des expériences négatives qui « prouvent » la validité de leurs opinions et « prédictions ». Alors, en effet, il leur semble que nous leur demandons de nier leurs propres expériences et d'adopter des idées et des opinions qui ne cadrent pas par rapport à ce qu'ils « savent ». Ce que nous voulons leur montrer, c'est que les expériences négatives que ces gens ont eues n'étaient pas

Prévisions et attentes négatives	Prévisions et attentes positives
1. Le cancer est synomyme de mort.	1. Le cancer est une maladie qui peut être ou ne pas être fatale.
2. Le cancer est quelque chose qui frappe du dehors, et il n'y a aucun espoir de le contrôler.	2. Les défenses naturelles du corps sont l'ennemi mortel du cancer, quelle que soit l'origine du cancer.
3. Le traitement médical est dur, rigoureux et inefficace et a souvent beaucoup d'effets secondaires négatifs.	3. Le traitement médical peut être un allié important, «un ami dans le besoin», qui aide les défenses naturelles du corps.

Tableau 2: *Idées et opinions positives et négatives concernant le cancer.*

nécessairement inévitables; ces expériences ont été modelées, en grande partie, par l'attente négative d'origine.

La même force qui nous permet de créer des expériences négatives peut être utilisée pour créer des expériences positives. Et, s'il peut y avoir des limites au rôle que jouent l'attente, la prédiction, l'état d'esprit, personne ne sait vraiment ce que sont ces limites. Donc, sans doute aucun, il est souhaitable d'avoir des prévisions, des attentes qui travaillent pour, et non contre le malade ayant un cancer.

Certains lecteurs peuvent penser que, puisqu'ils s'attendent à une issue négative, ils vont nécessairement avoir une issue négative. Tel n'est pas le cas. Nous avons eu de nombreux patients qui ont commencé à se soigner avec une prévision et une attente négative, et en ont appris à avoir une attente positive. Le premier pas, essentiel, pour changer ce à quoi on s'attend, c'est de prendre conscience de ce que vous croyez, et de son effet potentiel. Le seul fait de lire ce chapitre devrait faire cela pour vous. Plus loin, dans ce livre (chapitre 14), nous décrirons pas à pas les méthodes que nous utilisons pour aider nos patients à travailler à avoir une attente sur l'évolution de la maladie.

La question du « faux espoir »

On nous demande parfois : « Est-ce que vous ne donnez pas un faux espoir à vos patients ? » Notre réponse c'est : « Non » ; nous donnons un espoir raisonnable à nos patients. Notre approche ne garantit pas la guérison. Mais la question du « faux espoir » laisse à penser que les gens ne devraient jamais avoir d'espoir s'il y a certaines possibilités (ou une possibilité certaine) d'être déçus. Croire à ceci ne donne aucun fondement pour vivre pleinement, ou pour faire face à une menace contre la vie.

Nous entrons dans le mariage, sans aucune garantie que ce sera une expérience heureuse et satisfaisante. Si nous abordons le mariage en prévoyant l'échec – avec l'attente qu'il est prévu qu'il échouera, cela augmente certainement la probabilité de l'échec. Une attente positive ne garantit pas un mariage réussi, mais elle augmente la possibilité d'un bon mariage, et améliore la qualité de la relation.

Depuis les premières pages de ce livre, nous avons discuté à quel point nous donnons une très grande importance, une importance significative [10] au point de vue d'un patient sur ses propres perspectives ou chances de guérison – dans le processus de sa guérison, dans le fait de guérir malgré tout. Des patients qui ont beaucoup travaillé, en utilisant notre technique et notre méthode, sont morts quand même, bien que dans beaucoup de cas, ils aient survécu plus longtemps et de manière significative, à leur pronostic médical de vie – et vécu une vie plus plaisante et plus gratifiante que s'ils n'avaient pas participé activement à leur propre traitement. Cependant, la mort est inévitable pour nous tous. Notre programme comprend aussi des activités destinées à aider les patients à affronter ouvertement la possibilité de la mort – une attitude qui libère l'énergie de survie pour vivre.

---

10. Et même statistiquement significative par rapport à la guérison, comme les auteurs l'ont démontré sur des cancers terminaux (N.d.T).

Ceux qui sont concernés par l'usage de «faux espoir» se perçoivent souvent comme des réalistes, des gens qui voient la vie «comme elle est vraiment». Mais voir la vie, sans espoir, ce n'est pas une perspective réaliste, mais pessimiste. Cette position peut éviter la déception, mais elle le fait en provoquant activement des résultats négatifs.

L'espoir [11] est un élément important de survie pour le (la) malade ayant un cancer. (L'espérance de guérir est très importante pour la guérison.)

De fait comme indiqué par les études citées aux chapitres précédents, le manque d'espoir, le désespoir et le sentiment d'impuissance sont des précurseurs fréquents du cancer. L'espoir que nous essayons de transmettre est essentiellement une manière de vivre, une foi en la vie, une position personnelle face à la vie. Ce n'est pas simplement une question philosophique, mais une question de survie. Pour chaque patient, le processus de guérison, le fait d'aller mieux et bien, comprend une nouvelle définition de sa position personnelle face à l'expérience d'une maladie qui menace sa vie, afin qu'il puisse y avoir place pour l'espoir.

Un autre souci, exprimé par ceux qui parlent de «faux espoir», c'est que cette approche de la maladie ne soit une certaine forme de charlatanisme. Il est vrai qu'il existe un nombre d'approches non traditionnelles du traitement du cancer, qui ne semblent pas avoir de bases scientifiques. Cependant, il n'est pas toujours facile de faire des jugements définitifs quant à leur vraie valeur, car les partisans de telles méthodes peuvent aussi montrer à l'occasion des guérisons que l'on attribue à leur traitement.

Le cas du «Laetrile» est probablement l'exemple récent le plus notoire des «cures miracles» du cancer. Bien qu'il n'y ait pas d'études publiées dans des revues médicales sérieuses qui soutiennent, preuves à l'appui, l'efficacité du Laetrile, il y a de nombreux cas de malades atteints de cancer qui attribuent leur guérison à l'utilisation de ce médicament. L'effet placebo peut bien être l'explication de ces gué-

---

11. L'espoir fait vivre – L'homme vit d'espoir autant que de pain (A.A.S.).

risons, bien que cela aussi n'est pas non plus prouvé. Néanmoins, même s'il est prouvé que la Laetrile, ou d'autres approches non traditionnelles du traitement du cancer ont un effet positif dû à l'effet placebo, c'est encore une découverte significative, car elle démontrerait encore plus le degré extraordinaire auquel ce que l'on croit peut affecter concrètement l'issue d'un traitement. Alors, plutôt que de se focaliser seulement sur la forme du traitement médical, la médecine devrait peut-être commencer à se focaliser sur la force psychologique des opinions elles-mêmes, de ce que croit le malade.

Se focaliser ouvertement sur ce que croit le malade pour renforcer et donner du soutien tant aux défenses naturelles du corps qu'au meilleur traitement médical disponible, c'est ce que nous sommes en train de développer : une approche médicale renforcée et soutenue par la recherche scientifique. Continuer à ignorer le rôle joué par l'esprit, les émotions, les sentiments, les états d'âme, l'état d'esprit dans la guérison – malgré les preuves médicales qui existent maintenant - peut être considéré comme une forme de charlatanisme, car c'est ignorer d'autres techniques vérifiées et ayant fait leurs preuves. La vraie question n'est plus *si* l'esprit et les émotions affectent le cours du traitement ; la question est maintenant devenue plutôt *comment* les diriger le plus efficacement pour donner du soutien au traitement et aider à la guérison.

Changer vos opinions, ce à quoi vous croyez

Certains lecteurs ont peut-être encore du mal à accepter les idées que nous avons proposées. Ce n'est pas surprenant. Il nous a fallu des années, et non quelques heures de lecture, pour arriver à comprendre et à accepter ces concepts. Il ne pouvait pas en être autrement – et il ne devrait pas en être autrement. Une opinion vite acquise est souvent vite perdue. Croire trop vite à quelque chose peut disparaître aussi vite, tandis que ce à quoi on commence à croire petit à petit, en prenant son temps, a plus de chances d'être retenu. Notre expérience a montré que les patients qui ont lentement, parfois même à contre-cœur, modifié leurs opinions et leur manière de voir, ont eu de très bons résultats en utilisant notre programme. Le temps pris à considérer le pour et le contre et l'argumentation interne – le dialogue interne – leur ont permis d'intégrer ce à quoi ils commencent à croire, leurs nouvelles opinions, dans tous les aspects de leur personnalité et de leur conduite.

Le point de départ, pour changer des opinions et idées négatives, c'est alors simplement de prendre conscience de la manière dont ce que l'on croit influence les résultats dans plusieurs domaines de votre vie quotidienne. Une fois que vous commencez à voir comment vous créez votre vie, comment le processus de création d'expériences par l'entremise d'opinions, de manière de voir les choses, se passe pour vous, vous trouverez peut-être plus facile d'appliquer ce concept à la maladie et de l'utiliser pour recouvrer votre bonne santé.

Il est aussi essentiel pour vous de comprendre que vous pouvez influencer vos propres attitudes. Lorsque vous êtes convaincu qu'il est souhaitable pour vous de changer d'attitude ou de comportement, vous êtes capable de les changer. Nos patients, comme nous-mêmes, continueront à avoir des doutes de temps à autre, ou à prendre conscience de vestiges d'opinions et d'idées anciennes. Mais c'est l'effort d'acquérir des opinions positives et le fait de reconnaître que nous pouvons changer qui sont les éléments importants.

Beaucoup des techniques et processus que nous allons décrire sont des moyens de renforcer les opinions ou bien d'aider les gens à identifier comment une nouvelle opinion, quelque chose de nouveau à quoi ils croient – s'applique à leur vie. Nous vous encourageons à les explorer, plus ou moins ouvertement, selon ce qui vous convient le mieux. Le simple fait pour vous d'être exposé (par cette lecture) à ces processus et idées, vous sensibilisera à des choix possibles, à des alternatives, à différentes manières de regarder la vie, et finalement, vous pourriez commencer à changer ce que vous croyez (concernant la santé, votre santé et celle de vos proches).

7. Un modèle de la personne globale [1] dans la guérison du cancer

Fondé sur notre travail et celui de nos collègues et confrères chercheurs, nous avons développé un «modèle esprit/corps» - psycho-somatique/somato-psychique – pour montrer comment des états psychologiques et physiques travaillent de concert dans le déclenchement et le développement du cancer. Le but de ce modèle, c'est d'essayer d'intégrer un certain nombre de résultats de recherches qui semblent pointer, s'orienter dans une même direction. Pour comprendre ce que c'est qu'un modèle, il est utile de penser aux données des recherches comme aux morceaux d'un puzzle. Avec seulement quelques pièces, il est difficile de voir un «pattern» [2], un dessin. Mais quand le nombre de pièces augmente, un pattern commence à émerger. Un modèle est un effort pour voir les pièces dans un pattern, dans un ensemble, avant que toutes les pièces ne soient présentes. Mais, tout comme un puzzle incomplet, vous pouvez penser savoir comment les pièces vont ensemble, seulement pour trouver que vous avez besoin de faire des changements, pour que les dernières pièces puissent y trouver place. De même, les modèles doivent souvent être ajustés et modifiés, pour pouvoir incorporer de nouvelles données.

---

1. Whole-person.
2. «Pattern»: patron, modèle, dessin, ensemble, – pattern – anglicisme adopté en français technique (N.d.T.).

Un modèle esprit/corps de l'apparition et du développement du cancer

Le modèle esprit/corps, montré dans la figure 1, est le pattern que nous voyons émerger de la recherche scientifique actuelle sur les liens entre l'esprit et le corps – l'état d'esprit et la santé – dans le développement du cancer.

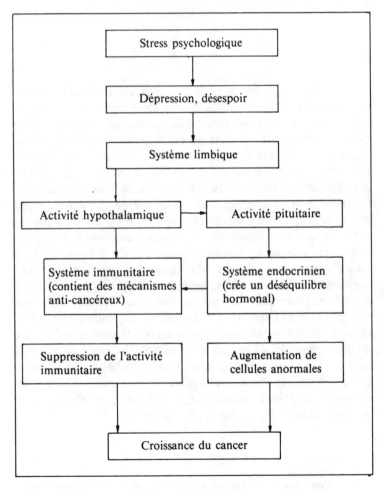

Figure 1. Un modèle esprit/corps du développement du cancer.

Nous allons donner une explication pas à pas du processus. Nous anticipons sur le fait que des recherches ultérieures clarifieront et peut-être modifieront certains des éléments, mais ceci est l'image la plus claire que nous pouvons construire maintenant avec les données dont nous disposons actuellement.

Stress psychologique. Comme nous l'avons montré dans les chapitres 4 et 5, il y a des preuves considérables que le stress [3] prédispose les gens à la maladie, y compris au cancer. La recherche scientifique a montré qu'il est possible de prédire une maladie grave, en se fondant sur le nombre de stress dans la vie de quelqu'un [4], dans les mois qui précèdent le début de la maladie. Nos observations cliniques confirment ce regroupement de stress importants dans la vie de nos patients, mais elles suggèrent également que l'effet de ce ou ces stress est encore plus grand s'il menace un rôle essentiel, ou une relation centrale [5] pour l'identité de l'individu, ou bien s'il pose un problème, ou met l'individu dans une situation où il n'y a apparemment pas d'issue. De plus, nos études et d'autres recherches suggèrent que ce/ou ces stress critique a (ont) probablement eu lieu 6 à 18 mois avant le diagnostic de la maladie.

Dépression, désespoir. Bien que de nombreuses personnes puissent vivre et subir des pertes graves au cours de leur vie, ce n'est pas seulement le stress, mais surtout la manière de réagir au stress qui fait une différence dans la prédisposition à la maladie. Comme nous l'avons déjà vu, nous avons tous appris des règles, à propos de qui nous sommes [6] – qui nous voulons [6] ou devons être et comment nous devons nous comporter, ce qui fournit le cadre, et ses limites cadre à l'intérieur duquel nous pouvons faire face au stress et à divers chaos et contraintes. Dans certains cas, ces règles limitent la capacité de quelqu'un à faire face au stress, jusqu'au point où le stress semble poser des problèmes inso-

---

3. Voir p. 53, la note explicative sur le stress.
4. Voir p. 56, tableau.
5. Ce que Lawrence LeShan appelle perte d'objet d'amour: conjoint, enfant, travail... (A.A.S.).
6. Images de Soi, idéal du Moi, Moi idéal, Soi pour Soi devant les autres... (A.A.S.).

lubles. Il peut en résulter dépression, désespoir, un sentiment d'être sans espoir [7], un sentiment d'impuissance [7] – (d'absence d'alternative, de choix) – sentiments cités par des malades et précédant leur cancer. A cause de ces sentiments, à un niveau soit conscient, soit inconscient, une maladie grave et/ou la mort deviennent acceptables, comme une éventuelle solution.

Système limbique. Le système limbique, autrement connu comme le «cerveau viscéral», est intégré à toutes ces activités essentielles à l'auto-préservation de l'organisme, telle que la réaction de lutte-ou-de-fuite, que nous avons abordée au chapitre 4. Il est ainsi destiné à enregistrer le stress et ses effets, en plus de tous les autres sentiments et sensations du corps. Le système limbique enregistre donc des sentiments de dépression et de désespoir ressentis, vécus, par un individu.

Activité hypothalamique. La voie principale au moyen de laquelle le système limbique influence le corps, c'est par l'hypothalamus, une petite aire du cerveau. Les messages reçus du système limbique par l'hypothalamus sont alors traduits de deux manières importantes : premièrement (comme nous l'avons décrit au chapitre 5), une partie de l'hypothalamus – la partie qui réagit le plus au stress émotionnel humain – participe au contrôle du système immunitaire. Deuxièmement, l'hypothalamus joue un rôle critique dans la régulation de l'activité de la glande pituitaire, qui à son tour règle ce qui reste du systéme endocrinien, avec un grand éventail de fonctions de contrôle hormonal dans tout le corps.

Système immunitaire. Le système immunitaire – les défenses naturelles du corps – est destiné à contenir ou détruire toute cellule cancéreuse ; or le corps médical suggère actuellement que nous avons tous par moment dans notre corps des cellules malignes, qui sont régulièrement éli-

---

7. «Hopelessness» (sans espoir) et «helplessness» (impuissance). Absence d'alternative. Terminologie spécifique des Simonton pour décrire un état fréquemment observé avant l'apparition du cancer et chez les gens qui se laissent aller à en mourir (A.A.S.).

minées. Toutefois, la suppression du système immunitaire [8] peut aboutir à une croissance cancéreuse. Dans ce modèle esprit/corps, le stress émotionnel, sur lequel le système limbique agit en médiateur en utilisant l'hypothalamus, produit une suppression du système immunitaire, ce qui va laisser le corps plus démuni et plus prédisposé au développement du cancer.

Activité pituitaire/système endocrinien. Pour compliquer la situation, les faits suggèrent que l'hypothalamus, en répondant au stress, active la glande pituitaire, de façon à changer l'équilibre hormonal du corps – lié au système endocrinien. Ceci est particulièrement significatif, puisqu'on a montré qu'un déséquilibre des hormones adrénales est la cause d'une plus grande prédisposition aux substances cancérigènes.

Augmentation de cellules anormales. Le résultat d'un tel déséquilibre hormonal peut être une production accrue de cellules anormales dans le corps, et une capacité affaiblie du système immunitaire de combattre ces cellules.

Croissance cancéreuse. Avec cette séquence de changements physiologiques, les conditions optima sont maintenant créées pour une croissance cancéreuse. C'est-à-dire qu'en même temps que les défenses du corps contre des intrus sont au plus bas, la production de cellules anormales est augmentée. Le résultat peut être une maladie mortelle.

Renverser le cycle : un modèle « esprit-corps » de guérison

Notre objectif, en écrivant ce livre, est de montrer qu'on peut renverser le cycle du développement du cancer. Les voies par lesquelles des sentiments peuvent être traduits en conditions physiologiques favorables à la croissance du cancer, peuvent aussi être utilisées pour rétablir la santé. Voir

---

8. Ceci peut être dû à diverses causes : médicament de transplant d'organes, stress, maladie... perte d'objet d'amour... (A.A.S.).

figure 2, comment l'esprit et le corps peuvent entrer en interaction pour recréer la santé. On retrouve à nouveau l'explication dans le domaine psychologique.

Intervention psychologique. Faire le premier pas vers la guérison, c'est d'abord aider les cancéreux à croire en l'aide qu'on peut leur apporter, à renforcer leurs opinions, – voire leur foi – dans l'efficacité du traitement [9] et la puissance des défenses naturelles du corps [9]. On peut alors leur enseigner à faire face plus efficacement aux divers stress de leur vie. Il est particulièrement important qu'il y ait un changement, soit dans la perception du patient de lui-même – pour qu'il (elle) croit qu'il (elle) peut résoudre n'importe quel problème de la vie rencontré avant le début du cancer – soit dans la perception de leurs problèmes – pour qu'il (elle) croit qu'il (elle) peut y faire face plus efficacement.

Espoir, anticipation. Les résultats de ce que croit le patient dans ses chances de guérison, couplés avec sa « re-décision » au sujet des problèmes auxquels il (elle) fait face, sont une approche de la vie, qui comprend l'espoir et l'anticipation [10].

Système limbique. Des sentiments d'espoir et d'anticipation modifiés sont enregistrés dans le système limbique, ainsi que l'étaient les sentiments précédents de désespoir, d'absence d'espoir et d'impuissance.

Activité hypothalamique. Une fois ces sentiments enregistrés dans le système limbique, des messages sont envoyés à l'hypothalamus et qui reflètent le nouvel état émotionnel – un état qui inclut une volonté accrue de vivre. L'hypothalamus envoie alors des messages à la glande pituitaire, qui reflète l'état émotionnel modifié.

Système immunitaire. L'hypothalamus à son tour renverse la suppression du système immunitaire, pour que les défenses du corps se mobilisent à nouveau contre les cellules normales.

---

9. Voir à nouveau le chapitre 2 et les passages sur l'espoir, le stress, la volonté de guérir (N.d.T.).

10. Anticipation de ce qui va ou peut arriver – un horizon ouvert, même sans certitudes, prévisions-prédictions (A.A.S.).

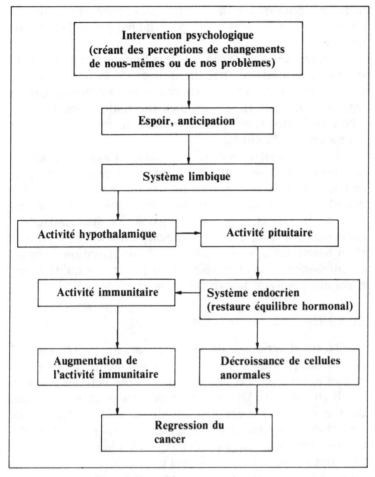

Figure 2. Un modèle esprit/corps de guérison.

Activité pituitaire/système endocrinien. La glande pituitaire (qui fait partie du système endocrinien), recevant des messages de l'hypothalamus, envoie des messages au reste du système endocrinien, restaurant ainsi l'équilibre hormonal du corps.

Diminution de cellules anormales. L'équilibre hormonal une fois restauré, le corps s'arrêtera de produire de grandes quantités de cellules anormales, laissant moins de telles cellules, soit pour que le traitement s'en occupe, soit pour que les défenses revitalisées du corps s'en chargent et l'en débarrassent.

Régression du cancer. Le fonctionnement normal du système immunitaire et la diminution de la production de cellules anormales créent les conditions optimales pour la régression du cancer. Les cellules anormales restantes peuvent être détruites, soit par un traitement, soit par les défenses naturelles du corps.

Comme nous l'avons dit, les patients ayant participé à leur propre guérison ont souvent une plus grande force psychologique qu'avant la maladie. Ayant à faire face à une maladie mortelle, devant affronter les problèmes fondamentaux de la vie, et faire l'apprentissage de leur capacité à influencer leur santé, ils en émergent non seulement rétablis et en bonne santé, mais rétablis avec une sensation de force, de puissance et de contrôle sur leur vie, ce qu'ils (elles) n'avaient peut-être jamais ressentis avant la maladie.

La guérison du cancer: traiter le corps et l'esprit

Notre description de la régression du cancer indique deux voies vers la guérison : soit une augmentation de l'activité immunitaire, soit une diminution des cellules anormales. Bien entendu, les conditions optimales seraient que les deux événements aient lieu simultanément. L'essentiel de l'effort du traitement médical a été surtout la réduction des cellules anormales par l'irradiation ou la chimiothérapie. La chirurgie est aussi un effort direct pour enlever toutes les cellules anormales du corps.

Cependant, c'est seulement l'immunothérapie qui vise essentiellement à augmenter l'activité immunitaire. L'immunothérapie se focalise sur la stimulation du système immunitaire existant du patient, par l'introduction de substances potentielles stimulantes, telles que des bactéries ou des cellules cancéreuses modifiées. Pendant que le système immunitaire attaque ces substances, il attaque aussi les cellules cancéreuses. Bien que l'immunothérapie en soit encore à un stade relativement primitif, elle serait peut-être, à l'avenir, la meilleure méthode de traitement, car elle renforce le fonctionnement naturel du corps.

Cependant, dès à présent, si une intervention psychique est capable de renverser le cycle de la croissance du cancer, alors le fonctionnement naturel du corps peut contribuer, aussi bien à une augmentation de l'activié immunitaire qu'à une diminution de la production de cellules anormales, pendant que le traitement médical conventionnel/classique sert d'allié pour détruire les cellules anormales existantes.

Quant au reste de ce livre, nous y décrivons les processus psychologiques que nous avons développés pour diriger vos états mentaux et émotionnels vers la bonne santé.

DEUXIÈME PARTIE

LES VOIES
DE LA BONNE SANTÉ

8. Le programme : la mise en route

Les sept chapitres précédents étaient destinés à survoler et résumer les fondements théoriques de notre méthode concernant le traitement du cancer. Le reste de ce livre est consacré à l'application pratique de la théorie. Nous avons l'intention de vous présenter les processus que nous utilisons dans notre Centre de Fort-Worth [1]. Si c'est vous-même qui avez un cancer, si vous êtes parent ou ami d'un cancéreux, ou si vous vous intéressez au cancer d'un point de vue professionnel, voyez et essayez ce qui est décrit dans les onze chapitres suivants : vous apprendrez une nouvelle façon de penser à la maladie, et comment vous pourriez influencer le cours de toute maladie.

Etant donné que nous allons aborder particulièrement les processus psychologiques utilisés dans notre méthode, il pourrait sembler que nous négligeons ou excluons le traitement médical. Ce n'est pas du tout notre intention. Bien que nous croyons que la médecine se soit un peu trop focalisée, et se focalise de façon trop étroite, se concentrant surtout sur les symptômes physiques, elle a fait des progrès énormes dans le développement et la mise au point de thérapies médicales de plus en plus sophistiquées.

Nous encourageons chaque malade cancéreux à rechercher – et obtenir – le meilleur traitement médical qu'il

---

1. Texas, Etats-Unis – près de Dallas, où le centre déménage d'ailleurs en 1982 (A.A.S.).

puisse trouver en s'adressant à un médecin ou à une équipe soignante dont il (elle) a l'impression qu'il(s) s'intéresse(nt) réellement à lui (elle) personnellement.

La deuxième partie de cette phrase – à un médecin ou une équipe soignante qu'il (elle) ressent qu'il(s) s'inté-resse(nt) à lui (elle) – est très importante : nous croyons que c'est fondamental dans la thérapie, si le patient ressent qu'on le traite personnellement ou impersonnellement. Si le patient ressent qu'il (elle) est traité(e) impersonnellement [2] – et cela va interférer avec le processus de maladie-guérison – nous l'encourageons à tenter de modifier la relation existante et, si cela ne marche pas, à rechercher un autre méde-cin ou une autre équipe soignante. Il est important que le patient voit son traitement comme un allié, un ami, et qu'il ait conscience des efforts incessants, de l'énergie déployée, qui font partie intégrante du développement récent des thé-rapies médicales disponibles actuellement.

Nous faisons particulièrement attention à ce que le patient ne décide pas de lui-même de substituer des techni-ques psychologiques au traitement médical approprié. Reje-ter le traitement médical va à l'encontre de toutes nos opi-nions et habitudes culturelles, à propos de la nature physi-que de la maladie, et du peu d'importance relative de l'état d'esprit et des émotions dans l'état de santé. Rarissimes sont les gens qui peuvent – avec succès – tourner le dos aux dizai-nes d'années de conditionnement et substituer les idées récemment découvertes au sujet de leur capacité à influencer le cours de leur maladie.

Donc, pour nos patients, il est plus que probable que s'ils devaient arrêter les thérapies physiques-chimiques-médicales ordonnées par leur médecin, et agir à l'encontre des recommandations de l'équipe soignante, ils ne pour-raient jamais tout à fait accepter l'idée qu'ils aient fait le bon choix. Il n'y a aucune raison de défier les connaissances accumulées de la communauté médicale.

---

2. Bien des malades ressentent, ou entendent et / ou disent qu'ils sentent qu'ils ne sont que « le foie du 22 » ou « le 37 », ou « l'amputé », ou « le sein gauche » et non Monsieur Dupuy ou Madame Jeanne Petit (une partie de leur corps et non une vraie personne) (N.d.T.).

Aussi, nous ne pouvons trop souligner l'importance de poursuivre à la fois le traitement physique et les interventions affectives utilisant les émotions.

Survol des voies vers la bonne santé [3]

Nous résumons ici brièvement les chapitres suivants et les processus qui peuvent vous aider à vous rétablir et à maintenir votre bonne santé. Ces techniques constituent une méthode de traitement du cancer par une approche globale de la personne. C'est une approche globale, unitaire de la personne, psychosomatique et somato-physique, qui aborde les symptômes physiques de l'individu, son orientation affective-émotionnelle, ses problèmes existentiels, ses opinions, et ses idées, ce qu'il croit, tant en ce qui concerne sa capacité de guérir que de sa capacité à résoudre ses problèmes affectifs. Les interventions sont destinées à toucher toutes les parties du système, à restaurer l'équilibre physique, mental et affectif, pour que la personne globale retourne à un état de bonne santé.

Chapitre 9 : « Participer à votre bonne santé »

Puisque chacun participe à sa maladie ou à sa bonne santé, le premier pas, c'est d'aider chaque patient à identifier comment il (elle) a pu participer au développement de sa maladie [4].

Ce processus consiste d'abord à lui demander d'identifier les stress majeurs ayant eu lieu dans sa vie 6 à 18 mois avant le diagnostic. La liste de ces stress sert de base pour discuter avec le malade comment il a pu participer à sa maladie – participation qui a pu prendre de nombreuses formes. Certains individus ont pu participer en créant des stress

---

3. L'auteur résume ici les chapitres 9 à 19 qu'il va développer plus loin.
4. Simonton précise bien ici que le malade a participé inconsciemment au déclenchement de sa maladie – il ne dit pas qu'il l'a provoquée (A.A.S.).

ou en permettant l'installation de stress prolongés et très importants dans leur vie, ou en refusant de reconnaître qu'ils ont des limites, du point de vue émotif, à ce qu'ils peuvent tolérer ou supporter affectivement. D'autres ont pu subordonner leurs besoins propres à ceux des autres, jusqu'à ce qu'ils n'aient plus de forces à utiliser pour eux-mêmes. D'autres encore ont pu participer en réagissant aux divers stress avec des sentiments de désespoir et d'absence d'espoir et d'impuissance.

L'objet d'un tel auto-examen n'est pas d'évoquer ou de provoquer un sentiment de culpabilité, mais d'identifier certains comportements à changer, si le patient veut vivre pleinement et en bonne santé. Par une prise de conscience des principaux stress de sa vie et la découverte de manières plus efficaces pour y faire face, il (elle) peut libérer de l'énergie disponible alors pour lutter contre la maladie et avoir une vie plus riche.

Chapitre 10 : Les « bénéfices » de la maladie

Notre culture occidentale encourage le travail, l'effort, les difficultés à surmonter ; dans nos cultures l'estime de soi passe par le travail et la productivité. Elle décourage généralement l'expression des émotions, surtout des émotions négatives comme la tristesse, le chagrin, la colère et l'hostilité. Dans une telle société, orientée vers la réalisation de projets, vers des accomplissements, et dans laquelle on décourage les gens depuis des centaines d'années de s'occuper de leurs émotions ou de s'occuper positivement de leur affectivité, la maladie peut servir une fonction importante.

Une fois qu'un patient a reçu le diagnostic d'une maladie grave, l'émotion est permise, attendue et acceptée. Un patient, peut-être pour la première fois de sa vie, peut se permettre de faire beaucoup de choses qu'il ne ferait pas s'il était en bonne santé, comme demander de l'aide, de l'amour et d'exprimer de la tristesse, de l'amertume, du découragement, le sentiment d'être malheureux. De plus, la maladie pourrait donner au patient une raison acceptable de ne pas faire certains travaux (qui provoquaient chez lui un stress permanent).

Nous voulions indiquer ici l'aide à donner aux patients pour identifier quelques-uns des bénéfices secondaires de leur maladie, et aussi l'aide à donner à chacun pour trouver diverses façons d'obtenir et maintenir les mêmes bénéfices émotionnels pendant le temps de guérison, et après.

Chapitre 11 : « Apprendre à se détendre et visualiser la guérison »

La relaxation et l'imagerie mentale (techniques de visualisation) sont d'excellents outils pour créer, renforcer la foi des patients dans leur capacité à guérir du cancer. Dans la première partie de ce chapitre, nous donnons une technique spécifique de relaxation destinée à rompre le cycle de tensions et de peurs, si habituel chez les cancéreux. De plus, en se relaxant, en détendant leurs corps, beaucoup de cancéreux découvrent que leurs perspectives psychologiques changent lorsqu'ils peuvent se détendre, leur permettant de mieux faire face à leur vie et à leur maladie. De plus, puisque la technique de relaxation réduit tensions et distraction, elle prépare le patient au processus d'imagerie mentale, que nous présentons dans la deuxième partie de ce chapitre.

Depuis avril 1971, lorsque nous avons utilisé la visualisation pour la première fois avec un patient, elle a été un élément central de notre méthode. Non seulement le processus d'imagerie mentale crée des changements positifs par rapport aux perspectives, mais il est aussi pour le patient un moyen de découverte de soi dans d'autres domaines de la vie. Dans ce chapitre nous donnons les techniques, les instructions détaillées pour le processus de relaxation / imagerie mentale, – afin de vous aider à apprendre comment visualiser la guérison du cancer et aussi d'autres maladies.

Chapitre 12: « *La valeur d'images mentales positives* »

Nous examinons dans le chapitre 12 les symboles contenus dans votre imagerie mentale, comme clef permettant d'identifier les idées, opinions, options – les valeurs – qui pourraient barrer la route de la guérison. Nous analysons aussi des exemples tirés des expériences de nos patients, et nous vous enseignons comment créer une imagerie mentale plus efficace pour traiter la maladie.

Chapitre 13: « *Surmonter le ressentiment* »

Le stress et les tensions vécus par beaucoup de patients pourraient être dus en grande partie à une difficulté à exprimer des sentiments négatifs, en particulier la colère et le ressentiment. Réprimer, ne pas exprimer, retenir des sentiments négatifs a pour effet de re-stresser le corps et d'inhiber le processus de guérison. Mais bien entendu cela ne sert à rien de « faire la morale » aux gens et leur dire « qu'il n'y a qu'à » exprimer les sentiments négatifs et qu'ils « devraient » relâcher et exprimer les ressentiments. Nous enseignons à nos patients un processus spécifique pour laisser remonter le passé, pour se libérer, pour « conclure un arrangement », pour « trouver un moyen de vivre » avec des relations passées, et surmonter le ressentiment.

Chapitre 14: « *Créer le futur: se donner des buts définis* »

Recevoir (brusquement) un diagnostic de cancer, c'est souvent avoir tendance à commencer à vivre dans le provisoire et le conditionnel. Souvent, les gens brisent alors des liens importants, se retirent de relations ou refusent de s'engager dans quoi que ce soit, ou avec d'autres. Non seulement cela fournit les conditions de l'attente passive et négative de la mort plutôt que l'espoir d'une guérison, mais cet état provisoire, ou de vie suspendue, peut aussi transformer et diminuer la qualité de la vie de manière significative.

Avoir un but dans sa vie (ou plusieurs buts) est important au maintien d'une bonne qualité de vie. Le désir de vivre est certainement renforcé, même lorsque la vie est menacée, si les gens ont – ou s'arrangent pour – donner un sens à leur vie et ont du plaisir à vivre.

Nous aidons nos patients à se donner un but pour dans trois mois, six mois, un an ; c'est comme s'ils déclaraient qu'il y a des choses qu'ils veulent accomplir dans leur vie, et c'est aussi une manière d'affirmer qu'ils croient fermement qu'ils vont vivre pour accomplir ces choses. En se fixant ces buts, chaque malade, avec notre aide, découvre et identifie souvent d'autres points sur lesquels il doit agir : par exemple, a-t-il tendance à se fixer des buts liés à son sens du devoir, à ce qu'il devrait faire, sans les contre-balancer par d'autres qui procurent plaisir et joie ? Est-ce qu'arriver à ce qu'il « doit » faire (un but motivé par le devoir) met en mouvement les mêmes stress que ceux qui ont précédé la maladie ? De plus, nous enseignons aux patients des techniques spécifiques pour renforcer leur attente – pour leur faire préciser ce qu'ils attendent et espèrent du fait qu'ils peuvent atteindre leurs buts – ce qui est lié à la réalisation automatique des prédictions.

Chapitre 15 : « Trouver votre guide intérieur vers la bonne santé »

Ce processus est une forme d'imagerie mentale. Les gens trouvent, sentent, communiquent avec un « guide intérieur » pendant qu'ils font les exercices d'imagerie mentale. Le guide sera souvent un « sage » (homme ou femme), qui sert en quelque sorte de mentor, d'éducateur, et va enrichir ou nourrir la personnalité – ou illustrer son aspect nourrissant, maternel. Dans certains cas, des patients ont trouvé qu'ils peuvent utiliser leur guide comme moyen de communication avec leur inconscient, – il leur fournit des renseignements importants au sujet de leur propre fonctionnement psychologique et physique.

Chapitre 16 : « Maîtriser la douleur »

Bien qu'il y ait beaucoup de choses que nous ne comprenons pas au sujet de la douleur, plusieurs processus psychologiques permettent d'y faire face. Notre méthode pour maîtriser la douleur est de l'utiliser comme une machine à rétroactions [5], un mécanisme de « bio-feed-back » [5]. La douleur, ou l'absence de douleur, devient une communication du corps au sujet des différentes activités dans lesquelles nos patients peuvent être engagés, ou bien concernant les réflexions et problèmes sur lesquels ils travaillent mentalement. Nous avons aussi trouvé que la douleur est intimement liée à la peur, et, donc, que des activités présentées dans d'autres chapitres pour l'identification et le traitement de la peur amènent souvent par contre-coup une diminution de la douleur.

Chapitre 17 : « Exercices » – Prendre de l'exercice

Nous avons commencé à faire plus attention aux exercices physiques et aux activités lorsque nous avons noté que beaucoup de nos patients, ayant eu les rétablissements les plus spectaculaires de leur cancer, étaient très actifs physiquement. Puisque l'activité physique semble être un moyen de décharger stress et tensions, c'est aussi un moyen efficace de modifier l'état d'esprit de chacun. A partir de là, nous avons développé un programme d'exercices physiques que nous demandons à tous nos patients d'essayer. Nous croyons que des exercices réguliers (et un régime alimentaire raisonnable) fournissent au patient un moyen de participer (activement) à sa guérison.

---

5. « Feed-back » : rétroaction, message en retour, qui permet, par exemple de réguler et maintenir constante la température d'une pièce ; cette méthode est utilisée en médecine (bio-feed-back) avec appareillage électronique particulier (puis sans) pour enseigner par exemple à des patients à contrôler leur rythme cardiaque ou tension artérielle (A.A.S.).

Chapitre 18 : « Faire face à la peur de la rechute et de la mort »

La mort est devenue un sujet particulièrement effrayant dans notre culture, car d'habitude on n'en parle pas, on ne l'examine pas, on ne la comprend pas. La rechute est aussi une crainte permanente, une peur significative dans l'esprit des cancéreux. Des sentiments constamment réprimés deviennent plus importants et plus puissants ; ainsi la peur de la rechute et de la mort peut devenir écrasante. De plus, les patients se sentent souvent coupés de leurs familles, car ils ne peuvent pas discuter ouvertement de leurs préoccupations réelles.

Dans ce chapitre, nous amenons les patients, par un processus psychologique, qui va les aider à identifier et comprendre leurs propres sentiments par rapport à ce sujet, et nous les encourageons à examiner leurs attitudes par rapport à la rechute et leurs idées et opinions par rapport à ce qui leur arrivera physiquement lorsque la mort se rapprochera. Le but de cette confrontation ouverte avec la possibilité de la mort, c'est de lever le tabou, c'est d'enlever la mort du domaine des sujets interdits et donc de clarifier les croyances de chacun. Des idées, des options inconscientes peuvent influencer la manière dont vivent les gens ; ainsi, en examinant leurs attitudes propres, les cancéreux peuvent améliorer la qualité de leur vie.

Chapitre 19 : « Le système de soutien familial »

Ce chapitre se centre sur l'aide à donner à la famille du cancéreux pour aider les divers membres de la famille à comprendre leurs propres sentiments lorsqu'il s'agit pour chacun de faire face à une maladie potentiellement mortelle, aussi bien que les aider à être plus tolérants et acceptants à l'égard d'un être cher et très malade. Nous suggérons là divers moyens pour établir la communication honnête et ouverte et rendre le milieu chaleureux et aidant à l'amélioration de la qualité de la vie et à la création d'un climat affectif familial propice au support et au rétablissement du malade.

Le programme: la mise en route

Les processus décrits ci-dessus ouvrent diverses voies vers la bonne santé. Mais, comme ils sont utilisés d'habitude sous notre direction, nous avons rajouté une partie donnant les grandes lignes d'un programme simple, établi pour six semaines, de mise en route, pour ceux d'entre vous qui voudraient pratiquer ces techniques dans leur vie quotidienne, et que vous puissiez commencer dès que vous aurez terminé la deuxième partie de ce livre.

D'abord, cependant, permettez-nous de vous faire deux suggestions essentielles: voyez sans tarder un médecin pendant que vous suivez ce programme qui est destiné à travailler *comme adjuvent, comme supplément à votre traitement médical,* – et non à sa place; et si vous connaissez des gens qui peuvent vous donner le soutien psychologique dont vous avez besoin, prenez contact avec eux tout de suite – leur aide, leurs conseils, vous aideront à mettre en pratique ce programme.

Puisque toute maladie est un signal que quelque chose manque à l'unité fondamentale de l'esprit, du corps et des émotions, nous avons décrit ces exercices pour qu'ils puissent *être employés pour n'importe quelle maladie* – du rhume et mal de tête au cancer. Alors, que vous ayez ou non un cancer, cela vous sera utile de suivre cette voie.

*
* *

La première semaine

1. *Ouvrage à lire.* Après avoir terminé ce livre, nous vous suggérons de vous faire un petit programme de lectures à faire et de commencer à lire [6] des livres et des articles qui expliquent les liens étroits, les interrelations entre l'esprit, le corps et les émotions. Nous offrons à chacun de nos patients

---

6. Parmi les ouvrages récents (traduits) parus en français citons *Le désir de guérir* de Norman Cousins (Paris, Hachette, 1980).

un exemplaire de *The will to live*[7] («Le désir de vivre») du Dr. Arnold Hutschnecker, car nous croyons cet ouvrage particulièrement utile. Si vous avez une certaine formation scientifique, vous pouvez trouver intéressant *Mind as Healer, Mind as Slayer* («L'esprit en tant que guérisseur, l'esprit en tant que meurtrier») du Dr. Kenneth Pelletier. Nous recommandons aussi la lecture de *Seeing with the mind's eye* («Voir avec son imagination, avec l'œil de l'esprit») de Mike et Nancy Samuels. Le bibliothécaire de votre bibliothèque municipale (ou de bons catalogues) peut aussi vous suggérer d'autres bons livres et articles à ce sujet.

2. *La relaxation / l'imagerie mentale.* Commencez un programme régulier du processus relaxation / imagerie mentale (chapitres 11 et 12) trois fois par jour. Si vous avez enregistré une cassette du processus d'imagerie mentale, vous aurez peut-être envie de l'utiliser chaque fois la première semaine, puis vous ferez un sevrage progressif en ne l'utilisant qu'une fois sur deux pendant la deuxième semaine, seulement une fois par jour la troisième semaine, etc. A des moments particulièrement stressants, lorsque vous trouvez difficile le processus d'imagerie mentale, vous aurez peut-être envie d'utiliser à nouveau la cassette pour renforcer le processus.

La deuxième semaine

1. *Relaxation / imagerie mentale.* Continuez vos exercices de relaxation / imagerie mentale trois fois par jour.

2. *Les stress antérieurs à votre maladie.* Complétez les exercices du chapitre 9 dans lesquels vous revoyez votre vie depuis deux ans et identifiez ce qui a été un stress (ou des stress) dans votre vie, six à dix-huit mois avant le début de votre maladie. Utilisez cet exercice comme point de départ pour explorer et tenter de comprendre comment vous avez pu participer au développement de votre maladie.

3. *Les « bénéfices » de la maladie.* Complétez l'exercice du chapitre 10 dans lequel vous identifiez ce que vous

7. Nous gardons les titres des auteurs. Certains risquent d'être bientôt traduits en français (N.d.T.).

gagnez en étant (gravement) malade, les «bénéfices» de votre maladie. Cet exercice sert de point de départ pour explorer la manière dont vous vous engagez dans la voie de votre guérison.

La troisième semaine

1. *Relaxation / imagerie mentale.* Continuez vos exercices de relaxation / imagerie mentale trois fois par jour.

2. *Exercices physiques.* Commencez un programme d'une heure d'exercices (adapté à votre condition physique), trois fois par semaine.

3. *Aide psychologique.* Trouvez quelqu'un dans votre communauté – un prêtre ou pasteur, une conseillère conjugale, quelqu'un qui fait du «counseling» [8], un psychothérapeute – à qui vous pouvez parler de vos expériences et de vos sentiments pendant que vous participez à ce programme. Naturellement, il est important que le thérapeute ou «conseiller» [8] comprenne les concepts de ce livre. Il est aussi important que vous choisissiez un «conseiller» qui vous donne vraiment l'impression de prendre part à ce que vous ressentez, que cela lui tienne à cœur, vos progrès, l'amélioration de votre santé, votre guérison.

La quatrième semaine

1. *Relaxation / imagerie mentale.* Continuez vos exercices de relaxation / imagerie mentale trois fois par jour.

2. *Exercices physiques.* Continuez votre programme d'exercices physiques (une heure d'exercices) trois fois par semaine.

3. *Rechute / imagerie de la mort.* Trouvez quelqu'un qui vous aide à envisager le processus de la rechute / imagerie de la mort décrit au chapitre 18. Ceci vous aidera à affronter ce que vous ressentez face à la mort – face à votre

---

8. Le mot «counseling», «conseiller» n'est pas pris par l'auteur au sens de «conseil non directif» selon la méthode de Carl Rogers, mais au sens plus large de quelqu'un ayant une formation pour «aider» autrui, principalement en psychologie clinique spécialisée, psychologie sociale, clinique thérapie. Voir plus loin (p. 147) la note sur le «conseiller professionnel».

mort – et vous aidera à diminuer un peu votre peur et votre angoisse.

4. *Surmonter le ressentiment.* Commencez à utiliser le processus d'imagerie mentale pour surmonter le ressentiment, décrit au chapitre 13, chaque fois que vous sentez que vous avez et que vous ressassez de mauvais sentiments à l'égard de quelqu'un. Il est difficile de voir de bonnes choses arriver à quelqu'un envers qui vous avez de l'hostilité, – mais soyez conscient de vos réactions à ceci à partir de maintenant, et vous aurez d'importantes prises de conscience.

La cinquième semaine

1. *Relaxation / imagerie mentale.* Continuez vos exercices de relaxation / imagerie mentale trois fois par jour.

2. *Exercices physiques.* Continuez votre programme d'exercices physiques, une heure d'exercices, trois fois par semaine.

3. *Rechute / imagerie de la mort.* Répétez le processus de préparation à la rechute / imagerie mentale de la mort, afin de découvrir s'il reste des problèmes affectifs importants qui doivent être travaillés et résolus.

4. *Mise en place des buts.* Ayez en tête pour vous trois buts, échelonnés, à trois mois, six mois et un an, – comme décrit au chapitre 14. Puis commencez à intégrer vos buts dans le processus d'imagerie mentale, en vous voyant atteindre vos buts, et explorez tout problème éventuel pour y arriver.

La sixième semaine

1. *Relaxation / imagerie mentale.* Continuez vos exercices de relaxation / imagerie mentale, trois fois par jour.

2. *Exercices physiques.* Continuez votre programme d'exercices physiques, d'une heure d'exercices, trois fois par semaine.

3. *Guide intérieur.* Demandez à quelqu'un de vous aider à trouver votre guide intérieur, éventuellement en vous lisant à haute voix le processus d'imagerie mentale du guide

intérieur, décrit au chapitre 15. Si vous trouvez, voyez, sentez (ressentez) un « contact » avec ce guide intérieur qui vous aidera à résoudre vos problèmes de santé, alors la conversation avec lui peut devenir une partie régulière de votre programme d'imagerie mentale.

Après six semaines

Une fois arrivé à ce point, vous aurez intégré beaucoup de ces processus dans votre vie quotidienne. Continuez à utiliser le processus de relaxation / imagerie mentale indéfiniment. Si vous êtes arrivé au point où vous ne montrez plus aucun signe de cancer, vous pouvez commencer à changer votre imagerie en « surveillance » – en visualisant vos globules blancs [9] comme faisant la ronde dans votre corps et détruisant les cellules anormales – et continuez à vous voir comme sain et libre de maladie. Au fur et à mesure que vous regagnez votre bonne santé, le temps que vous avez passé à visualiser votre bonne santé peut être plutôt utilisé maintenant à travailler sur vos buts, sur vos sentiments de ressentiment, ou à parler (intérieurement) avec votre guide intérieur.

Vous fixer des buts, et travailler pour les atteindre est un processus continu. Naturellement, vos buts peuvent changer au fur et à mesure que votre santé s'améliore, – alors sentez-vous libre de les changer comme vous voulez. Ce qui est important, c'est que vous sachiez ce que vous voulez, et que vous travailliez pour l'obtenir.

Nous recommandons aussi que vous continuiez indéfiniment le programme d'exercices. Au fur et à mesure que votre santé s'améliore, vous aurez envie d'augmenter votre niveau d'activité physique, jusqu'à ce que vous marchiez, fassiez du « jogging », du trot ou de la course à pied, ou n'importe quel autre exercice vigoureux, pendant une heure, trois fois par semaine.

---

9. Les globules blancs ont pour fonction de détruire ce qui est nuisible. Même si leur fonction n'est pas tout à fait celle-ci dans la lutte contre les cellules cancéreuses et les métastases, l'image est parlante, donc utile (A.A.S.).

La valeur de ce programme consiste à vraiment *faire* ces activités (les faire réellement – régulièrement – et pas seulement décider de les faire), aussi nous vous encourageons fortement à établir pour vous un programme et à suivre un emploi du temps similaire à celui décrit ci-dessus. Au fur et à mesure que vous verrez une amélioration de votre santé et de votre « moral », de votre état d'esprit, vous aurez le stimulant nécessaire pour consacrer à ces activités une partie de votre vie, pour les intégrer à votre quotidienne. Suivre ce programme, c'est affirmer que vous croyez pouvoir influencer votre bonne santé.

9. Participer à votre bonne santé

Elmer Green [1], un pionnier dans le domaine du bio-feed-back, a dit que lorsque quelqu'un essaie d'influencer son état de santé, il est aussi important qu'il apprenne à percevoir quelles étaient ses pensées, ses attitudes et comportements tant lorsqu'il est tombé malade que lorsqu'il se porte bien. Lorsqu'on a des informations précises – du « feed-back [2] » – concernant à la fois la maladie et la bonne santé, on est mieux armé pour participer de façon consciente et efficace à l'amélioration de sa santé et de sa guérison – ou pour aider un malade à guérir et revivre.

Des renseignements concernant ses pensées et sentiments, au moment où la santé se dégrade, pourraient être, pour le malade, les renseignements les plus valables. Le corps est construit avec des mécanismes homéostatiques, destinés à le garder sain et exempt de maladie ; c'est lorsque ces mécanismes se détériorent, « tombent en panne », et que la maladie apparaît, que nous devons nous préoccuper le plus de nos processus de pensée et de nos comportements. Quand notre corps incline ou se dirige vers la maladie, cela pourrait indiquer que nos mécanismes de défense pour faire face au stress ont cessé d'être efficaces.

---

1. Le titre de Docteur, dans les pays anglo-saxons, est porté par tous ceux qui ont un doctorat quel qu'il soit (ès Sciences, ès Lettres, en Droit) et pas seulement en médecine. Sauf lorsque nous savons qu'il s'agit d'un médecin (MD) nous ne mettrons pas dans le texte le terme de « Dr ». – ici « Dr. Green » en anglais (N.d.T.).
2. Voir note concernant le feed-back (p. 126).

Si vous réfléchissez un moment, et revoyez votre vie passée, vous verrez probablement combien de petits ennuis de santé, au cours de votre vie, tels rhumes ou maux de tête, se sont produits lorsque vous étiez fatigué, surchargé de travail, surmené, sous tension ou sous stress émotionnel. Vous avez sûrement dit souvent que vous vous étiez enrhumé parce que vous étiez épuisé, «crevé», «écrasé», «au bout du rouleau», et probablement vous ne faisiez pas seulement allusion à une fatigue physique, mais aussi à un épuisement émotionnel, à un manque de vitalité et d'enthousiasme. A ce moment-là, la vie paraissait une corvée.

On a aussi observé que des maladies graves telles que crises cardiaques, infarctus, ulcère, arrivent après des périodes de surmenage, de surcharge de travail, de tensions, de dépression, d'implications trop fortes. Elles ont tendance à apparaître quand le corps atteint sa limite et ne peut plus rien supporter, mais aussi lorsque les signaux de cette situation ont été ignorés. Toute personne qui a eu un ulcère prend conscience que, d'une certaine façon, cet ulcère agit comme mécanisme de feed-back d'une surcharge émotionnelle, comme un indice de «l'état de l'organisme», puisque la douleur de l'ulcère est ressentie surtout lorsqu'on est tendu ou anxieux. Un ami médecin me disait qu'il regrette presque de s'être fait opérer de son ulcère, car sans le rappel à l'ordre de son ulcère, il ne sait plus lorsqu'il est surmené et trop tendu, et il s'inquiète maintenant de savoir quels autres mauvais effets cette tension pourrait avoir sur son corps.

Nous participons tous – d'une certaine manière – dans le fait de tomber malade, par une combinaison de facteurs mentaux, physiques et émotionnels. Vous pouvez avoir oublié de suivre un régime raisonnable, de prendre de l'exercice ou du repos. Vous avez pu être très tendu ou anxieux pendant une longue période de temps, sans avoir rien fait (ou pas fait assez) pour vous détendre. Vous avez pu accepter des surcharges professionnelles trop lourdes ou vous êtes tellement dévoué aux autres, tellement impliqué à répondre aux besoins de tout le monde autour de vous que vous avez ignoré vos propres besoins. Vous avez pu conserver certaines

attitudes, opinions, idées et croyances, qui vous ont empê-
ché d'avoir des expériences affectives satisfaisantes. En
somme, vous n'avez pas su reconnaître vos limites physiques
et émotionnelles.

Dans la mesure où vous avez ignoré ces besoins légitimes, vous avez participé à votre propre maladie. Quand les
besoins du corps et de l'esprit sont négligés, besoins de
détente, de repos, d'exercice, d'expression affective, et même
de but dans la vie, le corps peut alors indiquer qu'il faut y
faire attention en tombant malade.

Jean Brun : une étude de cas (histoire personnelle et médicale)

Le cas de Jean Brun démontre comment un individu
participe aussi bien au déclenchement de sa maladie qu'à sa
guérison. Ce cas est révélateur car il suggère des relations
spécifiques entre stress émotionnel et cancer.

Jean fait de la recherche scientifique. Il est un chercheur
brillant, qui travaille pour un groupe (privé) de recherches
mondialement connu. A l'époque où débute son cancer (du
pancréas), il a 50 ans. En lui faisant le diagnostic de sa maladie, on avait fait un diagnostic terminal et on lui avait donné
une espérance de vie de 6 à 9 mois. Dans sa vie professionnelle, il avait toujours été un « réalisateur » hyperactif, un
faiseur de prouesses [3] ; mais quand il commença à approcher
la cinquantaine, il se rendit compte qu'il ne pourrait pas
atteindre beaucoup de ses rêves d'enfance. Bien qu'il soit très
estimé professionnellement, cette reconnaissance de sa
valeur n'avait pas atteint le niveau qu'il aurait souhaité. En
fait, il vivait la crise de la cinquantaine.

De plus, dans les mois précédant le début de son cancer,
le fils de Jean a quitté la maison pour aller à l'université.
Pendant des années, presque tous les weed-ends, Jean était
allé à des manifestations sportives avec son fils. Jean était

---

3. On parle actuellement médicalement de « comportement de type A », selon la terminologie de Friedman (« Type A Behavior and your heart »). (A.A.S.).

très fier des qualités sportives et athlétiques de son fils. Mais après le départ de son fils, Jean cessa complètement d'assister à des rencontres sportives. Clairement, une époque de sa vie était révolue.

La fin de cette période a aussi posé de nouveaux problèmes et créé une tension entre Jean et sa femme. Depuis quelques années, sa femme ne faisait plus de sport, n'appréciait pas (ou plus) le sport et n'avait pas participé aux nombreuses occupations sportives de la famille. Au lieu de cela, elle s'était engagée dans des activités sociales et paroissiales qui l'occupaient beaucoup. Brusquement, puisque Jean ne passait plus tous les week-ends avec son fils, lui et sa femme furent laissés seuls face à face, comme ils ne l'avaient plus été depuis longtemps, et ils durent trouver et développer de nouveaux moyens de communication et se créer des intérêts en commun.

Un autre regret de Jean était que quelques années auparavant, il avait quitté un poste universitaire pour aller travailler dans le privé, chez son employeur actuel. Sa motivation avait été l'argent supplémentaire qu'il gagnerait pour l'éducation universitaire [4] de son fils. Bien que son salaire était, de fait, beaucoup plus important, il lui manquait beaucoup de ne plus être à l'Université, de ne plus conseiller et enseigner.

Un grand sujet de satisfaction, dans son travail actuel, était qu'il avait pu faire un grand nombre de découvertes scientifiques significatives, dues au fait d'avoir réussi à réunir et guider une équipe interdisciplinaire de chercheurs exceptionnellement créative. Ses superviseurs avaient été si impressionnés par sa performance qu'ils lui avaient donné – pour le remercier – la responsabilité d'un autre projet majeur. Cependant, Jean vivait ce nouveau projet plus comme une punition qu'une récompense, car cela impliquait qu'il devait quitter son équipe. Toutefois, comme beaucoup de nos patients, Jean avait de grandes difficultés à

---

4. Aux Etat-Unis, l'enseignement universitaire est payant et coûteux – malgré quelques bourses (N.d.T.).

exprimer ce qu'il ressentait, et il n'avait jamais dit à ses superviseurs combien il vivait mal sa nouvelle affectation.

Cette incapacité à exprimer et défendre ses besoins est devenue claire après que Jean soit entré en thérapie avec nous. Il nous dit qu'il avait toujours prié régulièrement mais il nous a vite informé qu'il n'avait jamais prié pour sa propre santé. Jean croyait que ce serait mauvais de demander quelque chose pour lui-même dans ses prières. Ces conduites, ces attitudes dataient de son enfance. La mère de Jean était – nous dit-il – «une personne très pieuse et se sacrifiant». Jean voyait son père, au contraire, comme «un égoïste», qui amassait de l'argent, et puis le dépensait surtout pour lui-même. Jean a repris l'attitude de sacrifice de sa mère; néanmoins, il avait toujours cru qu'il avait hérité de la tendance égoïste de son père.

Puisque Jean avait rejeté le comportement apparemment immature et égoïste de son père, il «en remettait» et surcompensait, à cause de sa peur d'être égoïste. Cela se voyait dans ses difficultés à communiquer ses besoins et sentiments aux autres, dans le fait de donner sens à sa vie en prenant des responsabilités envers les autres, en abandonnant des activités agréables lorsqu'elles n'étaient plus partagées avec son fils. En bref, Jean s'est cru obligé de mettre les besoins de tout le monde avant les siens, et donc, quand son fils est parti poursuivre ses études, quand Jean fut enlevé à son équipe de travail, quand ses rêves personnels se sont trouvés non accomplis, ses règles personnelles étaient telles qu'il ne voyait pas comment satisfaire ses besoins. Il s'est donc senti très déprimé.

Changer ce que l'on croit (ses opinions, idées, options)

Le premier pas, pour Jean ou n'importe qui essayant de guérir, c'est d'identifier les attitudes, les conduites, les idées et options qui l'enferment dans un rôle répétitif de victime sans défense. La réalité psychologique, c'est que si Jean devait s'accrocher à l'idée que les besoins de tout le monde viennent d'abord et avant les siens, il serait vraiment incapable de répondre à ses propres besoins émotionnels. Il était clair que ces croyances devaient être modifiées.

Nous avons travaillé avec Jean pour l'aider à reconnaître les parties de lui-même qu'il ignorait ou négligeait, et aussi pour l'aider à modifier sa perception dans d'autres domaines de sa vie. Finalement, il a pu ré-examiner sa situation professionnelle et est arrivé enfin à comprendre que ses supérieurs avaient, en fait, essayé de le récompenser par une promotion en lui donnant ce nouveau poste, et qu'ils n'avaient aucun moyen de connaître ses vrais sentiments et sa déception. Nous lui avons fortement conseillé – comme nous le conseillons fortement à chacun de nos malades – de prendre ses réactions affectives plus au sérieux.

Nous avons aussi travaillé avec Jean sur son sentiment d'échec, parce qu'il n'avait pas réalisé ses rêves de jeunesse. Comme beaucoup d'hommes ambitieux, Jean avait canalisé son énergie à développer surtout les parties de lui-même en relation avec son travail. Maintenant que les rêves ne pouvaient plus être atteints, nous l'avons poussé à se sentir libre de rechercher ce qui le motivait, à explorer d'autres intérêts, ou à développer d'autrs parties de lui-même, qui avaient été tenues en brides. Enfin, nous avons travaillé avec Jean sur son sentiment d'avoir perdu son fils, soulignant à quel point il avait mis tellement de son bonheur personnel dans quelqu'un d'autre, plutôt que dans lui-même, et nous l'avons aidé à voir qu'il avait maintenant l'occasion de renouveler sa relation avec sa femme.

Rien de ce que nous venons de dire n'est une critique de Jean ; beaucoup d'entre nous ont vécu des événements semblables, et ont réagi pareillement. La difficulté se trouve dans le fait que les croyances que Jean avait adoptées en tant qu'enfant – en réponse au conflit entre sa mère et son père – le bloquaient pour trouver d'autres réponses, d'autres alternatives aux déceptions inévitables de la vie.

Ce que nous soulignons, c'est *qu'il y a* des alternatives. Chaque fois qu'on se sent enfermé ou piégé, c'est parce qu'on est limité par ses propres idées et options, et par ses manières habituelles de répondre.

Bob Gilley: une étude de cas

Parfois les changements de vie qui précèdent la maladie sont normalement considérés comme des changements positifs. Bob Gilley, qui a 39 ans quand il reçoit son diagnostic de cancer, est un bon exemple de la nature individuelle, de la réponse au stress. Quand l'un d'entre nous – Stephanie – commença à travailler avec Bob pour explorer avec lui sa participation émotionnelle dans sa maladie, elle eut l'impression, à la fin de son premier entretien, que peut-être nos théories ne s'appliquaient pas à lui.

A première vue, Bob semblait être le modèle du jeune cadre dynamique ayant réussi. Sa vie paraissait un exemple de réussite. Il avait sa propre usine, créé sa propre société, et avait été reconnu au niveau national à l'intérieur de sa profession, et avait aussi reçu un prix pour avoir maintenu les taux les plus élevés de production dans son industrie pendant plus de 10 ans.

Même si, dans le passé, Bob avait eu de nombreuses difficultés professionnelles avec d'autres associés, il avait trouvé de nouveaux partenaires et créé une nouvelle association quelques années plus tôt, et qui paraissait idéale.

Bob raconta qu'au début de son mariage, lui et sa femme avaient eu des difficultés considérables, surtout lorsqu'il travaillait beaucoup et se bagarrait pour réussir professionnellement. Cependant, au fur et à mesure que sa carrière réussissait, son mariage, en surface, semblait s'améliorer. De plus, Bob et sa femme avaient pris la décision, quelques années plus tôt, d'adopter des enfants. Juste avant son diagnostic de cancer, ils venaient d'adopter leur deuxième enfant. En apparence, Bob semblait être arrivé en haut de l'échelle, et aurait normalement pu et dû profiter des bénéfices de ses années de lutte.

Une première indication que tout n'était pas aussi parfait qu'il le paraissait avec Bob, était une remarque faite par lui au cours de son premier entretien. Il avait dit qu'une des seules choses dont il se rappelait de l'année précédant sa maladie était un sentiment généralisé, qu'on pouvait caractériser au mieux par une chanson de Peggy Lee, « Est-ce-tout ce qu'il y a ?[5] » – Pour un homme pour qui la preuve de sa force était d'avoir surmonté toute difficulté, avoir atteint à 39 ans la plupart des buts et ambitions de sa vie, le laissait à la dérive. Pour quelqu'un qui n'avait pas appris à prendre plaisir aux moments calmes de la vie, l'absence d'agitation et de lutte était vécue comme une perte, un manque.

En moins d'un an, Bob reçu le diagnostic d'un cancer avancé, et était affronté encore une fois à un défi à surmonter et une bataille à gagner. Dans les mois et années qui suivirent le diagnostic de Bob, beaucoup de son travail émotionnel et de son exploration affective ont été consacrés à apprendre à profiter de ce qu'il avait gagné de haute lutte et à s'accepter tel qu'il était plutôt que de constamment prouver sa valeur en surmontant un obstacle ou en relevant un défi.

Comment vous interprétez la signification des événements (l'attribution de signification)

Ce n'est pas difficile de voir comment les autres attribuent une signification aux événements de leur vie (bien qu'il ne soit pas aussi simple de voir comment nous le faisons nous-mêmes). Par exemple, la perte d'un travail peut vouloir dire plusieurs choses :

1. Une défaite ou un signe d'échec.
2. Un défi.
3. L'occasion de recommencer.
4. Un signe de plus que la vie est injuste.

Attribuer, donner une signification à l'expérience dépend d'autres opinions qu'ont les gens :

1. Les possibilités (perçues) de trouver un autre travail.
2. Le degré auquel le travail était symbole de valeur personnelle.

---

5. « Is that all there is ? »

3. Les idées et options relatives à la prise en charge par soi-même de sa propre vie.
4. Leur capacité à susciter ou trouver une nouvelle situation positive.

Le principe de l'attribution de signification aux événements s'applique à tous les stress [6] typiquement identifiés comme ayant lieu avant le déclenchement du cancer. Aussi douloureuses que soient certaines de ces expériences – perte d'un être aimé ou d'un rôle professionnel ou social, par exemple – la quantité de stress et surtout le degré auquel ces événements vous rendent « impuissant et sans espoir », résultent de la signification que vous donnez à l'expérience. C'est vous qui décidez de l'importance de ces événements [7].

Si on explore avec vous les croyances qui limitent vos réactions, si on considère qu'il y a plusieurs alternatives et interprétations différentes des événements de la vie, et aussi des moyens alternatifs pour y faire face, il devient alors possible de percevoir, de créer des significations positives, là où il n'en existait que des négatives auparavant. Lorsqu'on découvre les opinions, croyances et idées fondamentales d'un être, les règles internes, décisives qui ont créé le blocage dans le mouvement dynamique, sain et positif vers la vie, – lorsqu'on les transforme, les déloge ou les débloque – alors toute l'énergie [8] de la vie peut couler à nouveau sans à-coups. Et avec ce flux, cet élan non arrêté viendra la force

---

6. Stress est un terme technique (la quantité de « contrainte », tension, charge, pression que peut supporter un cable sans se briser) passé dans la vie médicale et la vie courante depuis les travaux du canadien Hans Selye – après la guerre – sur l'influence des exigences du travail et des contraintes de la vie moderne, la surcharge des diverses tensions, problèmes, chagrins, exigences, contraintes sur l'adaptation, la fatigue, les accidents, la maladie et la mort (Lire Selye H. *Le Stress et la vie,* Paris, 1956). Bien qu'il soit généralement pris dans un sens négatif, le stress peut aussi être créé par des émotions positives : on peut mourir de chagrin comme mourir de joie (A.A.S.).

7. Rappelons ici l'importance de la théorie psycho-sociologique de Fritz Heider sur l'attribution de signification. Une demi-bouteille sera vue à moitié ou quasi vide par le pessimiste, à demi-pleine et satisfaisante par l'optimiste, ce qui changera son attitude, sa conduite, ses réactions, ses sentiments, et le plaisir qu'il prendra à son repas (A.A.S.).

8. Il nous semble que l'auteur fait ici référence à des concepts proches du yoga, sur l'importance de la circulation libre de l'énergie dans le corps, et des mouvements libres (free flow) ne butant pas sur des obstacles, de l'élan vital... (A.A.S.).

vitale capable de restaurer les défenses naturelles du corps à leur puissance normale.

Bien que la forme exacte de cette libération varie selon les individus, elle implique presque toujours qu'on se donne la permission d'expérimenter la vie différemment. Certaines pourront participer à leur bonne santé en disant « non » aux attentes d'autrui, d'autres en disant « oui » aux expériences et parties d'eux-mêmes qu'ils ont niées ou déniées. Lorsque le flot de l'énergie recommence à circuler librement, bien qu'il y aura encore des problèmes et des stress auxquels il faudrait bien faire face, on les confrontera en sachant que les problèmes peuvent être résolus, ou du moins qu'on peut y faire face avec la conviction qu'on a le pouvoir de prendre des décisions qui vont contribuer à son rétablissement.

Identifier votre participation à la maladie

Comment commencer à défaire le nœud gordien (le « sac de nœuds ») d'opinions, de croyances, d'idées, de convictions, de règles internes de vie, de manières habituelles de répondre au stress ? Le meilleur moyen que nous avons trouvé avec nos malades cancéreux, c'est de leur demander d'identifier les stress subis dans leur vie dans les six à dix-mois avant le début de la maladie.

Puisque le lien entre l'état affectif, émotionnel et la maladie s'applique à la prédisposition à *toutes maladies,* et non seulement au cancer, le processus d'identification des liens entre stress et maladie est valable pour chacun ; aussi, nous demandons à tout lecteur, cancéreux ou non, de faire l'exercice indiqué ci-dessous. (Vous aurez peut-être envie de vous référer à la liste de stress de Holmes-Rache, au chapitre 4, pour avoir une idée de la variété de stress qui peut mener à la maladie). Cet exercice peut vous aider à traduire les concepts généraux que nous décrivions en termes de votre expérience personnelle.

1. Pensez [9] à une maladie que vous avez maintenant, ou que vous avez eue dans le passé. Si vous avez, ou avez eu, un cancer, utilisez-le pour cet exercice.

2. Si vous avez un cancer, prenez un papier et notez cinq changements majeurs de votre vie, ou stress, qui ont eu lieu six à dix-huit mois avant le début de votre maladie.

3. Si votre maladie est (ou était) autre chose qu'un cancer, notez les cinq stress majeurs qui ont eu lieu dans votre vie, au cours des six à dix-huit moins précédant le début de la maladie. (Avec des maladies moins graves qu'un cancer, un laps de temps plus petit semble approprié).

4. Si vous avez eu une rechute de votre maladie, à n'importe quel moment, faites une liste de cinq stress majeurs ayant lieu dans les six mois avant la rechute.

Prenez le temps de faire cet exercice maintenant. Si vous ne prenez pas vraiment le temps de faire cet exercice maintenant – si vous ne faites que lire ces questions sans prendre le temps de penser réellement, sérieusement et profondément aux réponses, et sans les noter par écrit, vous ne commencez pas à tirer profit de ce livre. Cette phrase s'applique à tous les exercices qui seront présentés dans cette deuxième partie.

La plupart des gens trouvent en terminant cet exercice, plusieurs stress majeurs dans cette période, avant le début de la maladie. Si vous n'avez trouvé aucun stress externe majeur – telles la mort d'un conjoint, la perte d'un travail, etc. – pensez aux stress internes. Etiez-vous, au fond de vous-même, en train de vous affronter à un problème psychologique, comme la déception de voir des rêves de jeunesse non réalisés, ni réalisables ? comme la nécessité de faire des changements majeurs, des transformations ou révisions déchirantes dans une relation personnelle importante, ou bien une crise d'identité ? Ces problèmes psychologiques, ces adaptations, ces crises peuvent très bien être tout aussi significatives dans la création de sentiments de désespoir,

---

9. Voyez-la en images, pensez-y (de façon auditive, en vous parlant par exemple) ou ressentez-la (les sentiments, les sons, les odeurs, les sensations, les mouvements, le climat)... chaque fois qu'on vous conseillera de penser, à voir, voir en imagination... Utilisez votre mode préférentiel de représentation, ou les trois modes à la fois (A.A.S.).

d'absence d'espoir, d'impuissance d'abandon, d'absence de futur, que ne le sont des stress externes visibles.

Si vous avez réussi à découvrir des stress dans votre vie (stress externes ou internes) avant le début de la maladie, cherchez comment vous avez participé à ces stress, – soit en créant la situation stressante, soit par votre façon d'y répondre ou de réagir. Par exemple, vous êtes-vous placé dans une situation stressante en mettant au premier plan les besoins d'autrui, en ne sachant pas dire « non », en ignorant vos propres limites mentales, physiques, et émotionnelles ? Ou, si l'événement était hors de votre contrôle (par exemple la mort d'un être cher) y avait-il d'autres manières d'y réagir, d'autres alternatives ? Vous êtes-vous autorisé à vivre votre chagrin ? Vous êtes-vous permis le deuil ? ou étiez-vous déterminé à ne pas montrer vos émotions ? Vous êtes-vous permis de rechercher et accepter un soutien, que des amis aimants et comblants voulaient et pouvaient vous donner pendant le stress ?

L'objet de ce genre d'auto-examen est d'identifier les opinions, croyances, et idées, conduites ou comportements que vous voulez changer maintenant. Puisque ces opinions ont mis votre santé en péril, il faut les examiner consciemment, dans l'optique de les modifier.

Le but de *l'exercice* suivant – identifier maintenant les cinq stress majeurs de votre vie actuelle et déterminer des moyens alternatifs d'y répondre – est la *prévention,* ce qui veut dire les reconnaître d'abord et puis reconnaître et éliminer les tensions qui pourraient vous prédisposer à la maladie.

1. Ecrivez les cinq plus grands stress de votre vie, au moment présent.

2. Examinez comment vous pouvez être en train de participer au maintien de ces stress.

3. Envisagez les moyens d'éliminer les divers stress de votre vie.

4. S'il n'y a aucun moyen raisonnable d'éliminer un stress, examinez la situation et voyez si vous êtes en mesure de recevoir aide, support, réconfort – de qui, et comment – comment créer d'autres éléments de soutien ou de nourriture affective

dans votre vie? Acceptez-vous le soutien d'amis proches? Vous faites-vous un devoir de vous faire plaisir de diverses façons, d'avoir des expériences agréables pendant les périodes stressantes? Vous permettez-vous d'exprimer ce que vous ressentez au sujet des situations stressantes?

5. Voyez si vous pouvez éliminer ces stress ou les équilibrer dans votre vie, en mettant vos propres besoins en avant plus souvent? Vous permettez-vous de considérer ce que sont vos propres besoins? Avez-vous essayé de trouver des moyens de les satisfaire? malgré ce que vous sentez être les besoins d'autrui?

Faites cet exercice maintenant (en interrompant la lecture de ce livre).

Après avoir terminé cet exercice, n'oubliez pas de noter toute similitude entre la manière dont vous avez répondu aux stress avant votre maladie, et comment vous y réagissez maintenant. Si vous trouvez des similitudes, réexaminez votre comportement, puisque vous avez peut-être des manières habituelles de réagir qui ne contribuent pas au maintien d'une bonne santé.

Accepter d'être responsable de votre bonne santé

Lorsque les gens commencent à regarder comment ils ont bien pu participer au développement de leur propre cancer, c'est alors utile – et le moment pour eux – de chercher l'aide et le soutien d'un «conseiller professionnel [10]» ou d'un thérapeute. Souvent la simple demande d'aide est le premier pas vers la cassure d'une «règle», d'une opinion apprise dans l'enfance, et l'établissement d'une manière plus saine de réagir au stress. Malheureusement, beaucoup

---

10. Un «professionnel», un «conseiller professionnel» peut être un psycho-thérapeute (médecin ou psychologue), un analyste, un médecin-psychanalyste, un spécialiste de la médecine psycho-somatique, un psychologue clinicien, un spécialiste d'analyse transactionnelle, de psychodrame, de thérapie familiale, un conseiller non directif, ou tout autre spécialiste formé aux diverses formes de thérapie, de conseil ou de counselling, d'aide, classiques ou nouvelles. Les Simonton utilisent particulièrement l'analyse transactionnelle, le jeu de rôle et le psychodrame dans leurs sessions et donnent la préférence aux futurs clients déjà en psychothérapie préalable (A.A.S.).

d'entre nous avons grandi dans un monde rationnel, où l'on hésite (de façon induite culturellement) à chercher de l'aide pour des problèmes affectifs, émotionnels, voire psychologiques. Cependant, si nous avons un diagnostic de maladie grave, nous ne nous sentons ni gênés ni honteux de chercher l'aide d'un médecin, qui a passé beaucoup d'années à apprendre tout ce qu'il y a à savoir concernant le corps. Aussi nous ne devrions pas nous sentir gênés de nous assurer l'aide d'un professionnel pour apprendre comment le stress a joué un rôle dans notre maladie.

La plupart de nos patients qui traversent ce processus d'auto-examen découvrent tant des liens importants entre leur état émotionnel et le début de leur maladie, que diverses façons dont ils ont participé à ces états émotionnels. Néanmoins, ayant vu comment leurs opinions, conduites et comportements, en réponse aux stress, ont pu y contribuer, certains commencent à se sentir coupables de leurs actions passées. Vous ressentez peut-être la même chose, aussi nous voudrions vous donner le même conseil que nous donnons à nos patients.

D'abord, ce n'est pas du tout notre intention de vous le reprocher, et ce n'est pas non plus ni utile ni sain ni désirable que vous vous sentiez coupable d'avoir reconnu que vous avez participé à votre maladie. Il y a une différence entre le fait que ce soit de la « faute » de quelqu'un d'avoir fait quelque chose, et que ce soit partiellement de son fait [11], s'il y a (quelque peu) « participé ». Il ne sert à rien de reprocher à des gens vivants dans notre société (industrielle) de tomber malades à la lumière des règles qu'on leur a enseigné pour aborder et traiter leurs émotions et leurs sentiments. (On a enseigné à peu d'individus dans notre culture comment reconnaître et traiter de manière appropriée des émotions et des sentiments). De plus, un reproche suggère qu'une personne savait consciemment qu'il fallait faire autrement, et, malgré cela, a décidé de répondre ou réagir d'une manière auto-destructive. Ce n'est certainement pas

---

11. Nous traduisons « faute » et « fait » l'expression de l'auteur de « blame » et « participate » (participer à) (A.A.S.).

vrai des gens qui répondent au stress en développant une maladie physique. Comme la plupart des gens dans notre culture, vous n'avez probablement pas eu conscience du lien entre les états émotionnels et la maladie. Donc, votre façon d'y avoir participé est presque certainement le résultat d'idées et croyances inconscientes et de comportements habituels (de notre société).

C'est particulièrement triste à constater, dans nos sociétés, que ce sont souvent ceux qui essaient le plus fermement, le plus sérieusement et en prenant leurs responsabilités, de vivre selon les règles culturelles qui nous sont enseignées, – qui développent les maladies les plus graves. Les ouvrages et articles scientifiques qui décrivent les aspects émotionnels du cancer sont pleins d'exemples qui caractérisent les cancéreux en général comme des gens «trop bons pour être vrais [12]» – des gens qui sont bons, bienveillants, serviables, tolérants, prévenants, généreux, non égoïstes, et qui font face avec le sourire à l'adversité.

Les individus qui commencent par accepter la responsabilité d'influencer l'état de leur santé méritent les plus grandes félicitations. Non seulement ils acceptent de commencer le processus d'exploration de leurs propres attitudes, émotions et sentiments – et comment ceux-ci contribuent à leurs réactions aux situations stressantes – mais ils trouvent aussi le courage d'examiner les règles sociales et culturelles qu'ils ont apprises, de les affronter, d'y faire face, d'y résister et de rejeter celles qui ne sont pas favorables à leur bonne santé.

Le vrai but d'un auto-examen est de trouver les indices, de comprendre comment vous pouvez participer à votre bonne santé par un processus de reconnaissance et de modification d'idées et de conduites auto-destructrices. Si vous avez participé au développement de votre maladie, vous avez aussi le pouvoir de participer à votre propre rétablissement.

---

12. L'auteur reprend ici une thèse connue sur la typologie des cancéreux (voir en particulier l'ouvrage de Lawrence LeShan sur le caractère dévoué des malades cancéreux : in «You can fight for your life» (A.A.S.).

10. Les «bénéfices» de la maladie

Dans une culture où l'on attache peu d'importance aux sentiments, et où les besoins émotionnels nécessaires au bien-être de l'individu sont fréquemment ignorés, la maladie peut satisfaire un besoin, avoir un but important: elle peut offrir un moyen de répondre aux besoins auxquels une personne n'a pas trouvé de moyens conscients de répondre.

Bien entendu, la maladie implique souffrances, douleur et angoisse, mais elle résout aussi des problèmes dans la vie des gens. La maladie agit comme un facilitateur, un «donneur de permission», – en permettant aux gens des comportements qu'ils n'auraient pas normalement s'ils se portaient bien. Pensez un moment à certaines choses que reçoit quelqu'un quand il est malade: plus d'amour et d'attention, repos, absence du travail, responsabilité réduite, demandes diminuées, etc. Puisque les cancéreux sont souvent des gens qui ont mis les besoins d'autrui avant les leurs, il est évident qu'ils ont eu du mal à se permettre ces libertés sans la maladie. De cette façon, la maladie lève la censure, arrête, suspend beaucoup d'attitudes qui empêchent les gens de faire attention à leurs propres besoins affectifs. De fait, lorsque vous êtes malade, c'est peut-être le seul moment qui vous soit acceptable (et aussi acceptable pour autrui) pour laisser tomber les responsabilités et les pressions de votre vie et simplement vous occuper de vous-même, sans culpabilité ni besoin d'expliquer ou de vous justifier.

Bien que la maladie puisse donner un répit temporaire,

elle peut aussi être un piège. Si vous pouvez vivre l'attention d'autrui, l'amour, le repos et la détente seulement en tombant malade, alors une partie de vous a intérêt à rester malade. Evidemment, nous ne préconisons pas l'utilisation de la maladie pour «souffler». Le cancer est un prix trop fort à payer pour résoudre des problèmes qui pourraient être résolus autrement en modifiant vos règles internes, afin que vous puissiez vous accorder la permission de faire attention à vos propres besoins.

Résoudre les problèmes par la maladie

Willie était un patient qui est tombé dans le piège d'avoir intérêt à rester malade. Avant d'entrer dans l'Armée de l'Air, Willie avait vécu à la maison avec ses parents et fait des études. Dans sa famille, à l'école, à son travail à temps partiel, il se sentait pourchassé par des gens qui le poussaient continuellement à faire des choses qu'il ne voulait pas vraiment faire. Pour «leur montrer», il fit une fugue et s'engagea dans l'armée. A sa grande consternation, il s'est encore une fois trouvé entouré de figures d'autorité. Il était le moins gradé, tous les autres étaient au-dessus de lui, et partout, tout le temps, on lui donnait des ordres, on lui disait quoi faire. Puisqu'il s'était engagé, et ne pouvait sortir de la situation avant quatre ans, il s'est senti piégé. Ce qui rendait la situation encore plus difficile c'est qu'il sentait qu'il ne pouvait même pas se plaindre de son destin à des oreilles complaisantes. Pendant ce temps – nous dit Willie plus tard –, il rêvait d'avoir une maladie incurable, s'imaginant combien les gens seraient tristes s'ils apprenaient qu'il allait mourir.

Après qu'on ait trouvé une boule au cou de Willie, il entra en chirurgie ; on lui dit qu'une biopsie avait montré une grosseur maligne – un lymphome – (la maladie de Hodgkin). Lorsqu'on lui dit le diagnostic, il ressentit une certaine excitation, presque un bonheur. Plus tard, il s'est inquiété de sa réponse, inhabituelle, à ce que la plupart des gens prendrait comme des nouvelles accablantes. C'était cette inquiétude qui l'avait amené à explorer avec nous, pendant les semaines où il recevait une radiothérapie, les versants psychologiques de sa maladie. Durant le cours de cette exploration, il prit conscience que son sentiment de soulagement au moment du diagnostic venait du fait que sa maladie « l'arrachait » au piège où il croyait se trouver et lui donnait une raison de ne plus permettre qu'on lui demande quoi que ce soit. Le dilemne, toutefois, était que s'il se rétablissait, il devrait encore faire face au problème de son obligation militaire. Ceci entravait considérablement son envie de guérir. Résoudre cette question était le point central de sa psychothérapie – à laquelle il a bien répondu.

Un de nos autres patients – un jeune psychiatre – avait un problème similaire. A peu près six mois avant son diagnostic, un des patients qu'il voyait depuis longtemps avait essayé de se suicider, et, par contre-coup, quelqu'un d'autre était tué à sa place. Ce qui aggravait encore les choses, c'est que ce psychiatre était en train d'essayer de nouvelles méthodes en psychiatrie, et plusieurs collègues, en désaccord avec ses idées, ont utilisé cette tragédie pour remettre en question ses méthodes « non orthodoxes », et ainsi augmenter la culpabilité qu'il ressentait déjà. Il fit une dépression ; il entra dans un cycle de dépressions graves au cours duquel il songea à se tuer à plusieurs occasions. Six mois plus tard, on diagnostiqua un lymphosarcome avancé, touchant ses poumons et son foie.

La maladie servait à plusieurs fonctions psychologiques importantes pour le psychiatre. Un bénéfice secondaire était qu'elle réduisit les critiques au silence. Après tout, personne n'éprouvait plus le besoin ou ne pouvait décemment critiquer un « mourant ». De plus, la maladie apaisait sa propre culpabilité, lui faisant expier le sens exagéré de responsabilité qu'il ressentait à l'égard des actions de ses patients. Bien entendu, la guérison aurait tari la source de sa pénitence.

Heureusement, en tant que psychiatre, il avait développé un haut niveau de perception de ses propres processus psychologiques et était capable de reconnaître en grande partie ses sentiments. Au moment de son premier diagnostic, on lui avait donné peu d'espoir de survie : moins de 10 %

de chances de survie à cinq ans. Aujourd'hui, après six ans, et malgré deux flambées de sa maladie, il conserve une vie professionnelle active en tant que médecin-psychiatre.

Ce patient était capable d'utiliser la « protection » temporaire offerte par la maladie, afin de regrouper ses forces psychologiques pour fonctionner plus efficacement une fois guéri.

Toutefois, certains patients ne trouvent aucun moyen de résoudre leurs problèmes en dehors de la maladie. Un autre patient a découvert que sa maladie avait été précédée d'une grande quantité de stress dans sa vie professionnelle, un manque de temps pour sa vie de famille avec sa femme et ses enfants, et une forte pression pour réussir financièrement. Sa maladie lui a offert une généreuse pension d'incapacité professionnelle, assez de temps pour sa famille, et a levé la pression à « produire ». Mais les problèmes liés au retour à son travail ont été insurmontables. Il est arrivé à trois reprises au point où il n'avait plus de symptômes, et pouvait donc considérer à nouveau de travailler, et, chaque fois, en l'espace de quelques semaines, après avoir sérieusement réfléchi à retourner travailler, il a eu une flambée sérieuse.

Dans un autre cas encore, la patiente était co-propriétaire d'une affaire et ressentait que ses partenaires se reposaient trop sur elle pour la marche de l'affaire. Néanmoins, elle avait beaucoup de mal à refuser leurs demandes. Au départ, sa maladie disait « non » pour elle. Personne n'osait lui demander quoi que ce soit, pendant qu'elle était malade. Mais heureusement, elle s'est rendu compte que si elle utilisait la maladie comme béquille, elle ne guérirait peut-être jamais. Au lieu de cela, elle apprit à dire « non », sans utiliser la maladie comme excuse, et elle est retournée participer à la marche de l'affaire, contente de pouvoir enfin exprimer et affirmer ses besoins, et revendiquer ses droits.

Plusieurs autres patients ont trouvé que leur maladie leur permettait un répit temporaire d'un travail intolérable. Encore une fois, puisque la maladie ne fait que remettre leur problème à plus tard, il est important qu'ils affrontent et transforment les attitudes et comportements personnels qui ont permis que la situation puisse devenir intolérable au départ – ou bien, il est probable qu'ils vont recréer la situation et la maladie, chaque fois qu'ils vont reprendre le travail.

La maladie donne aux patients une permission temporaire d'exprimer plus ouvertement leurs émotions. Mais s'ils ne réussissent pas apprendre à se donner cette même permission quand ils sont en bonne santé, alors, au moment où ils se rétablissent, les vieilles règles seront de nouveau appliquées, et ils vont se trouver à nouveau dans la situation psychologiquement et physiquement destructrice qui a contribué à leur maladie au départ.

Ce concept explique aussi la dépression que rapportent certains patients, quand on leur annonce une rémission – ou que leur santé va beaucoup mieux. Au lieu de la joie qu'ils s'attendaient à ressentir comme résultat de cette bonne nouvelle, beaucoup disent se sentir perplexes, parce qu'ils se sentent déprimés. Bien qu'ils soient contents, consciemment, que leur maladie guérisse, – inconsciemment, ils ressentent la perte de l'outil gagné par leur maladie. Le sentiment de dépression à l'idée d'une amélioration de l'état de santé est un feed-back important du fait qu'il y a encore un travail psychologique important à faire.

Les besoins émotionnels sont légitimes

Reconnaître que modifier les comportements, conduites et attitudes peut être une question de vie ou de mort et une motivation importante pour changer. Beaucoup de nos patients nous ont dit qu'un des bénéfices de leur maladie était qu'ils ne pouvaient plus ignorer leurs vrais besoins. La maladie leur a permis d'outrepasser leur conditionnement social et de commencer à se développer en tant qu'êtres humains: pouvoir exprimer leurs sentiments et s'occuper de leurs besoins ouvertement et directement. Sans le stimulant de la maladie, ils auraient pu continuer à vivre leur vie dans un désespoir silencieux.

Il est essentiel de reconnaître que les besoins satisfaits par la maladie sont *entièrement légitimes* et *méritent* d'être satisfaits. Le corps réclame de l'attention de la seule manière qu'il connaisse. Que ce soit le besoin de Willie de sentir qu'il a un peu de contrôle sur sa vie, le besoin du psychiatre d'exprimer et trouver une solution à sa culpabilité, le besoin du jeune cadre d'équilibrer son travail avec les autres parties de sa vie, ou le besoin de la femme d'affaires de dire « non » ; ce sont tous des besoins normaux et que les êtres humains doivent satisfaire pour pouvoir maintenir leur santé physique et émotionnelle. De ce point de vue, l'intention de l'organisme est constructive, même dans la maladie. La maladie est une occasion pour l'individu d'atteindre un plus grand développement émotionnel [1], une maturité affective [2], (« growth »), un épanouissement personnel [3].

Identifier les « bénéfices » secondaires de la maladie

Ce que le patient doit faire maintenant, c'est :
1) identifier les besoins satisfaits par la maladie, et,
2) trouver comment satisfaire directement ces besoins, autrement que par la maladie.

Comment pouvez-vous identifier ces besoins ? Nous vous invitons à participer à un exercice que nous utilisons avec nos patients, pour les aider à commencer à reconnaître les bénéfices de leur maladie.

Prenez une feuille de papier et marquez les cinq bénéfices secondaires les plus importants que vous avez eus d'une maladie majeure, au cours de votre vie. (Il se peut que vous en trouverez plus de cinq). Si vous avez, ou avez eu, un cancer, utilisez-le comme base pour cet exercice.

---

1 2 et 3. L'adulte normal travaillant à atteindre le potentiel de son développement humain et une plus grande maturité affective (growth) – concept de Carl Rogers de croissance, d'épanouissement personnel, de maturation ; ce terme de growth reste parfois anglicisé dans la littérature française, mais nous avons préféré le traduire par une périphrase (N.d.T.).

Ce qui suit est un exemple de la manière dont l'exercice peut fonctionner. Pendant la préparation de ce livre, nous avons eu une conférence avec un confrère (à Vail, au Colorado [4]). Nous avons terminé la conférence plus tôt que prévu et notre confrère, un non-skieur, a décidé qu'il prendrait des leçons de ski. Il est rentré exténué des leçons et pris l'avion pour rentrer chez lui. Le lendemain, il était malade, avait une vraie grippe, qui l'a obligé à rester au lit pendant deux bonnes semaines. Pour essayer de guérir au plus vite, et aussi, en même temps, pour appliquer les concepts que nous lui avons décrits à Vail, il parla de la situation avant le début de la grippe, et puis il a inscrit six bénéfices qu'il a tirés de sa maladie.

« Au moment où je suis tombé malade, j'avais beaucoup de mal à terminer un travail qui m'impliquait beaucoup au point de vue émotionnel et financier. C'était très important pour moi qu'il soit terminé de façon parfaite, splendide, mais le travail avançait très lentement et j'avais des doutes sur ce que je faisais, sur ce que je produisais. En tombant malade, je pouvais satisfaire beaucoup de besoins à la fois :

1. Je voulais l'aide de ma femme pour ce projet [5], pour ce travail, mais je ressentais que, sauf si je ne pouvais littéralement pas le faire moi-même, je ne pouvais pas la distraire de ses propres activités, pour qu'elle m'aide.

2. J'avais besoin de l'excuse de « quelque chose hors de mon contrôle » pour ne pas terminer le projet à temps.

3. Peut-être aussi que je me préparais une bonne excuse pour des imperfections éventuelles qu'il pourrait y avoir.

4. Cette maladie m'a donné une raison de m'impliquer sérieusement dans l'état de ma propre santé, – ce qui voulait dire, entre autres choses –, que lorsque je serai guéri, je m'arrangerai pour trouver le temps de jouer au tennis – un sport que j'aime, mais auquel je ne joue pas d'habitude, parce que je suis « trop occupé ».

5. C'était – facilement – un repos de mes tâches quotidiennes, lesquelles me donnaient beaucoup de stress.

---

4. Proche d'une station de ski.
5. Projet, en américain, signifie souvent travail de recherche (N.d.T.).

6. Le travail fait à Vail m'a fait me rappeler de beaucoup de souvenirs de la mort de mon père, décédé d'une tumeur cérébrale. Les questions non résolues de cette situation-là me préoccupaient beaucoup ; je les avais "en tête".»

Clairement, sa fatigue, son épuisement physique résultant aussi bien de l'effort inhabituel de skier que du stress pour terminer un travail majeur, ont contribué à le prédisposer à la maladie. Mais, comme le montrent ses réponses, la maladie lui a aussi donné la permission de se reposer, de demander de l'aide, de s'occuper de lui-même, de recharger son énergie, de se décharger de la tension de répondre à des critères élevés, de refaire des décisions en ce qui concerne les priorités et le style de sa vie – tout ce qu'il était incapable de faire sans la maladie.

La goutte qui a fait déborder le vase, le stress final, – les sentiments par rapport à la mort de son père – provenait de la discussion concernant notre méthode pour le traitement du cancer. Pour pouvoir se sentir à l'aise dans cette méthode, il fallait qu'il commence à comprendre et résoudre ses sentiments au sujet de la mort de son père.

En revoyant les listes faites par nos patients, nous trouvons cinq domaines principaux dans lesquels, le plus souvent, ils tirent bénéfice de leurs maladies :

1. Recevoir la permission de ne pas affronter un problème, ou une situation difficile.

2. Recevoir l'attention, les soins de leur entourage.

3. Avoir l'occasion de retrouver leur énergie psychique, pour traiter un problème, ou changer d'optique.

4. Trouver une motivation pour s'occuper du développement de leur potentiel humain[6], de leur croissance et maturité affective et personnelle[6], ou pour modifier des habitudes indésirables.

5. Ne pas avoir besoin de satisfaire leurs propres attentes, trop exigeantes, ni celles des autres.

Maintenant, revoyez votre propre liste. Réfléchissez ; Voyez quels besoins sous-jacents ou non conscients étaient

---

6. « growth ».

satisfaits par votre maladie : un soulagement du stress ? de l'amour et de l'attention de votre entourage ? une occasion pour retrouver ou renouveler votre énergie ? etc. Puis, essayez d'identifier les règles intérieures de vie ou les idées et options qui vous limitent dans la satisfaction de chacun de ces besoins, lorsque vous vous portez bien.

Une de nos patientes a découvert qu'elle ressentait un manque de contact physique avec son mari, mais il lui était impensable de simplement lui demander de l'affection et de l'attention lorsqu'elle se portait bien. Maintenant qu'elle est malade, elle s'est donnée la permission de dire à son mari à n'importe quel moment : « Je veux un câlin ». Elle a aussi appris des choses importantes sur elle-même, lorsqu'elle a cherché pourquoi il lui était si difficile de demander un contact physique à son mari.

Demandez-vous si vous n'avez pas pu vous permettre des périodes de soulagement de tensions. Quelles croyances ou règles implicites personnelles vous empêchent de vous donner cette liberté, sans avoir besoin de la maladie comme justification ? Vous croyez, peut-être, que c'est un « signe de faiblesse » que de céder à la pression ou à la tension, ou bien que c'est votre devoir de mettre les besoins d'autrui avant les vôtres ? Puisque ces règles sont, pour la plupart, inconscientes, cet auto-examen nécessitera un effort. Mais faire des actions préventives afin d'éviter des maladies futures vaut bien un peu de votre temps et de votre énergie. Une fois que vous aurez commencé à prendre conscience de vos règles intérieures de conduite, et que vous serez capable de voir d'autres manières, alternatives de percevoir, d'aborder, de traiter ces situations, vous serez sur le chemin d'une vie plus saine.

En utilisant les leçons de la maladie comme point de départ, nous pouvons faire notre propre éducation afin de pouvoir reconnaître nos propres besoins et trouver l'occasion de les satisfaire. Ceci, c'est l'utilisation créative de la maladie.

11. *Apprendre à se détendre*
– à se relaxer –
et à visualiser la guérison

Pour commencer à aller mieux, pour guérir, il faut d'abord comprendre comment vos idées, opinions, options, croyances, règles internes, conduites et réponses émotionnelles ont contribué à votre maladie.

Ensuite, il faut trouver comment influencer ces réactions dans le sens de votre traitement.

Dans ce chapitre, nous vous parlerons d'un processus de relaxation [1], qui permet de réduire l'effet du stress et de la tension sur votre corps : ce stress et ces tensions sont associés à la fois avec le début du cancer et avec la peur de la maladie grave, du cancer et deviennent eux-mêmes une grande source de stress. Nous vous montrerons aussi comment utiliser l'imagerie mentale, une fois que vous êtes détendu, « relaxé », afin de créer des croyances positives, une foi en la guérison possible, ce qui va stimuler les défenses de votre corps contre la maladie.

Pour beaucoup de cancéreux, le corps est devenu l'ennemi. Leur corps les a trahis en tombant malade, mettant ainsi leur vie en danger. Ils s'en sentent aliénés, et n'ont pas confiance dans sa capacité à combattre leur maladie. A l'inverse, apprendre à se détendre, à se relaxer, et à influencer le corps, aide les gens à accepter de nouveau leur propre corps, et leur capacité à travailler avec le corps en vue d'une

---

1. La relaxation est une forme particulière (et technique) de détente musculaire et mentale. Cet anglicisme est entré dans la langue française (N.d.T.).

meilleure et bonne santé. Le corps redevient à nouveau une source de plaisir et de confort, et aussi une source importante de feed-back concernant la manière efficace qu'ont les gens de vivre leur vie ; la relaxation aide aussi à réduire la peur, qui peut parfois devenir envahissante et tout submerger, lorsqu'on a une maladie qu'on sait être, ou qui peut être, mortelle. Les cancéreux sont souvent terrifiés à l'idée qu'ils puissent mourir dans d'atroces souffrances, d'une mort prolongée [2] et douloureuse, ruinant leur famille par des dépenses médicales [3], et faisant du mal psychologique à leurs enfants par l'absence d'un parent. Fondées ou non, de telles craintes [4] rendent presque impossible le développement d'une attente positive quant au déroulement de leur maladie. Mais, apprendre à se détendre physiquement aide les malades à rompre le cycle de tensions et de peur. Au moins pendant quelques minutes, lorsqu'ils se « relaxent », lorsqu'ils détendent leur corps, le cancer n'est plus la réalité la plus importante de leur vie. Beaucoup de patients racontent avoir une perspective différente et une nouvelle énergie après avoir utilisé les techniques de relaxation. La relaxation paraît être une manière de « recharger ses batteries ». Une fois la peur diminuée, il est plus facile de créer une attente plus positive, ce qui entraîne encore une diminution de la peur.

Il est important de noter qu'en termes cliniques, se détendre, « faire de la relaxation » ne veut pas dire passer une soirée devant la télévision, boire des cocktails, ou parler avec des amis. Bien qu'elles puissent être des activités agréables, des études de laboratoire montrent que de telles formes de détente *ne* provoquent *pas* une décharge suffisante des effets physiques du stress,

Se dépenser physiquement régulièrement (prendre de l'exercice) est une manière de se dé-stresser. Les exercices

---

2. L'acharnement thérapeutique.
3. Dans beaucoup de pays, il n'y a pas de sécurité sociale prenant en charge toutes les dépenses médicales, chirurgicales et d'hospitalisation de tous (N.d.T.).
4. Dans certains pays, comme la France, de nombreux malades craignent, de plus, qu'on ne leur dise pas la vérité sur leur état (aux Etats-Unis, la vérité est obligatoirement dite par le médecin au malade) (N.d.T.).

réguliers jouent un rôle équivalent à celui de la réponse « lutte-ou-fuite », dont nous avons discuté au chapitre 4, permettant au corps de décharger l'accumulation de tensions. Ce n'est pas par hasard, selon nous, que beaucoup de nos patients, qui vont beaucoup mieux, font régulièrement du sport ou des exercices physiques. Beaucoup de ceux qui font de la marche rapide, de la course à pied, du trot, du « jogging », du « footing », disent que courir, c'est leur « thérapie » et que pendant qu'ils courent, ils ont de nouvelles perspectives concernant leurs problèmes, ce qu'ils ne peuvent réaliser simplement en y pensant. Nous traitons ce sujet plus loin dans ce livre.

Toutefois, ce n'est pas toujours possible pour tout le monde de s'engager dans une activité chaque fois qu'on se sent stressé. La vie moderne nécessite souvent des efforts considérables pour prendre toutes dispositions nécessaires pour pouvoir se livrer à des activités physiques. Mais il se trouve heureusement que des chercheurs ont développé une grande variété de techniques simples de relaxation – certaines formes de méditation et de relaxation progressive – le training autogène [5], l'au-hypnose pour n'en citer que quelques-unes. Toutes ces techniques impliquent une certaine forme de concentration mentale. Par exemple, les gens concentrent leur attention sur un symbole ou une série d'images mentales destinés à calmer l'esprit – à mettre le cerveau au repos – ou bien ils peuvent se donner mentalement (ou recevoir) une série d'instructions pour détendre et relaxer leur corps.

Dans son livre, *The relaxation response* (« La réaction de relaxation »), Herbert Benson, de l'Université de Harvard, donne le résultat de ses recherches sur les bénéfices physiques positifs de plusieurs de ces techniques visant à réduire le stress. Bien que toutes les réponses physiologiques du corps à ces techniques variées de relaxation mentale ne soient pas encore toutes comprises, la recherche a démontré suffisamment que ces techniques spécifiques de relaxation

---

5. Schultz : *Le Training autogène,* traduction française, Paris.

. ont des effets (de décharge) du stress, bien plus considérables que n'ont les activités habituelles et conventionnelles de repos et de détente.

Une technique de relaxation

La technique de relaxation que nous avons mise au point en travaillant avec nos patients est tirée en grande partie d'un programme créé par le Dr. Edmond Jacobson [6], qui appelle sa technique « la relaxation progressive ». En pratique, nous associons cette technique au processus d'imagerie mentale que nous décrivons plus loin dans ce chapitre.

Cependant, nous avons détaillé le processus de relaxation séparément ici, pour que vous voyiez bien sa valeur d'utilisation à tout moment. Nous conseillons à nos patients de faire l'activité combinée relaxation/imagerie mentale, trois fois par jour, pendant 10 à 15 minutes chaque fois. La plupart des gens se sentent détendus la première fois qu'ils utilisent cette technique. Cependant, puisque la relaxation est quelque chose qui peut être apprise et améliorée, vous trouverez que vous entrez dans des états de relaxation de plus en plus profonds, chaque fois que vous le ferez.

Pour que le processus de relaxation/imagerie mentale soit plus facile à apprendre, nous fournissons une cassette [7] avec les instructions à nos patients. Vous trouverez peut-être utile aussi qu'un ami vous lise à haute voix les instructions suivantes, ou que vous en fassiez vous-même une bande magnétique. Prenez votre temps, pour pouvoir effectuer chaque étape, d'une manière confortable et détendue.

Exercice

1. Allez dans une pièce tranquille, installez une lumière douce. Fermez la porte, et assyez-vous dans un fauteuil confortable, les pieds posés à plat sur le sol, les yeux fermés.

---

6. L'un des pionniers des techniques de relaxation (N.d.T.).

7. La cassette originale américaine est en anglais – et en cours de traduction en français (droits d'auteur réservés par l'auteur) – Les Simonton conseillent de se faire une cassette soi-même, à partir de leur texte.

2. Prenez conscience de votre respiration.

3. Respirez calmement. Inspirez profondément, plusieurs fois, et, chaque fois que vous expirez, dites mentalement le mot «détente» (ou «relax», ou «relaxez-vous»).

4. Concentrez-vous sur votre visage et sentez toutes les tensions des muscles de votre visage et autour de vos yeux. Représentez-vous ces tensions, faites-vous-en une image mentale – cela pourrait être une corde nouée, ou un poing fermé – puis, imaginez mentalement cette image se détendre, et devenir souple, comme un élastique mou.

5. Sentez les muscles de votre visage et de vos yeux qui se détendent. Pendant qu'ils se détendent, sentez une vague de relaxation, qui se répand dans tout votre corps.

6. Tendez les muscles de votre visage et autour de vos yeux, serrez-les fort, puis détendez-les et sentez bien la détente, la relaxation qui gagne tout votre corps.

7. Appliquez les instructions précédentes à d'autres parties de votre corps. Passez à d'autres parties, de la tête aux pieds, descendez doucement du haut en bas de votre corps – les machoires, le cou, les épaules, le dos, les bras et les avant-bras, les mains, la poitrine, l'abdomen, les cuisses, les mollets, les chevilles, les pieds, les orteils – jusqu'à ce que chaque partie de votre corps soit détendue, relaxée. Pour chaque partie du corps, imaginez mentalement la tension, puis imaginez la tension qui s'en va ; tendez la région, puis détendez-la.

8. Lorsque vous avez détendu, relaxé, chaque partie de votre corps, restez calmement dans cet état de bien-être pendant deux à cinq minutes.

9. Puis, laissez les muscles des paupières devenir plus légers, préparez-vous à ouvrir les yeux et à reprendre conscience de la pièce où vous êtes.

10. Maintenant, laissez vos yeux s'ouvrir ; nous êtes prêt à reprendre vos activités habituelles.

Et si vous ne l'avez pas déjà fait, nous vous encourageons à faire cet exercice maintenant, à suivre ce processus en entier, avant de continuer à lire. Vous pourrez trouver plaisir et regain d'énergie dans la détente qu'il produit.

Il arrive que les gens ressentent une certaine difficulté à trouver et garder l'image mentale, ou à empêcher leur esprit de s'évader, les premières fois qu'ils essaient cet exercice de relaxation. Il n'y a pas lieu de se sentir découragé. C'est très naturel, – et se critiquer ne ferait qu'augmenter votre tension. A la fin de ce chapitre, quand vous connaîtrez davantage les techniques de relaxation et de visualisation, nous traiterons quelques-uns des problèmes qu'ont parfois les patients avec cette procédure et nous donnerons quelques indications pour les surmonter.

La partie suivante donne les consignes nécessaires pour aller directement du processus de relaxation au processus d'imagerie mentale. Bien que le processus de relaxation ait une valeur en soi, seul, comme nous l'avons déjà dit, nous l'utilisons surtout comme prélude à l'imagerie mentale, car la détente physique, la relaxation, réduisent les tensions qui pourraient distraire le sujet d'une concentration sur l'imagerie mentale. La technique de relaxation est aussi, dans un autre sens, un prélude à l'imagerie mentale : apprendre à utiliser le mental pour produire une détente physique devrait aider à renforcer votre conviction que vous pouvez utiliser votre esprit pour aider votre corps.

Relaxation et imagerie mentale [8]

La relaxation et l'imagerie mentale sont parmi les outils les plus précieux que nous avons trouvés pour aider les patients à apprendre à croire en leur capacité à guérir du cancer. De fait, pour nous, notre méthode actuelle est née la première fois que Carl a utilisé l'imagerie mentale avec un patient. Depuis lors, nous avons découvert que l'imagerie mentale n'est pas seulement un outil efficace de motivation pour rétablir la bonne santé, mais qu'elle est aussi un outil important pour la découverte de soi-même et pour faire des changements créatifs dans d'autres domaines de la vie.

Nous devons notre découverte du processus de relaxation et d'imagerie mentale à l'expérience de Stephanie dans

---

8. Chaque fois que nous employons le mot image, ou image mentale, ou imagerie mentale, le lecteur aura compris qu'il s'agit de l'image mentale que nous lui suggérons de créer pour arriver au but que la méthode propose (N.d.T.).

le domaine de la psychologie de la motivation. De par sa formation, nous avions conscience que ce processus avait été utilisé pour modifier ce que les gens espèrent – les attentes des gens – dans beaucoup de disciplines différentes. Ce qu'on trouvait de semblable dans ces disciplines, c'était que les gens créent des images mentales d'événements souhaités. En créant, en formant une image, la personne fait une déclaration mentale claire de ce qu'elle veut. Et, en répétant cette déclaration, il ou elle en vient bientôt à attendre que l'événement désiré se réalise. Et le résultat de cette attente positive, c'est que la personne commence à se comporter de manière compatible avec la réalisation du but désiré et, en réalité, aide effectivement à ce qu'il se réalise (ceci ressemble au concept de la réalisation automatique des prédictions [9], dont nous avons déjà discuté).

Par exemple, quelqu'un qui joue au golf peut imaginer, voir, visualiser un beau coup, la balle allant droit à l'endroit souhaité ; un homme d'affaires visualiserait une réunion professionnelle réussie ; un comédien visualiserait une « première » sans histoires ni « pépins » ; une personne ayant une tumeur maligne visualiserait la tumeur qui diminue et son corps qui redevient en bonne santé.

Pendant que nous apprenions l'efficacité du processus de relaxation et d'imagerie mentale, nous entendions aussi parler des preuves accumulées par les chercheurs en bio-feed-back (décrites plus en détail au chapitre 2) : nous avons su qu'on pouvait apprendre à contrôler des états physiologiques internes, tels son rythme cardiaque, sa pression artérielle, et la température de sa peau. Lorsqu'on les interrrogeait, ces gens déclaraient fréquemment qu'ils n'étaient pas capables de commander directement au corps de modifier l'état interne, mais plutôt qu'ils avaient appris à utiliser un langage visuel et symbolique par lequel ils communiquaient avec le corps.

Une femme, qui avait un rythme cardiaque dangereusement irrégulier, a créé une imagerie mentale d'une petite

---

9. On peut lire à ce sujet R. Rosenthal et collab. : *Pygmalion à l'école*, Paris, Casterman (N.d.T.).

fille sur une balançoire. Elle regardait la petite fille se balancer de manière rythmée chaque fois qu'elle devait reprendre contrôle de son rythme cardiaque. En peu de temps, elle n'eut plus besoin de médicaments pour le cœur et n'eut plus de difficultés. Son succès et les expériences de milliers d'autres d'utilisation de l'imagerie mentale pour contrôler des états corporels, nous ont suggéré que l'imagerie mentale – utilisée en parallèle avec un traitement médical standard – pourrait être une manière pour des cancéreux d'influencer leur propre système immunitaire pour qu'il devienne plus actif dans la lutte contre leur maladie.

Carl a utilisé la technique d'imagerie mentale pour la première fois en 1971 (comme nous l'avons décrit au chapitre 1) avec un patient dont le cancer – terminal – était considéré médicalement incurable. Le patient répétait trois fois par jour les exercices de visualisation de son cancer : il voyait son traitement être et devenir de plus en plus efficace, les rayons qui entraient et détruisaient le cancer, ses globules blancs qui attaquaient les cellules cancéreuses et les chassaient hors de son corps, et enfin il s'imaginait redevenu en bonne santé. Les résultats ont été spectaculaires : le patient « mourant » et « sans espoir de guérison » a surmonté sa maladie et est encore vivant et en bonne santé, plus de dix ans après.

La technique des images mentales

Dans cette section, nous vous ferons faire les diverses étapes du processus de relaxation/imagerie mentale, en répétant les instructions précédentes pour la relaxation. Au chapitre 12, nous allons présenter les principales idées inhérentes à l'imagerie mentale, nous fournirons une liste de critères pour créer une imagerie mentale efficace, et nous analyserons des exemples tirés des expériences de nos patients.

Vous aurez peut-être envie d'enregistrer [10] les consignes,

---

10. Sur un petit magnétophone.

comme nous le faisons pour nos patients, ou demander à un ami de vous les lire à haute voix. Si vous les lisez à quelqu'un d'autre, faites attention à lire lentement. Laissez assez de temps à l'autre personne pour qu'elle puisse entreprendre et terminer chaque étape à son rythme. Rappelez-vous que nous encourageons nos patients à prendre 10 à 15 minutes pour effectuer le processus entier, et à le pratiquer trois fois par jour.

Même si vous n'avez pas de cancer, nous vous demandons de faire l'exercice tout entier, maintenant – de suivre la visualisation du cancer, en entier, une fois, pour avoir une compréhension émotionnelle de ce processus et avoir un aperçu de la manière dont un cancéreux se sent.

Exercice.

1. Allez dans une pièce tranquille, installez une lumière douce. Fermez la porte, asseyez-vous dans un fauteuil confortable, les pieds posés à plat sur le sol, les yeux fermés.

2. Prenez conscience de votre respiration.

3. Respirez calmement. Inspirez profondément, plusieurs fois, et, chaque fois que vous expirez, dites mentalement le mot «détente» (ou «relax» ou «relaxez-vous»).

4. Concentrez-vous sur votre visage et sentez les tensions dans les muscles de votre visage et autour des yeux. Représentez-vous ces tensions et faites-vous en une image mentale – cela pourrait être une corde nouée ou un poing serré – et puis imaginez mentalement cette corde – ou votre autre image – se détendre et devenir souple, comme un élastique mou.

5. Sentez les muscles de votre visage et de vos yeux qui se détendent. Pendant qu'ils se détendent, sentez une vague de relaxation qui se répand dans tout votre corps.

6. Tendez les muscles de votre visage et autour de vos yeux, serrez-les fort, puis détendez-les et sentez la détente, la relaxation, gagner tout votre corps.

7. Passez à d'autres parties du corps, de la tête aux pieds. Descendez lentement du haut en bas de votre corps – les machoires, le cou, les épaules, le dos, les bras et avant-bras, les mains, la poitrine, l'abdomen, les cuisses, les mollets, les chevilles, les pieds – jusqu'à ce que chaque partie de votre

corps soit plus détendue, plus relaxée. Pour chaque partie du corps, imaginez mentalement la tension, puis imaginez la tension qui s'en va, permettant la relaxation.

8. Maintenant imaginez-vous dans un endroit agréable et familier, par exemple en pleine nature [11], dans une position naturelle, quelque part où vous vous sentez à l'aise. Imaginez mentalement tous les détails, les couleurs, les sons, les textures...

9. Continuez à vous imaginer dans un état très détendu, dans cet endroit naturel, pendant deux à trois minutes.

10. Puis, imaginez mentalement le cancer, soit en termes réalistes, soit en termes symboliques. Pensez au cancer comme s'il était fait de cellules très faibles et faciles à détruire. Souvenez-vous que nos corps détruisent des cellules cancéreuses des milliers de fois durant une vie normale. Pendant que vous visualisez votre cancer, rendez-vous compte que votre guérison nécessite que les défenses naturelles de votre propre corps retrouvent leur état normal et sain.

11. Si vous êtes actuellement sous traitement, visualisez votre traitement pénétrant dans votre corps d'une manière que vous comprenez. Si vous suivez des séances de radiothérapie, visualisez la radiothérapie comme un rayon d'un million de bulles d'énergie frappant toutes les cellules sur son chemin. Les cellules normales peuvent réparer tout dommage qui leur est fait, mais les cellules cancéreuses n'en sont pas capables, car elles sont faibles, et faciles à détruire. (C'est un des faits principaux sur lequel est basé la radiothérapie.) Si vous subissez une chimiothérapie, visualisez les médicaments qui entrent dans votre corps et dans la circulation sanguine. Visualisez les médicaments agir comme un poison. Les cellules normales sont intelligentes et fortes et ne prennent pas le poison si facilement. Mais les cellules cancéreuses sont des cellules faibles ; alors, il en faut peu pour les tuer. Elles absorbent le poison, meurent, et sont rejetées hors du corps.

12. Visualisez les globules blancs de votre propre corps qui pénètrent dans la région où se trouve le cancer, qui reconnaissent les cellules normales et qui les détruisent. Il y a une grande armée de globules blancs. Ils sont très forts et très agressifs. Ils sont aussi très intelligents. Les cellules cancéreu-

---

11. Les gens choisissent souvent d'être dehors, en pleine nature, dans une prairie ensoleillée, par exemple au printemps, sous un arbre, ou près d'un lac, dans un lieu qu'ils connaissent en réalité, ou par le cinéma, ou qu'ils imaginent (A.A.S.).

ses ne sont pas de taille à s'y opposer. Les globules blancs vont gagner la bataille.

13. Visualisez le cancer qui diminue. Voyez les cellules mortes emportées par les globules blancs et chassées de votre corps par le foie et les reins et éliminées dans l'urine et les selles.
* Ça, c'est ce que vous voulez – c'est ce que vous attendez comme déroulement.
* Continuez à voir le cancer diminuer jusqu'à ce qu'il disparaisse complètement.
* Voyez-vous mentalement ayant davantage d'énergie, un meilleur appétit, et vous sentant mieux, plus à l'aise et aimé(e) dans votre famille, au fur et à mesure que le cancer diminue, et enfin disparaît.

14. Si vous ressentez une douleur quelque part dans votre corps, visualisez l'armée de globules blancs rentrant dans cette région et soulageant la douleur. Quel que soit le problème, donnez à votre corps l'ordre de guérir. Visualisez votre corps en train de guérir, et en bonne santé.

15. Imaginez-vous guéri, libre de maladie, plein d'énergie.

16. Imaginez que vous avez ce que vous voulez, visualisez que vous avez atteint vos buts dans la vie. Voyez votre but dans la vie accompli, les membres de votre famille allant bien, vos relations avec votre entourage améliorées, plus authentiques, et profondes. Rappelez-vous qu'avoir de fortes raisons d'aller bien vous aidera à guérir; alors, utilisez ce moment-ci pour vous centrer clairement sur vos priorités dans la vie.

17. Accordez-vous un bon point. Donnez-vous mentalement une petite amicale d'appréciation sur l'épaule pour avoir participé à votre guérison. Imaginez-vous en train de faire cet exercice d'imagerie mentale trois fois par jour, restant réveillé, éveillé et alerte pendant que vous le faites.

18. Puis, laissez les muscles de vos paupières devenir plus légers, et préparez-vous à ouvrir les yeux, puis prenez conscience de la pièce où vous êtes.

19. Maintenant, laissez vos yeux s'ouvrir – et vous êtes prêts à reprendre vos activités habituelles.

Si vous ne l'avez pas déjà fait, prenez le temps de faire maintenant ce processus d'imagerie mentale. Lorsque vous aurez terminé tout l'exercice, faites un dessin illustrant les images que vous avez créés, afin que vous puissiez analyser votre imagerie mentale plus en détail, selon les critères et les exemples que nous présenterons au chapitre 12.

Ne vous préoccupez pas si vous ne pouvez pas «voir» cette imagerie, si vous n'avez pu la «ressentir», «l'imaginer», ou «y penser». Les mots pour le dire sont beaucoup moins importants que le fait de le faire. Aussi, si vous avez trouvé que votre attention était fuyante pendant l'exercice, la prochaine fois, ramenez votre attention gentiment sur l'imagerie, sans être trop dur envers vous-même. Si vous aviez conscience, pendant que vous faisiez l'exercice de relaxation/imagerie mentale que vous étiez incapable de terminer certaines des consignes, parce que vous ne pouviez ni les croire ni les accepter tout à fait, c'est parce que vous avez commencé à affronter vos attitudes vis-à-vis du cancer et de la guérison. Vous savez maintenant combien il est important de reconnaître vos sentiments.

L'imagerie mentale pour d'autres maladies

Puisque beaucoup des lecteurs de ce livre n'ont pas de cancer, mais peuvent avoir envie d'utiliser l'imagerie mentale pour les aider à traiter la douleur et d'autres maladies, voici un petit processus d'imagerie mentale, qui peut servir à remplacer les étapes 10 à 19 incluses (la partie spécifique pour le cancer, dans l'exercice précédent).

Exercice

1. Créez une image mentale de n'importe quelle maladie ou douleur que vous avez maintenant, la visualisant d'une manière qui a un sens pour vous.

2. Visualisez votre traitement actuel – n'importe quel traitement que vous recevez – et voyez-le, ou bien en éliminant la cause de la maladie ou de la douleur, ou bien en renforçant la capacité de votre corps à se guérir.

3. Visualisez les défenses et les processus naturels de votre corps éliminants la cause de la maladie ou la douleur.

4. Imaginez-vous en bonne santé et libre de maladie et douleur.

5. Imaginez-vous, voyez-vous, avancer avec succès vers la réalisation de vos buts dans la vie.

6. Accordez-vous un bon point. Donnez-vous mentalement une petite tape amicale d'appréciation sur l'épaule pour avoir participé à votre propre guérison. Faites cet exercice trois fois par jour et visualisez que vous êtes en train de faire cet exercice de relaxation/imagerie mentale, trois fois par jour, restant réveillé, éveillé et alerte, pendant que vous le faites.

7. Permettez aux muscles de vos paupières de devenir plus légers, de se relâcher, préparez-vous à ouvrir les yeux, et prenez conscience de la pièce où vous êtes.

8. Maintenant laissez vos yeux s'ouvrir; vous êtes prêt à reprendre vos activités habituelles.

Prenons un exemple de comment vous pouvez utiliser l'imagerie mentale pour traiter une maladie autre que le cancer: si vous avez par exemple un ulcère, votre imagerie mentale de l'ulcère pourrait être de voir une sorte de cratère, une plaie rugueuse, âpre et vive dans le tissu tapissant l'estomac ou les intestins. Pour imaginer le traitement, visualisez des anti-acides recouvrant cette région, neutralisant l'acide en excédent et soulageant l'ulcère. Visualisez des cellules normales qui entrent, se reproduisent en se divisant, recouvrant ainsi la région à vif et ulcérée. Voyez vos globules blancs ramasser tous les débris et nettoyer la région, la rendant rose et saine. L'étape suivante, c'est de vous imaginer, de vous voir sans douleur et en bonne santé, capable d'affronter les stress de la vie sans produire de symptômes d'ulcère.

Si vous avez une tension artérielle élevée, vous pourriez utiliser le processus d'imagerie mentale pour voir le problème ainsi: comme de petits muscles dans les parois des vaisseaux sanguins qui se resserrent, produisant ainsi une pression beaucoup plus forte pour que le sang puisse passer à travers. Maintenant, voyez, visualisez le médicament qui fait se relâcher ces petits muscles dans les vaisseaux sanguins, votre cœur qui pompe régulièrement, avec moins de résistance, et le sang qui coule doucement dans les canaux vasculaires. Imaginez-vous, voyez-vous capable d'affronter les stress de la vie sans produire de symptômes de tension.

Si votre maladie, c'est l'arthrite, visualisez d'abord vos articulations comme très irritées et ayant de petites granules sur la surface. Puis visualisez vos globules blancs qui entrent, nettoient les débris, ramassent les granules, et aplanissent les surfaces des articulations. Puis imaginez-vous, visualisez-vous actif, faisant ce que vous aimez, sans la moindre douleur articulaire.

Lorsque vous terminez un de ces exercices d'imagerie mentale pour la première fois, faites un dessin de votre imagerie. Ceci vous aidera à identifier vos attitudes par rapport à votre participation à votre état de santé.

La valeur de la relaxation et de l'imagerie mentale

Pour que vous ayez une meilleure idée de ce que vous pouvez attendre de ces exercices, la liste qui suit vous donnera quelques-uns des bénéfices du processus de relaxation/imagerie mentale.

1. Le processus peut diminuer la peur et l'anxiété. Le plus souvent, la peur vient d'un sentiment d'impuissance à conserver le contrôle de la situation – dans le cas du cancer, sentir que le corps se détériore et qu'on ne peut rien y faire. La relaxation et l'imagerie mentale aident à voir votre rôle dans la guérison, ce qui vous permet de commencer à sentir votre contrôle, votre participation à l'évolution de la situation.

2. Le processus peut amener des modifications d'attitudes et renforcer « le désir de vivre », la volonté de vivre.

3. Il peut influencer des modifications physiques, augmenter le système immunitaire et modifier l'évolution d'une tumeur maligne. Puisque les processus mentaux ont une influence directe sur le système immunitaire et l'équilibre hormonal du corps, des modifications physiques peuvent être imputées directement à des modifications dans la manière de penser.

4. Le processus peut servir de méthode d'évaluation des croyances actuelles et pour modifier ces croyances, si nécessaire. Des modifications des symboles et images que vous utilisez peuvent transformer de manière dynamique des opinions, idées, croyances en d'autres, plus compatibles avec un état de bonne santé.

5. Le processus peut servir d'outil pour communiquer avec l'inconscient – où beaucoup de nos idées sont enterrées, au moins en partie.

6. Il peut être un outil général pour réduire tensions et stress. Le seul fait de se relaxer de façon régulière peut diminuer les tensions et le stress et avoir un effet significatif sur ces fonctions corporelles sous-jacentes.

7. Le processus peut être utilisé pour affronter et modifier le sentiment d'impuissance et d'absence d'espoir. Nous avons vu de nombreuses fois comment cette dépression sous-jacente joue un rôle significatif dans le développement d'un cancer. Au fur et à mesure que les gens commencent à imaginer leur corps redevenir en bonne santé, leur capacité à résoudre les problèmes qui existaient avant la tumeur maligne, ils perdent leur sentiment d'impuissance et d'absence d'espoir. De fait, lorsque les patients progressent vers une meilleure santé, ils gagnent confiance et optimisme.

Surmonter des problèmes potentiels en rapport avec les processus d'imagerie mentale

Certaines personnes sont plus visuelles que d'autres ; elles pensent en images. D'autres personnes ont tendance à avoir des sensations, d'autres encore éprouvent des sentiments, ressentent des choses. D'autres pensent en paroles (elles réentendent ce qu'on a dit, se parlent à elles-mêmes). En raison de ces différences individuelles [12], nous avons trouvé que lorsque nous utilisons le mot « voir » dans nos consignes du processus d'imagerie mentale, certaines personnes pourraient plutôt « ressentir » ce que c'est que d'être en bonne santé, de bien se porter. Lorsque nous dirons « imaginez-vous, voyez-vous reprendre une bonne santé », elles pourraient avoir la « sensation » d'énergie et de bonne

---

12. Richard Bandler et John Grinder ont mis en évidence trois sortes de processus mentaux préférentiels selon les gens : certains sont plus visuels (ils voient des images réelles ou se construisent des images) – d'autres sont plus auditifs (on les touche plus en leur disant « écoute » – ils se parlent souvent à eux-mêmes) – d'autres sont plus kinesthésiques, ils sentent les odeurs, les senteurs, les mouvements, les goûts, se rappellent les émotions... (cf. « Frogs into Princess », 1979, Real people Press) (A.A.S.).

santé. C'est pour nous devenu de plus en plus évident que chaque personne doit utiliser le processus ou la manière de penser qui lui est le plus aisé, plutôt que d'essayer de devenir surtout visuel. A la longue, toutes les formes de pensée tendent à se rejoindre. Quelqu'un qui est surtout visuel commencera à ressentir plus de choses, et quelqu'un qui ressent plus les choses commencera à devenir plus visuel. Faites ce qui est le plus naturel pour vous, donnez-vous le droit d'utiliser d'abord les opérations mentales selon votre manière habituelle.

Un autre problème que nous retrouvons souvent par rapport à l'imagerie mentale, c'est la tendance à ne pas pouvoir fixer son attention, à la distraction, à « rêvasser ». Ceci provient souvent d'un manque de concentration, ce qui peut s'aggraver avec certains médicaments, avec la douleur, avec la peur. C'est un problème qui affecte de temps à autre tous les gens qui utilisent le processus régulièrement. Un des moyens les plus efficaces pour traiter la distraction est d'arrêter l'exercice d'imagerie mentale, d'arrêter le processus et de vous demander ce qui se passe : « Pourquoi mon attention divague ? » Cherchez dans cette voie pendant un petit moment, cinq minutes à peu près. Puis focalisez-vous de nouveau sur l'exercice et terminez-le avec autant de succès que possible.

Une troisième difficulté, c'est de croire que dire qu'un cancer « diminue de taille », c'est vraiment se mentir à soi-même. Nous avons entendu des affirmations de ce genre : « un cancer qui pousse dans mon épaule, je peux le sentir, ce n'est pas possible pour moi de le voir diminuer quand je sais qu'il grandit ». Le problème, ici, c'est une confusion sur le but du processus d'imagerie mentale. Nous essayons d'aider le patient à visualiser *le dénouement désiré,* et non ce qui peut être en train de se passer au moment présent chez le malade.

Il est possible de visualiser le cancer diminuer de taille même lorsque dans la réalité il est peut-être possible qu'il soit en train d'augmenter [13]. On peut imaginer ce qu'on veut.

---

13. S'il augmente aujourd'hui, cela ne veut pas dire qu'il ne diminuera pas demain (N.d.T.).

Vous visualisez mentalement ce *que vous voulez que se passe* dans l'avenir. Comprendre cette distinction est très importante. L'imagerie mentale n'est pas une méthode d'auto-déception ; c'est une méthode *d'auto-direction.*

Maintenant que vous connaissez le processus fondamental de relaxation/imagerie mentale, le chapitre suivant vous aidera à interpréter et créer, développer des images mentales spécifiques, pour que vous puissiez comprendre vos idées et croyances sous-jacentes au sujet du cancer, et créer une attente plus positive de votre guérison [14].

---

14. Ou de la guérison de vos proches.

12. La valeur
des images mentales positives

Nous avons d'abord utilisé l'imagerie mentale pour activer des patients et leur offrir un outil pour influencer leurs systèmes immunitaires ; mais nous avons vite découvert que cette activité donnait aussi des informations extrêmement importantes sur ce que croient les patients. Cette découverte a été faite par accident. Lorsque nous avons commencé à proposer le processus d'imagerie mentale à nos patients, nous leur demandions s'ils pratiquaient cet exercice régulièrement ; mais, au début, nous n'avons pas essayé de savoir *quelle* était leur imagerie. Cependant, quand l'état d'un patient s'est empiré de manière constante, bien qu'il maintienne avec fermeté qu'il utilisait le processus trois fois par jour, nous lui avons demandé de décrire le contenu précis de son imagerie.

Sa réponse confirma nos craintes. Quand on lui demanda à quoi ressemblait son cancer, il dit, « il ressemble à un gros rat noir ». Quand on lui demanda comment il envisageait son traitement, qui consiste en une chimiothérapie sous forme de petites pilules jaunes, il répondit : « Je vois les petites pilules jaunes qui entrent dans mon système circulatoire, et de temps en temps, le rat mange une de ces pilules. »

Quand on lui demanda ce qui se passait lorsque le rat mange une de ces pilules, il dit : « Bien, il est malade pendant un certain temps, mais il guérit toujours, et puis il me mord encore plus fort. » Quand nous lui avons demandé de nous raconter son imagerie au sujet des globules blancs, il répondit : « Ils ressemblent à des œufs dans une couveuse. Vous savez comment les œufs restent sous une lumière chaude ? Alors, ils couvent là-dedans, et un jour ils vont éclore. »

L'imagerie allait de pair avec son état de santé, se détériorant. Tout d'abord, il voyait son cancer comme fort et puissant – un « gros rat noir ». Le traitement était faible et impuissant, des « petites pillules » que le rat ne mangeait qu'occasionnellement et cela n'avait qu'un effet temporaire sur lui. Enfin, les globules blancs, symboles des défenses naturelles du corps, étaient complètement immobiles. Notre patient avait créé une image presque parfaite d'une suppression totale du système immunitaire et avait, avec bonne conscience, répété cette imagerie mentale trois fois par jour.

Nous découvrîmes bientôt que d'autres patients montraient aussi de fortes attentes négatives dans leur imagerie. Un patient raconte : « Je visualise mon cancer comme un grand rocher. De temps à autre, ces petites brosses pour récurer viennent nettoyer autour des bords du rocher, mais elles ne peuvent pas faire beaucoup de bien. » Encore une fois, le cancer lui paraissait comme fort et imprenable, tandis que les défenses du corps étaient faibles et impuissantes, incapables de « faire beaucoup de bien ».

Un autre patient rapporte qu'il voyait ses globules blancs « comme une tempête de neige qui balaie tout mon corps et efface la plupart des cellules cancéreuses d'un seul coup, mais quelques-unes refont surface ». Ici, les défenses du corps semblent plus puissantes, mais elles ne détruisaient pas vraiment les cellules cancéreuses ; elles n'ont fait que leur passer par-dessus. De plus, puisque des flocons de neige n'ont aucun sens de direction, ni d'intelligence, cette imagerie révèle que ce patient ne voyait pas les défenses de son corps comme vraiment capables de reconnaître et détruire les cellules : leur impact n'était dû qu'à leur nombre.

Ces expériences nous ont fait prendre conscience de la grande importance d'examiner de près le contenu de l'imagerie de nos patients pour voir quel genre d'attentes étaient exprimées. Depuis lors, nous avons utilisé la signification de l'imagerie mentale pour déterminer si les patients ont une tendance générale à glisser dessus, à se dissimuler, à se fermer les yeux, à « se dorer la pilule », ou à essayer de cacher des sentiments négatifs, ou empêcher autrement leurs traitements d'agir.

Nous avons aussi découvert que le contenu de l'imagerie mentale varie avec l'état psychologique du patient à un moment donné. Par exemple, Jean Brun, un chercheur, dont le cas est rapporté au chapitre 10, avait développé une image mentale puissante pour ses globules blancs (voir figure 3) les visualisant comme une grande armée de chevaliers blancs montés sur des chevaux blancs, chevaliers qui se mettaient en rang, leurs lances brillantes dans la lumière du soleil, et chargeaient devant eux, tuant les cellules cancéreuses, qui étaient de petites figures, se déplaçant lentement.

Mais juste avant ses deux rechutes, Jean trouvait que son imagerie mentale avait changé. Parfois, il visualisait des chevaliers noirs dans les rangs de son armée ; ils étaient des chevaliers ennemis. A d'autres moments, il voyait les lances

3. L'imagerie mentale de Jean Brun :
Chevaliers blancs sur chevaux blancs.

de ses chevaliers tordues et molles, comme faites de caoutchouc. Sûrement ainsi elles ne pouvaient faire du mal à qui que ce soit. Parfois, les chevaux des chevaliers avaient la taille d'un chien, ils étaient alors lourds et inefficaces. Nous pûmes bientôt voir une corrélation entre l'imagerie mentale et des événements dans la vie de Jean, et nous nous sommes rendus compte que l'imagerie pouvait être utilisée comme feed-back général sur ses progrès psychologiques.

Critères pour une imagerie mentale efficace

Avec l'aide de Madame Jean Achterberg-Lawlis, une psychologue faisant de la recherche scientifique, nous avons établi une liste de critères expérimentaux pouvant être utilisés dans le but d'évaluer le contenu de l'imagerie mentale. Dans notre centre de traitement, les patients utilisent ces critères, pour analyser l'imagerie mentale les uns des autres et pour suggérer des alternatives, contenant davantage d'attentes positives. Nous avons trouvé que représenter les cellules cancéreuses par des fourmis, par exemple, est généralement un symbole négatif. Avez-vous jamais réussi à vous débarrasser de fourmis pendant un pic-nic ? Des crabes, le symbole traditionnel du cancer, – et d'autres crustacées – sont aussi des symboles négatifs. Ces bêtes sont tenaces ; elles s'accrochent. Elles ont aussi des carapaces dures, les rendant relativement imprenables, et la majorité des gens en ont peur – le crabe symbolise à la fois la puissance et la peur de la maladie.

L'interprétation de l'imagerie mentale est semblable à l'interprétation des rêves : elle demande de comprendre un langage fortement personnel et symbolique. Donc, pour traduire les croyances, les idées inhérentes à une image, à votre image mentale, vous devez « essayer sur vous » l'image, intérieurement, et identifier la signification de ses caractéristiques pour vous. La signification émotionnelle d'un symbole peut varier grandement d'une personne à une autre ; ainsi, un symbole qui veut dire puissance et force, pour vous, pourra vouloir dire colère et hostilité pour quelqu'un d'autre. Donc, essayez, voyez, si l'interprétation vous va; et n'acceptez pas automatiquement l'interprétation faite par quelqu'un d'autre de vos symboles. De plus, bien entendu, votre imagerie n'a pas besoin d'être correcte, et prise au pied de la lettre : bien sûr, il n'y a pas de fourmis, crabes, chevaliers blancs, ou rats noirs circulant dans votre corps. Quelle que soit votre image, son importance réside dans la signification qu'elle a pour vous. C'est à vous qu'il appartient, dans ces circonstances, de reconnaître sa signification pour vous. Notre expérience nous a montré que les patients apprécient ce genre d'interprétation.

Malgré toutes les possibilités de variation individuelle, nos recherches indiquent que des images efficaces contiennent d'habitude les caractéristiques notées ci-après. Toutefois, parce que l'imagerie mentale est essentiellement individuelle, ce que nous soulignons ici, ce sont les qualités *significatives* des symboles, et non les symboles en eux-mêmes. Nous allons traiter les problèmes liés à une imagerie mentale efficace dans la section suivante.

CRITÈRES POSITIFS

1. *Les cellules cancéreuses sont faibles et facilement mises en déroute.*

Il est important de dépeindre vos cellules cancéreuses comme quelque chose de mou qui peut être écrasé, comme de la viande hâchée, des «hamburgers», ou des œufs de poisson.

2. *Le traitement est fort et puissant.*

Votre imagerie mentale doit vous communiquer la conviction que le traitement est nettement capable de détruire le cancer. L'imagerie mentale est renforcée s'il y a une grande interaction entre le traitement et le cancer, pour que l'impact du traitement sur le cancer soit visible et compréhensible. Par exemple, si vous voyez votre cancer comme une boule grise de cellules, et le traitement comme pouvant être un fluide jaunâtre ou verdâtre qui coule dessus, le cassant en petits morceaux, le réduisant en si petites miettes que les globules blancs peuvent maintenant le détruire aisément.

3. *Les cellules saines n'ont aucune difficulté à réparer tout dommage léger occasionné par le traitement.*

Etant donné que le traitement touche d'habitude toutes les cellules, et non seulement les cellules cancéreuses, vous devez visualiser vos cellules normales et saines comme assez fortes pour que le traitement ne les endommage que peu, et pour qu'elles soient capables de réparer tous ces dégâts minimes.

Les cellules cancéreuses sont détruites par le traitement car elles sont faibles et facilement mises en déroute.

3. *L'armée des globules blancs est grande et submerge les cellules cancéreuses.*

Les globules blancs sont un symbole du processus de guérison naturel de votre corps ; vous devriez donc visualiser un grand nombre de ces globules et les voir ayant une grande force. La victoire des globules blancs sur le cancer devrait être vue comme inévitable.

5. *Les globules blancs du sang sont agressifs, impatients de se battre, rapides à chercher et trouver les cellules cancéreuses et à les détruire.*

Rappelons encore que les globules blancs sont un symbole de vos propres défenses – la partie de vous-même qui vous aidera à guérir – alors rendez-les (dans votre imagerie mentale) intelligents, capables et forts. Visualisez vos globules blancs submergeant les cellules cancéreuses, ne laissant aucun doute sur ce qui est le plus fort.

6. *Les cellules cancéreuses mortes sont chassées du corps normalement et emportées de façon normale et naturelle avec le flot des détritus.*

Se débarrasser des cellules mortes du corps est un processus entièrement naturel, ne nécessitant aucun effort spécial, aucune magie. En imaginant ce processus, vous expérimentez, vous ressentez, et vous ressentez un message : votre confiance dans le fonctionnement normal de votre corps.

7. *A la fin de l'imagerie mentale, vous vous voyez en bonne santé et débarrassé du cancer.*

Cette image représente votre désir quant au dénouement final : il est important que vous voyiez votre corps clairement comme sain, plein de vie et d'énergie.

8. *Vous vous voyez ayant atteint vos buts dans la vie, accomplissant, « réalisant », vos raisons de vivre.*

Cette imagerie envoie, exprime, un message : le fait que vous avez de bonnes raisons, de fortes raisons de vivre. Vous re-exprimez à nouveau, vous confirmez votre confiance dans le fait que non seulement vous pouvez vous rétablir, mais aussi que vous voulez vraiment vivre, que vous vous engagez à vivre.

Notre expérience [1] indique que ceux qui réussissent bien dans notre programme [2] ont développé une imagerie mentale qui correspond à ces critères. Toutefois, aucun de nos patients n'a commencé avec des images mentales contenant tous ces éléments. Vous aurez peut-être besoin d'expérimenter, de chercher par essais et erreurs, avant de trouver des images assez fortes pour exprimer, pour capturer votre nouvelle attente positive. Utilisez ces critères pour vous aider à identifier les images qui ont besoin de renforcement ou de modification. Bien qu'il ne soit pas possible de donner une « ordonnance » médicalement correcte pour les images mentales, il est essentiel que vous voyiez les défenses naturelles de votre corps triompher sur la maladie. Des images fortes représentant une forte conviction de guérison, une foi en la guérison.

Il est important que, dans vos imageries mentales, le facteur le plus puissant pour la maîtrise de votre tumeur maligne soit vos propres globules blancs, plutôt que, par exemple, la chimiothérapie. Des patients ont souvent raconté avoir vu des globules entrer et attaquer, mais, tou-

---

1. De plus d'une dizaine d'années avec cette méthode (N.d.T.).
2. C'est-à-dire qui se rétablissent vite, ou/et vont beaucoup mieux (A.A.S.).

tefois, laisser les cellules cancéreuses être éliminées par la chimiothérapie. Ceci indique une conviction fondamentale que ce sont les médicaments qui les guériront. Bien que nous, qui sommes une équipe médicale spécialisée dans la thérapie du cancer, apprécions ce que la médecine peut faire et savons qu'elle peut beaucoup, nous croyons que les défenses fondamentales du corps (le fonctionnement immunologique) qui éliminent les cellules cancéreuses sont l'aspect essentiel d'un rétablissement de la bonne santé [3].

Surmonter les problèmes que vous pouvez rencontrer pour avoir de bonnes images mentales efficaces

Maintenant que vous vous êtes familiarisé avec les critères pour la création d'images mentales efficaces, regardons de plus près l'activité de l'imagerie mentale que vous venez de terminer (lorsque vous avez fait l'exercice en lisant ce livre) [4] – les idées, opinions, croyances éventuelles inhérentes à ces images-là, et aussi quelques-uns des problèmes habituels rencontrés par des patients pour créer de telles images, et certains moyens qu'ils ont utilisés pour surmonter ces problèmes.

Images mentales des cellules cancéreuses

Si vous aviez du mal à visualiser le cancer, ceci pourrait signifier une très grande peur de la maladie qui s'accompagne souvent d'un manque de confiance dans la capacité de défense naturelle et normale de votre corps contre le cancer. S'il vous est difficile de voir les cellules cancéreuses comme faibles, facilement mises en déroute, et que vous les avez plutôt vues comme fortes – comme des pierres ou un animal rapace – ou si vous avez vu le cancer avec plus d'éclat que

---

3. Il est rare de voir guérir un malade qui n'a pas envie de guérir et qui se laisse aller à la maladie, même s'il reçoit des soins adéquats (A.A.S.).

4. Et si vous ne l'avez pas encore fait, faites maintenant l'exercice d'imagerie mentale.

d'autres symboles de votre imagerie, dans ce cas, vous êtes peut-être beaucoup plus convaincu de la puissance de la maladie que de la puissance du traitement ou des défenses de votre corps.

Il est fréquent d'avoir des difficultés à visualiser le cancer. Si vous avez du mal à le faire, imaginez une masse de cellules grises là où vous savez (ou croyez savoir) que se trouve le cancer dans votre corps. Le noir et le rouge sont deux couleurs fréquemment utilisées pour décrire un cancer, – mais ces couleurs ont tendance à avoir des connotations émotionnelles fortes. Le gris est beaucoup plus neutre comme couleur, et une partie de notre méthode consiste à tenter de neutraliser les sentiments par rapport au cancer.

Ainsi, nous suggérons pour la visualisation d'utiliser du gris plutôt qu'une couleur plus forte. Ou bien, par exemple, vous pouvez imaginer le cancer comme de la viande hachée émiettée – un « hamburger » – et vos globules blancs comme une grande meute de chiens blancs entrant pour dévorer la viande hachée, léchant tout autour jusqu'à ce que tout soit net et propre, et puis, continuant à faire la ronde et surveillant les autres parties de votre corps. L'image fondamentale des cellules cancéreuses devrait les représenter comme neutres, faibles, mal organisées et faciles à mettre en déroute et à vaincre.

Images mentales du traitement

Il est important de visualiser votre traitement comme un ami et un allié. Nos patients racontent souvent que les effets secondaires du traitement diminuent avec la modification de leurs attitudes, lorsqu'ils le perçoivent de façon positive et pensent qu'il leur donne du soutien. Par exemple, un patient qui avait peur de son traitement a commencé par donner le nom de « Georges » à la machine qui lui faisait sa radiothérapie ; il commença à discuter avec « Georges », à lui parler mentalement et discuter de tout le bien que le traitement allait lui faire. De plus, le patient fit des efforts pour engager des conversations cordiales avec les médecins et les infirmiers, sans oublier de les remercier pour leurs efforts.

Peu après ce changement d'attitude, il commença à ressentir de moins en moins les effets secondaires de la radiothérapie. Personnalisez votre traitement, faites-en un ami qui aide et qui travaille avec vous, pour dominer, pour surmonter, pour vaincre la maladie.

Images mentales des globules blancs

Ces images sont pour nous le symbole le plus important du processus d'imagerie mentale, car elles représentent vos idées, opinions et croyances au sujet des défenses naturelles du corps. La relation essentielle entre les globules blancs et le cancer est la force et le nombre des globules blancs par rapport aux cellules cancéreuses. Les meilleures images, celles qui font progresser le plus vers la santé, celles qui sont les plus saines, ce sont celles dans lesquelles le cancer est surpassé en nombre et vaincu par les globules blancs.

Un des moyens pour renforcer l'imagerie mentale de vos globules blancs est de faire comme suit : supposez que vos images des globules blancs sont des poissons qui entrent en nageant et mangent les cellules cancéreuses grisâtres. Imaginez cette image, voyez-la dans votre esprit. Projetez cette image, comme si elle était sur un écran, que vous regardez dans votre tête. Lorsque l'image sera très claire, *devenez* [5] alors l'un des poissons et amenez les autres avec vous dans la bataille. Sentez (ressentez) [5] que vous êtes le poisson en train de dévorer [5] les cellules cancéreuses, de les détruire, de nettoyer tout débris restant. Entendez les sons et les bruits et ressentez les émotions qui seraient « réalistes » et adaptées à la situation.

En outre, l'éclat de l'imagerie est important. Voyez-vous l'imagerie de vos globules blancs avec la même ou une plus grande clarté que vous voyez le cancer ? Ou bien vous voyez le cancer avec plus d'éclat et de clarté ? Si le cancer est plus vivide comme noté plus haut, vous avez alors probablement une plus grande foi dans la puissance du cancer que

---

5. Il est très important de devenir actif même dans l'imaginaire – selon de récents travaux, en particulier issus de ceux de Held et de Paillard (A.A.S.).

dans la force des défenses de votre corps; vous aurez donc besoin de renforcer consciemment l'imagerie qui représente vos globules blancs.

De plus, les traits que vous donnez aux globules blancs sont importants, liés à vos émotions et décrivent souvent des problèmes psychologiques significatifs auxquels vous devez faire face. Par exemple, les patients qui ne voient pas les globules blancs attaquer ou détruire les cellules cancéreuses ont fréquemment une difficulté à exprimer de la colère et de l'agressivité et ont un grand besoin d'impressionner autrui. Ces problèmes ont pu contribuer au déclenchement de la maladie et à empêcher la guérison.

Ayant ceci en tête, pensez aux globules blancs comme ayant les caractéristiques que vous considérez comme les plus valables, voire les plus admirables en vous, vos points les plus forts.

Images mentales pour évacuer les cellules mortes

Comme nous l'avons dit, la manière dont vous voyez les cellules cancéreuses mortes et mourantes évacuées du corps par les processus naturels et normaux indique votre confiance dans le fonctionnement naturel de votre corps. Quelques-uns de nos patients incluent dans leur imagerie certaines formes d'intervention magique, divine, pour se débarrasser des cellules détruites, pour éliminer, pour évacuer les cellules cancéreuses de leur corps. Ceci représente aussi leurs opinions, leurs croyances en la puissance du cancer – c'est-à-dire que pour eux, même lorsque les cellules cancéreuses sont détruites et mortes, elles restent (pour eux) encore si puissantes qu'il faut une intervention spéciale pour en débarraser le corps.

Image mentale d'un soi sain
Se voir, se sentir, s'imaginer être en bonne santé

Puisque guérir, c'est ce que vous souhaitez, la manière dont vous vous voyez guérir, dont vous vous visualisez redevenir en bonne santé, en bonne forme, plein de vitalité et d'énergie est importante. Si vous arrivez à voir la bataille, le cancer, le traitement et les globules blancs – tout en ayant beaucoup de mal à vous voir redevenir en bonne santé, vous avez probablement des difficultés à croire que vous pouvez guérir. Essayez de vous imaginer participant à des activités que vous auriez si vous étiez en bonne santé; ou bien, imaginez avoir grosso modo les sentiments que vous auriez si vous vous portiez bien. Rappelez-vous les moments de votre vie où vous étiez le plus en forme et créez des images actuelles, au moment présent, pour vous sentir juste comme ça, bien.

Images mentales de vos buts

Se fixer des buts (voir en détail au chapitre 14) est une phase hautement significative du processus de visualisation. Si vous avez des difficultés à vous voir en bonne santé, allant tout à fait bien, et faisant des choses agréables, ceci pourrait suggérer que vous doutez de votre capacité à guérir. Essayez de vous voir en train d'atteindre vos buts et de profiter de la satisfaction d'y être arrivé.

Dessins et interprétations de l'imagerie mentale de nos patients

La raison pour laquelle nous vous avons demandé de faire un dessin de vos images mentales est très simple: le dessin fixe ce à quoi vous croyez à un moment donné, pour que plus tard vous puissiez comparer ce document à un autre, postérieur, et voir comment vos idées, croyances, opinions ont évoluées. Dans notre programme, nous demandons à nos patients de faire de tels dessins tous les trois mois, et puis de nous les décrire à haute voix. En comparant leurs dessins de la première séance avec les dessins des séances suivantes, nous pouvons voir comment les patients voient et abordent leur maladie, comment ils traitent leur cancer, et comment leurs croyances évoluent.

Voici quatre études de cas montrant comment l'imagerie mentale et les croyances ont évoluées dans le temps.

Estelle

Estelle, 35 ans, reçut le premier diagnostic d'un cancer du sein en 1973, et subit l'ablation chirurgicale d'un sein. Plus tard, elle eut un deuxième cancer, nécessitant l'ablation de l'autre sein. Quand elle commença à travailler avec nous, à Fort Worth, elle était traitée par chimiothérapie.

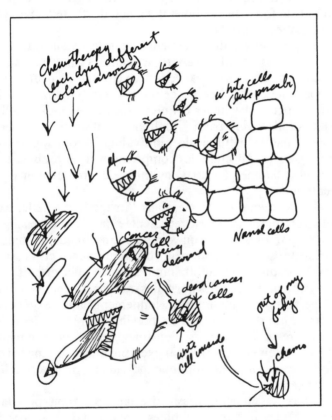

4. *L'imagerie initiale d'Estelle montrant colère et agressivité.*

L'imagerie initiale d'Estelle (fig. 4) laisse peu de doute quant à l'issue de la bataille : les globules blancs allaient gagner. Son premier dessin montrait des globules blancs féroces en apparence, avec des dents pointues et agressives.

Elle nota qu'ils étaient «comme des piranhas», ces poissons féroces et voraces des rivières sud-américaines. Notre expérience nous montre que de telles dents si pointues indiquent souvent une très forte colère et de l'agressivité; et, en effet, pendant sa première séance avec nous, Estelle a exprimé beaucoup de colère et d'agressivité. Sur une courte période, cela s'exprima dans son imagerie et lui a été très utile. A cause de la force du symbole, il y a peu de doute que les globules blancs gagneront.

Il y a deux autres éléments dans le dessin que nous voyons moins positifs. D'abord, les cellules cancéreuses sont soit très grandes, soit le cancer est vu comme un paquet, une grappe, une masse liée de cellules. C'est bon signe, si les patients peuvent voir les cellules cancéreuses individuelles. Ceux qui n'arrivent pas à visualiser les cellules individuellement – chaque cellule isolée, individuelle – ont souvent du mal à percevoir chacune des composantes d'un problème, et sont alors submergés par l'ensemble du problème et de la situation.

Le deuxième problème, dans l'imagerie d'Estelle, c'est que la chimiothérapie est représentée par des flèches aiguisées et pointues. C'est un symbole très fréquent, mais il représente souvent une peur du traitement, et aussi la conviction que la chimiothérapie aura un effet négatif, tant au détriment des cellules normales que des cancéreuses. Bien qu'une telle conviction ait un fondement dans l'expérience de beaucoup de patients, il est possible de réduire les effets secondaires si l'on crée, si l'on imagine, un autre symbole pour le traitement, comme par exemple une «pommade chimiothérapique» qu'on applique individuellement aux cellules cancéreuses.

Dans le deuxième dessin d'Estelle, six mois plus tard (figure 5), les piranhas (globules blancs) étaient encore là, mais avec des dents moins aiguës, moins prononcées – bien qu'encore très efficaces – et maintenant ces poissons avaient des yeux proéminents indiquant vigilance et orientation vers les buts. A cette séance avec nous, Estelle paraissait bien moins en colère et dit au groupe qu'elle avait passé beaucoup de temps à travailler cet aspect de sa vie.

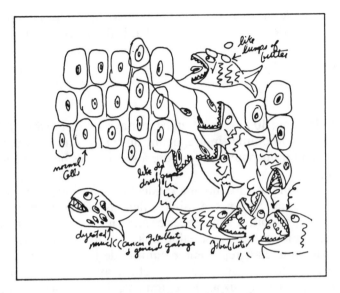

5. *L'imagerie d'Estelle six mois plus tard.*

Maintenant, elle voyait des cellules cancéreuses petites et ressemblant à des raisins, entremêlées, entrelacées avec des cellules normales. Elle associa cette image à de l'angoisse, à une grande peur qu'elle avait récemment ressentie. Nous avons observé que la peur s'exprime par des symboles de raisins en grappes, de sarments, de ceps, des choses rondes ou longues, tordues, ou ressemblant à des doigts entrelacés. En travaillant avec Estelle, il nous est apparu comme évident, qu'en plus d'une meilleure conscience de sa peur de mourir, et surtout de mourir seule, elle avait aussi peur de guérir et de devoir faire face aux problèmes qu'elle avait mis de côté durant sa maladie.

Estelle avait aussi entendu, et repris de quelque part, des informations erronées au sujet des cellules pré-cancéreuses. Dans ce dessin, elle les a représentées comme des cellules en tire-bouchon qui, à certains moments, semblent s'attaquer aux globules blancs. Elle pensait que ces cellules précancéreuses étaient vraiment capables de pénétrer dans les cellules normales – ce qui est médicalement faux.

Estelle va bien maintenant [6], aussi bien physiquement que mentalement. Elle reçoit de l'aide d'un « counsellor », – d'un psychologue – psychothérapeute – dans la ville où elle habite.

Jeanine

Jeanine, 30 ans, avait un cancer avancé de l'ovaire. Elle se présenta comme timide, ayant du mal à s'imposer suffisamment pour pouvoir répondre à ses propres besoins émotionnels.

Lorsqu'on lui demanda de dessiner son imagerie mentale, Jeanine fit deux dessins différents. Dans le premier (fig. 6) elle montra son cancer comme un glaçon, et ses globules blancs comme le soleil, qui fait fondre la glace. Sa chimiothérapie était représentée comme de la poussière blanche saupoudrant le cancer, à qui elle avait donné le nom de « monstre cancéreux ». Evidemment, le mot « monstre » illustrait, capturait sa terreur et sa peur du cancer, aussi bien que son idée de sa force et sa férocité.

Son image de la chimiothérapie était faible : la poussière, ça ne représente rien contre un monstre. Bien que le soleil (ses globules blancs) puisse faire fondre le glaçon cancéreux, c'est un symbole plutôt passif, ayant peu de direction ou d'intention ; c'est-à-dire que lorsque le soleil brille, il fait fondre le cancer accessoirement.

Bon deuxième dessin (figure 7) qui la représente dans une situation encore plus désespérée. Elle dessine son cancer comme une masse impossible à bouger, de grosses bûches flottantes, inextricablement coincées ensemble et prises dans les glaces, comme un « flottage » pris dans un embâcle [7]. Un seul homme, représentant un globule blanc, était dessiné en train d'essayer de défaire, de décoincer, de débacler, de dénouer ce bloc de bûches coincées dans les glaçons. Seul son succès pouvait les remettre au fil de l'eau ; mais même

---

6. Plusieurs années après – rappelons qu'elle avait un cancer terminal et un diagnostic de survie de quelques mois seulement (N.d.T.).

7. Embâcle : amoncellement de bûches coincées souvent par les glaçons, gênant ou empêchant la circulation – terme forestier (« logjam »), opposé à débâcle (N.d.T.).

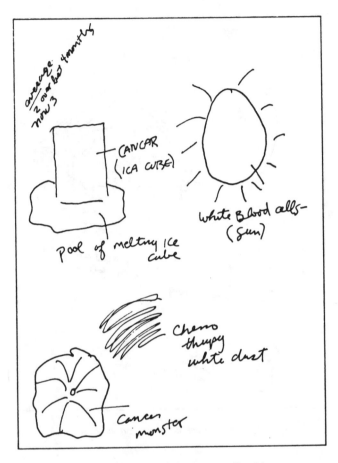

6. L'imagerie mentale de Jeanine : première visite.

alors, cela ne changeait rien au fond de la situation car il resterait quand même encore des bûches cancéreuses, circulant
dans son corps, et il n'est certainement pas désirable d'avoir
des bûches cancéreuses flottantes dans le corps. Avec un seul
globule blanc contre tout cet énorme amas solidifié, les
chances de Jeanine paraissaient faibles.

Le dessin montrait aussi un manque de confiance en soi,
d'assurance et de force – l'absence du genre d'énergie qui
pourrait dénouer l'inextricable bloc gelé, le tas coincé,

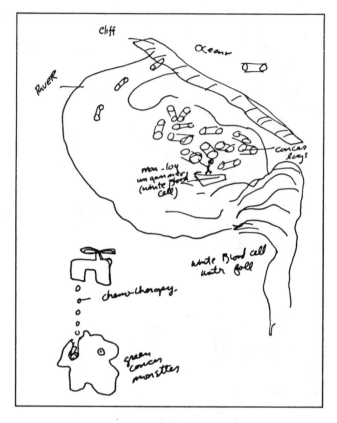

7. L'imagerie mentale de Jeanine : première visite.

immobile, l'embâcle dans sa vie. (Ceux qui ne dessinent qu'une seule image de globules blancs ont tendance à vivre, à ressentir que s'ils ont envie que quelque chose se fasse dans leur vie, ils doivent le faire tout seul, sans aide extérieure. Ce sentiment intensifie leur sentiment d'absence d'espoir et d'impuissance.

L'image de sa chimiothérapie était encore faible. C'est comme s'il s'égouttait un genre de poison dans le cancer, qu'elle appelle encore le « monstre cancéreux » ; toutefois, cela ne semblait pas beaucoup l'affecter. En fait, le monstre semblait avoir un visage presque humain, un œil et une bouche, indiquant une intelligence et une vigilance avec lesquelles il pouvait se défendre.

Pris ensemble, les premiers dessins de Jeanine indiquent une confusion, une incapacité à maintenir une seule image, et peu d'espoir que sa chimiothérapie ou les défenses de son corps puissent influencer son cancer de façon significative.

Six mois plus tard, le dessin de Jeanine (figure 8) montre une nette amélioration. Ses globules blancs étaient maintenant des requins blancs en colère, montrant leurs dents pointues. C'était un grand pas en avant pour Jeanine qu'elle puisse montrer des signes de colère ou d'agressivité ; les requins sont nettement agressifs. Aussi, les cellules cancéreuses étaient vues bien plus petites et moins malveillantes.

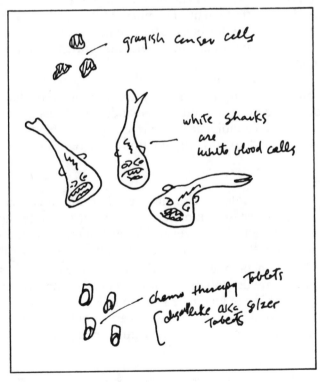

8. L'imagerie de Jeanine six mois plus tard.

Malheureusement, il n'y a pas d'interaction entre les requins et les cellules cancéreuses; de fait, les requins semblent diriger leur agressivité vers la chimiothérapie (qui ressemblait beaucoup aux «bûches cancéreuses» de son dessin antérieur).

Ces images correspondaient étroitement à ce qui se passait dans sa vie: sa colère contre la chimiothérapie se montrait, venait à la surface. Bien que les requins symbolisent la partie d'elle-même qui l'aiderait à guérir, leur agressivité aurait besoin de se diriger contre l'origine de son problème, et non contre son traitement. Malgré sa colère contre la chimiothérapie, son symbole pour les médicaments (la chimie) n'est pas très fort: elle l'associe à des pastilles d'Alka Seltzer [8], ce qui n'est certainement pas un médicament très fort, nous indiquant ainsi qu'elle ne croyait que peu en la puissance de son traitement. De plus, bien que les pastilles devaient se dissoudre dans la circulation sanguine, encore une fois, on ne voyait aucune interaction entre la chimiothérapie et le cancer.

Jeanine montrait des signes de progrès, mais son affirmation de soi (son «assertivité»), son énergie nouvellement découverte d'avoir le droit de demander ses droits n'étaient pas encore, à ce moment-là, centrées sur le problème. Toutefois, depuis deux ans, elle continue à faire des progrès.

Yves

Yves, psychologue clinicien de 50 ans, a un cancer du rein, avec métastases pulmonaires, – cancer qui reste stable depuis quatre ans. Il ne recevait plus aucun traitement, puisque la chimiothérapie était jugée inadaptée à sa maladie.

Dans son premier dessin (figure 9), Yves montre son cancer entouré de globules blancs, et la masse cancéreuse en train d'être réduite graduellement en une seule cellule. Pendant son activité de relaxation/imagerie mentale, il avait du mal à éliminer cette dernière cellule maligne; toutefois,

---

8. Pastilles vendues sans ordonnance et souvent utilisées contre la migraine ou la «gueule de bois» (N.d.T.).

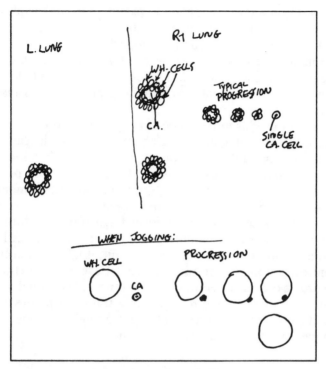

9. *Imagerie mentale initiale d'Yves.*

quand il faisait du «jogging» [9], il pouvait voir la dernière cellule cancéreuse absorbée par un globule blanc géant, puis disparaissant.

Bien que dans le dessin, il finit enfin par réussir à éliminer le cancer, il y avait des failles dans son imagerie. Les globules blancs semblaient travailler autour de la périphérie du cancer ; il y avait peu d'interaction, et ils ne rencontraient le cancer qu'en surface. (Ce désir de rester en surface du problème indique parfois une ambivalence, une hésitation, une répugnance à explorer pourquoi on a developpé un cancer.) Aussi, pour détruire la dernière cellule cancéreuse, cela

---

9. Course à pied au petit trot – anglicisme adopté en France avec la mode de ce sport (N.d.T.).

nécessita un énorme effort de la part d'Yves : il devait faire du jogging pour y arriver. Il semblait y avoir un quelque chose de presque magique par rapport à cette dernière cellule maligne, comme s'il s'accrochait à la maladie, et, quelque part, une indication qu'il faudrait un très grand globule blanc et un événement extraordinaire pour se débarrasser enfin du cancer.

Six mois plus tard, son dessin (figure 10) montre davantage d'interaction entre les globules blancs et le cancer ; néanmoins, la taille de la tumeur par rapport à la taille des globules blancs ne suggère pas que les défenses du corps ont une très grande force, une force écrasante. Son dessin montre un seul grand globule blanc, qui apparaît d'un seul coup, brisant la masse tumorale ; puis les fragments de la tumeur sont absorbés par des globules blancs ordinaires. Ici aussi, le dessin montre que pour en venir à bout, il fallait un événement extraordinaire, et que, jusqu'à cet événement extraordinaire, le cancer resterait intact. Pour nous, le dessin d'Yves représente une certaine répugnance à traiter de petites parties du problème, et une tendance à attendre l'événement unique qui expliquerait et arrangerait tout.

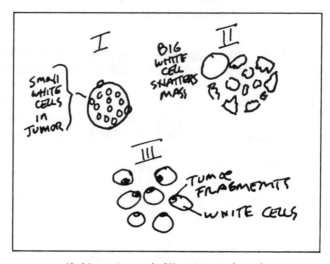

10. *L'imagerie mentale d'Yves six mois plus tard.*

Comme son imagerie, le cancer d'Yves n'a pas diminué, bien que son état de santé soit parfait. Il continue à enseigner comme professeur et a courir de longues distances.

Charles

Charles avait réussi comme homme d'affaires ; un peu après sa retraite, à l'âge de 62 ans, il développa un myélome multiple, un cancer de la moelle osseuse. Bien que la maladie ait été mise en évidence par des examens de laboratoire, Charles n'avait pas de symptômes. Donc, un médecin décida d'attendre avant de commencer une chimiothérapie. Maintenant, trois ans plus tard, les rapports du laboratoire montrent que la maladie a diminué par rapport à l'époque du diagnostic, et il n'a toujours pas reçu de chimiothérapie. En plus de sa participation à notre programme, Charles a aussi fait de la psychothérapie pendant plusieurs années au cours desquelles l'un des problèmes qu'il a abordé était sa difficulté à exprimer de la colère.

Les deux dessins de Charles (figures 11 et 12) faits à presque un an d'intervalle, étaient quasi similaires. Les deux montrent une attente positive, dans le fait que les globules blancs (les requins, ou les grands poissons) submergeaient nettement le cancer. La différence la plus dramatique entre les deux dessins était par rapport à leur taille : le premier dessin remplit presque toute la page, le deuxième prend une place beaucoup plus petite. Le deuxième indique comment le cancer occupe moins de place dans la vie de Charles, car à ce moment-là, l'analyse de son sang montra une diminution du cancer. Il n'avait aucun symptôme physique, son état physique était resté excellent – battant les auteurs de ce livre au tennis à l'âge de 65 ans.

Un autre signe de progrès était que dans le premier dessin, le cancer était représenté comme bien entouré, d'une manière excessivement bien organisée, par les globules blancs. En effet, le cancer était muré, comme Charles s'était muré les problèmes de sa vie. Dans le deuxième dessin, il y avait beaucoup moins d'organisation. Nous avons vu un lien entre ces images et un besoin moins grand pour Charles de

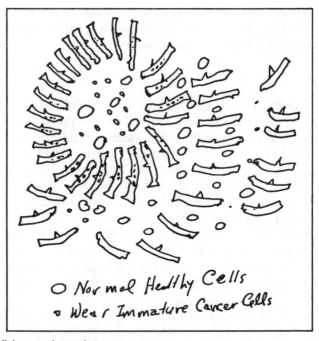

O Cellules normales et saines
o Cellules cancéreuses petites et immatures

11. L'imagerie mentale initiale de Charles.

12. L'imagerie mentale de Charles : un an plus tard.

se protéger émotionnellement et une plus grande volonté d'agir ouvertement sur les problèmes de sa vie.

Nous avons pensé à une difficulté à cause du manque de définition des bouches ou gueules – l'arme principale – des requins ou des poissons du deuxième dessin. Pendant la période du premier dessin, Charles était très en colère à cause de la mort d'un de ses grands amis : la colère s'est exprimée dans les dents pointues, agressives. Au moment du deuxième dessin, Charles exprime beaucoup moins de colère par rapport aux problèmes de sa vie, une question que nous avons explorée de nouveau avec lui.

L'imagerie comme description de soi

Ces interprétations des dessins de nos patients tiennent compte autant que possible de tous les problèmes et faits psychologiques auxquels ils ont à faire face. Nous comprenons le dessin dans le contexte de ce que nous savons de la personnalité et de la vie du patient. Ainsi, c'était pour Estelle un progrès que d'exprimer avec moins de force la colère et l'agressivité de ses poissons en forme de piranhas, tandis que pour Jeanine, c'était un progrès de représenter ses défenses par des requins. Dans un cas, la colère et l'agressivité d'Estelle faisaient qu'elle rejetait tout signe de popularité, d'acceptation, d'approbation, de reconnaissance de sa valeur, alors qu'elle souhaitait désespérément, et avait maintenant, une petite chance de l'avoir ; dans l'autre cas, Jeanine, placide et passive, avait un besoin désespéré du flux d'énergie qu'apporte souvent la colère, bien qu'elle ait encore besoin d'apprendre comment se servir efficacement de sa colère.

Nous pouvons souvent utiliser l'imagerie mentale non seulement comme indication des opinions des patients au sujet du cancer, mais aussi comme description de leur façon de vivre. Lorsque nous faisons ce genre d'interprétation nous regardons ces dessins du cancer comme symbolisant la partie de la personne qui veut mourir, ou encore ce qui est en train de la ou de le tuer ; les globules blancs seraient la partie de la personne qui veut vivre, ou encore ce qui l'aidera à guérir.

La maladie devient une manifestation physique de la lutte entre deux parties profondes de l'individu, de son soi profond, de son self, de son être, de son moi : la partie toxique et auto-destructrice – et la partie qui veut la vie et alimente les besoins vitaux. La puissance symbolique du cancer par rapport aux défenses du corps n'est pas une simple mesure de ce que croit le patient au sujet de la maladie, mais c'est également une indication sur ce que veut le patient, – s'il veut vivre ou mourir.

Nos patients font cet exercice, – dessiner leur maladie, – tous les trois mois, lorsqu'ils reviennent à Fort Worth pour une visite de vérification de leur état de santé (le «follow-up»). Bien qu'ils soient au courant de l'utilisation de cette méthode, ils créent quand même une imagerie révélatrice.

Nous les encourageons à utiliser tout le processus, tous ces exercices, y compris leurs attitudes envers l'imagerie mentale et les changements dans leurs images mentales – comme un guide [10] important pour comprendre leurs états d'âme, leurs états pyschologiques. Quand ils apprennent à demander : «Pourquoi est-ce que j'ai ces images maintenant ?» – «Ces images indiquent quels changements dans mes opinions ?» – «Pourquoi est-ce que je choisis de regarder les choses comme ça maintenant ?» – ils participent alors au processus d'espoir, de changement et le contrôlent quelque peu.

Profitez de l'imagerie mentale/relaxation pour travailler d'autres points et problèmes de votre vie. Pendant les premières semaines, voire les premiers mois, l'accent est mis, bien sûr, sur le rétablissement, sur le fait d'aller mieux, de revivre. Il est évident que sans une bonne santé, votre capacité à vous concentrer sur d'autres problèmes est limitée. Mais dès que vous commencez à vous rétablir, nous vous encourageons à appliquer cette méthode à beaucoup de pro-

---

10. Guide, voie, boussole, test, guide-fil... Voir chapitre 15 consacré au guide interne (N.d.T.).

blèmes de votre vie. Ainsi que nous l'avons dit, l'image mentale de quelque chose de positif que vous vous attendez à faire – ou à recevoir – une attente positive – une imagerie optimiste – ce qui est aussi le principe de la «réalisation automatique des prédictions» peut vous aider à réussir un grand nombre de choses.

13. Surmonter le ressentiment

Des méthodes qui aident à s'exprimer, se décharger, se libérer de ressentiment, exprimer des sentiments négatifs, ou pardonner des torts anciens (qu'ils soient réels ou imaginaires) pourraient bien jouer bientôt une part importante dans la médecine préventive de l'avenir. Et puisque les cancéreux vivent souvent avec des ressentiments non-résolus, et ont aussi bien d'autres liens émotionnels avec le passé (comme nous l'avons vu, le sentiment ou la perception d'un abandon, ou d'un rejet par l'un ou les deux parents, pourraient être un premier facteur déclenchant le développement d'un cancer), aider nos patients à apprendre à se décharger, à se débarrasser du passé, est souvent essentiel à leur guérison.

Nous ressentons un stress, non seulement lorsque nous vivons quelque chose qui crée un ressentiment, mais nous le re-expérimentons, le re-vivons chaque fois que nous nous rappelons l'événement. Ce stress, bloqué en nous, enfermé, ou tout stress de longue durée, et les tensions qui en résultent, peuvent produire de sérieuses inhibitions des défenses naturelles du corps, comme nous et d'autres chercheurs, l'avons démontré.

Le ressentiment n'est pas du tout la même chose que la colère : la colère est généralement une émotion unique, de relative courte durée (émotion que nous connaissons tous bien), tandis que le ressentiment est un processus de stress de longue durée.

Prenons un exemple simple : vous êtes au volant de

votre voiture et descendez tranquillement la rue lorsqu'une voiture, pleine d'adolescents, venant en sens inverse, vous rentre presque dedans. Vous avez une réaction de stress : votre cœur bat plus vite, votre respiration s'accélère, l'adrénaline coule, etc. Généralement vous ressentez deux émotions dans cette situation. La première, c'est la peur, puis la colère au sujet du manque d'attention du chauffeur. Ces réactions sont normales.

Cependant, une fois la rencontre passée, la situation terminée, nos actions et réactions deviennent d'autant plus significatives. Une réaction possible à cet incident serait de rattraper ces adolescents et leur parler de leur façon de conduire. S'ils s'excusent ou expliquent pourquoi ils conduisaient sans faire attention – peut-être parce qu'il y avait urgence ou qu'ils étaient en retard pour leur travail – votre colère se calmerait probablement. Cependant, ce genre de suite n'est guère pratique.

Lorsque nous n'avons pas d'action extérieure possible pour décharger les émotions liées à la situation passée, – comme celle de la rencontre avec ces adolescents négligents – la colère pourrait bien se généraliser à d'autres adolescents dans d'autres voitures (ou bien aux conducteurs en général), ce qui est lié au fait que nous retenons la colère que nous avions ressentie lors de la situation initiale, et risquons de la ressasser. Si ces sentiments ne sont pas exprimés, ils engendrent souvent le ressentiment et le stress.

Certaines personnes laissent des ressentiments divers s'accumuler pendant les années. Beaucoup d'adultes vivent avec de tels sentiments (ressentiments) depuis l'enfance, se rappelant certaines expériences d'enfance avec beaucoup de détails. Il s'agit peut-être de quelque chose qu'ils ont ressenti comme un manque d'amour de la part d'un de leurs parents, ou le rejet par d'autres enfants, ou par un instituteur, ou encore de certains actes de cruauté parentale, ou une suite sans fin de diverses expériences douloureuses. Les personnes qui portent en elles de tels ressentiments y pensent souvent [1]

---

1. Lire au besoin à ce sujet G. Bach : *Stop, you drive me crazy* (N.d.T.).

et recréent continuellement l'événement, ou les événements douloureux et stressants dans leur tête. Ceci pourrait même continuer à se passer bien longtemps après que la personne qui les a blessées soit morte.

Peu importe que ces sentiments aient été justifiés lors de la situation initiale, continuer de les porter en soi, à y penser coûte cher physiquement et émotionnellement. Si vous entretenez de tels sentiments, la première chose que vous devez admettre, c'est que vous [2] – non pas l'autre personne – êtes vous-même la source fondamentale de votre propre stress.

Des techniques pour pardonner à ceux qui vous ont fait mal, ou du mal – pour panser de vieilles blessures – notre propre expérience

C'est une chose que de savoir que vous devez apprendre à exprimer, vous décharger et vous libérer des ressentiments, et à pardonner ; c'est encore tout autre chose que de trouver un moyen efficace de le faire. Des saints et des prophètes, des chefs religieux de toutes les religions et des philosophes de toutes écoles plaident pour le pardon. Ils n'auraient pas besoin de le faire si pardonner était facile. Mais ils ne le suggéreraient pas non plus, si c'était impossible.

Un livre d'Emmet Fox : *Sermon on the mount*, («Sermon sur la montagne») nous donne un procédé spécifique et pratique à utiliser pour pardonner (nous le décrirons dans la suite). Au premier abord, le procédé paraît plutôt simple. L'essentiel, c'est de prendre conscience envers qui vous avez du ressentiment et d'imaginer que de bonnes choses arrivent à cette personne. Nous nous sommes demandés si c'était un outil efficace, car il semblait nier la validité des sentiments du sujet, – or reconnaître cette validité est un élément essen-

---

2. Fritz Perls en a fait un point important de sa Gestalt-thérapie (N.d.T.).

tiel à la satisfaction des besoins propres de l'individu. Toutefois, nous avons décidé de l'essayer.

Au départ, nous découvrîmes qu'il était difficile d'imaginer que de bonnes choses arrivent à quelqu'un envers qui nous ressentons de la colère et de l'animosité. Mais en continuant à utiliser la méthode, nous avons commencé à voir autrement notre relation avec cette personne, et à percevoir aussi autrement son comportement. Par exemple, peut-être que nous n'approuvons pas toujours la manière dont une personne réagit dans une situation donnée, mais, après avoir utilisé le procédé, nous pouvons généralement mieux comprendre la situation et commencer à voir comment nousmême avons pu y contribuer.

Au fur et à mesure que le temps passait, que nous répétions la technique d'imagerie mentale – surtout lorsque l'un d'entre nous se trouvait en train de recréer l'événement stressant – nous avons commencé à pouvoir imaginer de bonnes choses arrivant à l'autre personne, et nous nous sentions mieux. De plus, toute relation directe avec l'autre personne devenait plus détendue et plus agréable. La technique d'imagerie mentale par rapport au ressentiment avait aidé à soulager le stress que nous aurions pu garder en nous encore longtemps. Nous avons découvert que nous n'avions pas nié notre réponse originale de colère, notre sentiment d'avoir été offensé ou blessé, mais nous avions aussi gagné une nouvelle compréhension et transformé notre attitude, ce qui a soulagé notre propre malaise. Les bénéfices étaient nets.

L'imagerie mentale pour surmonter le ressentiment

La méthode d'imagerie que nous utilisons est présentée ci-dessous. Avant de l'utiliser, vous aurez peut-être besoin d'identifier des cibles appropriées à cette technique. Ce n'est pas difficile à trouver. Si vous trouvez que vous entretenez une blessure ancienne, que vous revivez un épisode de détresse, ressassant ce que vous auriez dû faire ou dire, vous rappelant le comportement répréhensible de l'autre, alors vous avez des sentiments non résolus au sujet d'une expérience, sentiments au sujet desquels vous pouvez utiliser la technique d'Emmett Fox.

Voici comment elle se déroule :

1. Asseyez-vous dans un fauteuil confortable, les pieds à plat sur le sol, les yeux fermés.

2. Si vous vous sentez tendu ou distrait, utilisez la technique de relaxation décrite au chapitre 11, pour vous préparer.

3. Créez une image mentale nette de la personne envers qui vous avez du ressentiment.

4. Imaginez que de bonnes choses lui arrivent. Voyez-le (la) recevoir de l'affection, ou de l'attention [3], de la considération ou de l'argent, ce que vous croyez que la personne considère comme une bonne chose pour elle.

5. Soyez conscient de vos propres réactions. Si vous avez du mal à voir de bonnes choses arriver à cette personne – c'est une réaction normale. Cela deviendra plus facile avec l'entraînement.

6. Réfléchissez au rôle que vous avez joué dans la scène stressante et comment vous pourriez ré-interpréter l'événement, ainsi que le comportement de l'autre personne. Imaginez comment la situation pourrait apparaître, du point de vue de l'autre personne.

7. Ressentez à quel point vous vous sentez maintenant plus détendu, moins irrité. Dites-vous que vous conservez cette nouvelle compréhension, ces nouveaux sentiments, - en vous-même.

8. Vous êtes prêt maintenant à ouvrir les yeux et reprendre vos activités habituelles.

Le procédé d'imagerie mentale prend généralement moins de cinq minutes à faire. Utilisez-le chaque fois que vous remarquez que vous reproduisez un épisode désagréable, douloureux ou irritant du passé. Il peut se passer des mois pendant lesquels il ne sera pas du tout nécessaire de l'utiliser, et il y aura des jours où vous l'utiliserez six fois.

---

3. Ou une promotion professionnelle ou sociale (N.d.T.).

Vous pouvez même l'utiliser au moment où une situation déplaisante a lieu. Par exemple, comme dans la situation décrite plus haut, celle où des adolescents vous coupent la route, vous pourriez les imaginer arrivant là où ils vont, réussissant à l'école ou en faisant du sport. Vous pourriez commencer à penser à votre adolescence, et à toutes les fois où vous avez fait des choses un peu stupides, sans penser à rien, et ainsi en arriver à comprendre certains problèmes et stress de ces adolescents.

L'expérience de nos patients avec la technique d'imagerie mentale par rapport au ressentiment

Au cours de ces dernières années, nous avons souvent observé qu'après que nos patients aient pardonné aux autres, la dernière personne à qui il leur faut finalement pardonner, c'est à eux-mêmes – pour leur propre participation à la situation et leur contribution au malaise et stress qui ont suivi. Cela peut être un processus extrêmement important pour des personnes ayant un cancer, car elles se trouvent souvent victimes d'un cycle culpabilité/ressentiment, parce qu'elles sont malades et parce qu'elles ont créé soucis, douleur et stress dans leur famille. Trois exemples pourront clarifier comment cela se passe.

Edith

Edith, 53 ans, avait un cancer du sein qui fit des métastases et atteignit les os et les intestins. Enfant unique, elle était très attachée à son père, qui était un homme charmant, ayant aussi très bien réussi professionnellement; mais elle ressentait que sa mère occupait tellement l'attention de son père et prenait de son temps qu'il n'en restait plus pour elle. Elle en voulut à sa mère, et entra en concurrence avec elle pour l'amour de son père.

Lorsqu'Edith eut près de 40 ans, son père mourut d'un

cancer. Elle ressentit une grande perte, souffrit beaucoup de cette mort, et se trouva maintenant dans la situation d'être responsable de sa mère, qui était alors une dame très âgée, vivant dans une maison de retraite. Sa mère se plaignait avec aigreur si Edith ne venait pas la voir tous les jours, et même lorsqu'elle venait régulièrement, sa mère lui faisait sentir chaque fois qu'elle était coupable, malveillante et que tout ce qu'elle faisait était insuffisant. Edith n'avait pas seulement les inconvénients présents et les soucis émotionnels des soins à rendre à sa mère, mais elle se sentait aussi forcée de repenser au passé et de faire face aux ressentiments d'enfance non résolus. Peu après la mort de son père, un cancer du sein se développa chez Edith.

Après qu'elle eut pris conscience de son ressentiment, nous lui avons suggéré de visualiser que de *bonnes choses arrivent à sa mère.* Tout en faisant cet exercice, pendant plusieurs semaines, Edith prit conscience de la solitude de sa mère, surtout depuis son veuvage ; elle commença à voir que les demandes et les plaintes de sa mère n'étaient pas dirigées envers elle personnellement, mais étaient le résultat de ses peurs, de ses frustrations. Elle prit conscience aussi de ses propres sentiments d'insécurité et d'insuffisance créés par la mort de son père.

Ayant pris conscience de tout ceci, Edith a pu prendre la décision de rendre ou non visite à sa mère, sans se sentir coupable lorsqu'elle n'y allait pas. Elle découvrit aussi que lorsqu'elle réagissait de manière moins défensive aux plaintes de sa mère, le comportement de celle-ci devenait plus aimable. Edith tira un bénéfice inattendu d'avoir pu comprendre et résoudre les problèmes qu'elle avait avec sa mère et ses sentiments à son sujet : elle trouva qu'elle pouvait maintenant mieux communiquer avec ses propres enfants.

Edith a eu une rémission spectaculaire de son cancer, ses métastases ont régressé ; elle continue à pouvoir être très active depuis trois ans.

Estelle

Estelle, âgée de 35 ans, dont nous avons parlé au chapitre 12 (voir son imagerie figures 4 et 5) ressentait beaucoup de colère et d'agressivité. Elle aimait discuter et se disputer à toute occasion – entrant vite en conflit au sujet de presque tout – la température de la pièce, la qualité de la nourriture, attaquant quiconque lui demandant pourquoi elle fumait, etc. Après un conflit navrant (et qui a bouleversé plusieurs personnes) avec un membre de l'équipe, Estelle essaya le procédé d'imagerie mentale pour lutter contre le ressentiment et elle découvrit qu'elle avait une liste sans fin de choses au sujet desquelles elle pouvait avoir du ressentiment. En effet, elle a même trouvé qu'elle cherchait et prenait sur elle les difficultés des autres et commençait à être offensée à leur place. Par exemple, dans notre centre résidentiel de traitement, elle découvrit que la cuisinière et son époux étaient mécontents de l'administrateur du centre et qu'ils projettaient de quitter leur place. Estelle souleva le problème de leur ressentiment à l'une de nos réunions de groupe.

Au fur et à mesure qu'elle prenait conscience du rôle que ces sentiments jouaient dans sa façon de vivre, elle reconnaissait aussi qu'elle avait appris cette façon de faire de sa mère, dont l'attitude avait été que «tout le monde lui en voulait». Disons en passant que la mère d'Estelle était morte d'un cancer du sein.

Nous avons travaillé avec Estelle de nouveau après qu'elle ait utilisé la technique d'imagerie mentale pour lutter contre le ressentiment depuis six mois; il fut vite évident qu'elle avait changé de manière importante et significative. Graduellement, elle avait appris à s'arrêter lorsqu'elle commençait à «collectionner des ressentiments» et à reconnaître que, même si des injustices existent réellement dans le monde, elle mettait sa propre santé en danger en s'en préoccupant, en les recherchant. L'expression de son visage s'était adoucie, elle était beaucoup plus directe lorsqu'elle exprimait ses propres sentiments, et elle se sentait moins déprimée et anxieuse. Les tests psychologiques que nous lui avons fait passer indiquaient aussi qu'elle passait moins de temps à réprimer et à nier ses sentiments, qu'elle avait plus de ressort, et, de manière générale, se sentait mieux.

Hélène

A 32 ans, Hélène avait un cancer du sein avec des métastases osseuses. Au début de son travail avec nous, elle commença à se rendre compte qu'elle avait passé la plus grande partie de sa vie à accuser ses parents, surtout sa mère, de lui avoir fait du tort psychologiquement, dans sa petite enfance. Elle expliquait la plus grande partie des ennuis et des peines de sa vie par cette blessure perçue.

Lorsque nous lui avons proposé d'utiliser la technique d'imagerie mentale pour lutter contre le ressentiment, et de nous en faire part, elle dit qu'au début elle avait beaucoup de mal à voir sa mère, à en créer une image. Puis, après s'être forcée à voir sa mère et à voir de bonnes choses lui arriver, Hélène découvrit qu'elle était en fait très en colère contre elle-même, pour avoir gâché sa propre vie. Elle se rendit compte qu'elle avait utilisé le ressentiment contre sa mère comme excuse pour ne pas faire face à la colère envers elle-même ; elle a vu que la personne à qui elle devait pardonner était – de fait – elle-même.

Hélène commença à se voir s'entourant elle-même de ses deux bras, à se visualiser en train de se faire un câlin, de se donner des « bons points », de se donner de petites tapes amicales d'appréciation sur le dos, de voir de bonnes choses arriver dans sa vie. Elle changea de façon remarquable. Alors qu'auparavant elle ne montrait que peu d'émotion et se sentait très souvent déprimée, elle commençait maintenant à donner des signes de vitalité et d'énergie.

Et, ce qui est encore plus important, elle apprit à utiliser ses sentiments envers sa mère comme « feed-back ». Chaque fois qu'elle se trouvait en train de ressasser ses vieux ressentiments contre sa mère, elle savait qu'elle était en train de se cacher sa colère contre elle-même. Dans de tels moments, elle se visualisait avec davantage d'auto-acceptation et davantage de responsabilité, quant à la solution de ses propres problèmes. Un an plus tard, des tests psychologiques indiquent une amélioration psychologique importante. Sa santé physique s'est aussi beaucoup améliorée. Elle est très active et ne montre aucun signe de maladie à présent.

Mieux comprendre votre ressentiment

Le procédé de visualisation de votre ressentiment n'est pas une manière d'éviter l'expression de vrais sentiments en les transformant en de fausses images positives. C'est plutôt une manière de mieux comprendre vos blessures anciennes, d'en prendre mieux conscience, et de se décharger de leurs mauvais effets secondaires. Après avoir utilisé la technique plusieurs fois, nos patients montrent – aussi bien par des comptes rendus subjectifs que par des tests psychologiques objectifs – qu'ils ont *moins* tendance à réprimer, refouler et nier leurs sentiments. Ils arrivent à faire face plus efficacement à leurs sentiments et, comme résultat, ils ressentent moins de stress et de tensions.

Puisqu'on ne transforme pas simplement des sentiments négatifs en sentiments positifs, il faut faire de grands efforts pour commencer à visualiser de bonnes choses arrivant à quelqu'un envers qui on a du ressentiment. Cependant, en essayant, vous commencez à percevoir et à affronter votre propre rôle, lorsque vous avez réagi à la situation blessante – de la façon dont vous avez réagi. Vous trouverez peut-être, comme nombre de patients, qu'une partie de votre ressentiment envers l'autre pourrait être dû au fait que vous avez réagi vous-même d'une manière que vous n'approuvez pas ; et que vous auriez voulu réagir autrement.

Vous trouverez peut-être, en faisant cet exercice, en utilisant la technique de visualisation par rapport au ressentiment, que quel que soit le nombre de fois que vous l'essayez, vous n'arriverez pas à oublier l'incident et l'autre personne, à la laisser aller en paix. D'habitude, cela veut dire que vous avez intérêt, quelque part, à ressentir ce ressentiment ; vous en retirez quelque chose. C'est peut-être que votre ressentiment vous permet de continuer à jouer à la victime, un rôle qui vous permet de pleurer sur votre sort sans devoir prendre la responsabilité de changer votre vie. Ou vous pouvez trouver peut-être que vous ressentez du ressentiment depuis si longtemps parce que vous avez du mal à accepter le fait que vous étiez en colère ou blessé au départ ; et vous continuez à être irrité par l'autre, parce que c'est lui « la cause » de votre colère ou blessure, c'est lui qui vous « fait » ressentir ceci.

Alors, pour faire la paix avec le comportement de l'autre, il faut regarder le vôtre de plus près. Si vous pouvez vous pardonner, vous pouvez aussi pardonner à autrui. Si vous ne pouvez pas pardonner autrui, d'habitude, c'est parce que vous ne vous pardonnnez pas à vous-même.

Tandis qu'exprimer, se décharger et se libérer du ressentiment libère le corps du stress, vous aurez aussi une impression de réussite, lorsque vos sentiments, au sujet de situations anciennes, commencent à changer. Vous reconnaîtrez une nouvelle sensation de liberté et de maîtrise lorsque vous découvrirez que vous n'êtes plus victime de vos sentiments. En libérant l'énergie liée au ressentiment, afin qu'elle puisse être redirigée et utilisée pour des décisions positives, vous serez beaucoup plus près du genre de vie que vous voulez vivre. Ces gains vont augmenter la capacité de votre corps à éliminer un cancer ; et améliorer de façon spectaculaire la qualité de votre vie.

14. Créer le futur :
se donner des buts définis

Pendant le temps de sa spécialisation en cancérologie et radiothérapie à la Faculté de Médecine, Carl s'intéressa au fait que certains cancéreux répondaient, réagissaient exceptionnellement bien au traitement. Pour voir s'il pouvait trouver pourquoi, il décida d'interroger les patients à la clinique, ceux qui avaient des réactions exceptionnellement bonnes à la cure. Il découvrit dans leurs réponses un même thème : tous avaient de très bonnes, de très fortes raisons de vouloir vivre ; tous pouvaient décrire en détail leurs raisons. Carl a alors pensé que cet attachement intense à un but dans la vie était une explication à leurs exceptionnels progrès et améliorations.

Ces raisons, ou buts, étaient variés : ils allaient d'un fort désir de terminer une affaire professionnelle importante, ou de surveiller et terminer la récolte de cette saison-là, au besoin fervent de communiquer un certain message à leurs enfants, et qui les aiderait à vivre ensuite comme des adultes autonomes. Quels que soient les buts, ils avaient une signification particulière pour les patients – assez forte, apparemment, pour augmenter sensiblement leur volonté de vivre. De ces expériences, et à partir d'observations très similaires d'autres chercheurs, il est devenu clair pour Carl que le fait d'avoir – ou de se créer – un très fort attachement à un but significatif, pouvait être une source importante d'énergie intérieure, dont un cancéreux a besoin pour guérir.

Indiscutablement, il faut du courage pour vivre une vie

pleine et significative, une vie qui a un sens, après avoir reçu un diagnostic de cancer. Il faut du courage, car, si la vie vaut d'être vécue, alors il y a beaucoup à perdre. La majorité des gens imaginent que si on leur disait qu'ils ont une maladie très grave, mortelle, ils feraient alors toutes les choses qu'ils avaient remises « à plus tard », seraient – vivraient – toutes les choses qu'ils remettaient à plus tard de vivre, s'autorisaient à être ce qu'ils ont envie d'être, vivraient les mois qui leur restent plus que pleinement. En fait, la plupart font juste le contraire : ils s'arrêtent de vivre. La vie devient neutre ; ils la vivent au conditionnel. Cela est dû peut-être en partie à une préparation inconsciente à la mort, car si l'on vit en mineur, en sourdine, en « mettant l'embrayage de sa voiture en première », alors la perte de la vie semble moins grave.

Une fois que les malades cancéreux se mettent à penser qu'ils vont mourir bientôt, leur tendance est de penser que les ressources [1] familiales nécessaires à améliorer la qualité de la vie devraient être plutôt utilisées pour quelqu'un « qui sera là plus longtemps ». Ainsi que Carl l'avait trouvé avec ses patients à la Faculté de Médecine, ceux qui *sont* « là plus longtemps » – les malades qui guérissent ou survivent plus longtemps – sont précisément ceux qui pensent que la vie vaut la peine d'être vécue en s'investissant dans quelque chose de significatif, pour laquelle ils veulent vivre.

Les bénéfices de l'établissement de buts

Tout au long de ce livre, nous avons mis en évidence que les gens qui ignorent continuellement leurs propres besoins émotionnels en payent le prix physiquement. La bonne santé, au contraire, résulte du fait de faire attention à

---

1. Rappelons que dans de nombreux pays, dont les Etat-Unis, les soins médicaux sont généralement payants et les soins fort chers (donc peu accessibles pour ceux qui n'ont ni fortune, ni souscrit en privé à diverses assurances-maladie, malgré une certaine aide aux indigents) (N.d.T.).

vos besoins – mentaux, physiques et émotionnels – et puis de traduire cette prise de conscience en action. L'outil le plus efficace que nous ayons trouvé pour que nos patients agissent de façon spécifique, pour qu'ils fassent quelque chose de positif, c'est de leur demander d'établir de nouveaux buts pour leur vie, et des buts définis. Pour certains, c'est la première fois qu'ils formulent consciemment leurs raisons de vivre.

En demandant à nos patients de se fixer des buts définis, nous les aidons à conceptualiser et à focaliser leurs raisons de vivre, à rétablir ainsi leurs liens avec la vie. C'est une façon de transformer des besoins émotionnels, mentaux et physiques en conduites, en comportements qui expriment le désir de vivre, de se réinvestir dans la vie. Le désir de vivre est plus fort lorsque l'homme – ou la femme – a une raison de vivre.

Se fixer des buts a beaucoup d'autres bénéfices importants pour le cancéreux :

1. *Se fixer des buts vous prépare, émotionnellement et mentalement, à passer à l'action, à commencer à mettre en actes que vous vous êtes engagé à guérir.*

Vous êtes en train de dire ainsi que vous *attendez* de guérir.

2. *Se fixer des buts exprime la confiance en votre capacité à répondre à vos besoins.*

Vous êtes en train d'affirmer que vous contrôlez votre vie et que vous pouvez y changer des choses. Vous agissez sur votre vie, plutôt que d'être l'objet de forces que vous ne contrôlez pas. L'importance de cette position d'affirmation de soi, c'est qu'elle va à l'encontre de l'attitude d'impuissance, d'absence d'espoir, sentiments qui ont contribué aux conditions physiologiques permettant l'apparition du cancer au départ.

3. *La position que vous prenez ainsi, l'affirmation que vous contrôlez votre vie crée une image de soi positive.*

Se fixer des buts, et travailler pour y parvenir, affirme votre propre importance, ainsi que l'importance de vos besoins. En acceptant vos sentiments, vos désirs et vos buts, et en travaillant pour répondre à vos besoins, vous exprimez que vous êtes quelqu'un qui a de la valeur et que vous comptez pour vous-même.

4. *Se fixer des buts offre un point de mire pour votre énergie.*

Cela établit des priorités. Lorsque la vie ne tient qu'à un fil, lorsqu'elle paraît conditionnelle, des buts vous donne une direction et une raison de vivre.

Nous rencontrons parfois des patients qui résistent à l'idée de se donner des buts. Il est possible qu'ils doutent de leur capacité à y parvenir, et craignent «l'échec». Il est possible qu'ils aient rencontré des individus «centrés vers un but», et qui paraissaient froids et animés seulement par leurs objectifs. Ou peut-être croient-ils qu'il est inutile d'établir des buts, car ils ne s'attendent pas à être là (en vie) pour y arriver.

Pour ces patients, nous leur mettons en évidence que la valeur essentielle de se fixer des buts se trouve dans la fait d'investir la vie quotidienne et de s'engager par rapport à des objectifs importants pour eux, valables, qu'on y arrive ou pas. C'est le *processus* de lutter pour y arriver, et non leur accomplissement final, qui donne un sens à la vie. Quant à la deuxième objection, l'individu «poussé» par ses objectifs n'est pas froid et obsessionnel parce qu'il a des buts, mais plutôt parce qu'il n'a pas bien équilibré sa vie : sa course aveugle vers ses buts ne lui laisse peut-être que peu de temps pour des valeurs humaines. Enfin, l'idée que vous vous faites que vous ne vivrez pas assez longtemps pour arriver à vos objectifs, comme nous l'avons vu et revu dans ce livre, peut être un obstacle important à votre guérison. (Plus loin, dans ce chapitre, nous vous donnerons des indications spécifiques pour affirmer que vous pouvez vivre pour arriver à vos buts et objectifs.)

Les buts servent simplement d'outils pour diriger votre énergie dans des directions positives. Vous pouvez les changer au fur et à mesure que vos priorités changent, que de nouvelles priorités s'y ajoutent, et vous en laissez tomber d'autres. Un but n'est pas autre qu'une déclaration de vos besoins présents, de la manière dont vous les percevez. *Vous êtes le patron* : c'est à vous de comprendre vos propres besoins et c'est vous qui êtes responsables de la mise en place de buts raisonnables pour pouvoir les atteindre. Et quand vous passez à l'action pour atteindre ce qui importe pour vous, vous donnez sens à votre vie – c'est primordial, c'est réellement très important pour aller dans la direction de la bonne santé.

Définir vos buts : des indications générales

Certaines personnes ont une idée nette de leurs buts. Pour d'autres, comme nous l'avons déjà dit, se demander « Qu'est-ce que j'attends de la vie ? » est une expérience toute noùvelle. Beaucoup de gens passent une si grande partie de leur vie à se conformer aux attentes de leurs parents, du conjoint, de leurs enfants, de leurs amis et de leurs employeurs, qu'ils ne sont pas sûrs de ce qu'ils veulent pour eux-mêmes. De plus, des gens qui auraient pu avoir une idée claire de leurs besoins et désirs dans le passé, peuvent ne plus savoir quels sont leurs désirs et leurs buts, lorsque les circonstances changent. Quelle que soit votre situation actuelle, les méthodes décrites ci-dessous peuvent vous aider à définir des buts appropriés. Essayez-les toutes jusqu'à ce que vous trouviez celles qui vous conviennent.

1. *Revoyez les « bénéfices » de votre maladie.*

Au chapitre 10, nous avons décrit les bénéfices que les gens tirent de la maladie, comme par exemple la permission .d'éviter des responsabilités, le travail, ou de faire ce que veut autrui. Les besoins émotionnels implicites dans chacun de ces bénéfices secondaires sont légitimes, mais le problème actuel du patient est de développer un moyen de satisfaire ses besoins *autrement que par la maladie*.

Si par exemple, un des bénéfices était que la maladie vous permette de prendre le temps de réfléchir seul, sans être distrait par les enfants, le travail, etc., vous établirez peut-être comme objectif de réserver un certain nombre d'heures, chaque semaine, juste pour vous-même. Si la maladie vous apporte davantage d'amour et d'attention de la part d'amis, vous prendrez peut-être comme but de déjeuner, ou dîner, ou jouer au tennis avec un ami régulièrement ; ou bien de demander à votre conjoint, ou ami(e) ou enfants de vous consacrer du temps plus régulièrement. Utilisez la liste des bénéfices comme point de départ pour vous aider à découvrir ce dont vous avez vraiment envie.

2. *Posez des questions de « survie ».*

Une autre façon d'identifier ce qui vous importe vraiment, c'est de prendre en considération la possibilité que vos buts, vos raisons de vivre, pourraient être la seule chose qui déciderait si vous allez mourir ou vivre. Posez-vous des questions de « survie », telles que « si je ne tiens à la vie que par un fil, à quoi est-ce que je tiens tellement pour continuer à tenir le coup ? ». Ou bien « Qu'est-ce que je veux faire aujourd'hui, qui vaut la peine que je fasse l'effort de me lever ? ». Quoi que ce soit qui compte assez pour influencer votre désir de survivre ou non, cela vous servira de base pour pouvoir développer vos objectifs. Mais ne soyez pas surpris si vous n'arrivez pas à trouver une réponse tout de suite. Forcez-vous à continuer à vous poser des questions, afin de trouver ce que vous désirez comme but(s).

3. *Posez des questions de « développement personnel »,* de *« quand je serai grand ».*

Art Ulene dans son livre *Feeling fine* (« Se sentir bien »), suggère qu'on commence la technique de la mise en place des buts par la question suivante : « Qu'est-ce que je veux être quand je serai grand ? » Cette question est valable quel que soit votre âge. Lorsque les gens grandissent et se développent normalement, et changent, tout en continuant à faire comme avant et jouer de vieux rôles sans les remettre en question, ces rôles deviennent souvent périmés, inadaptés et laissent un sentiment d'insatisfaction. Donc, le but de cette question est de vous forcer à réfléchir à ce que *vous* attendez de la vie, maintenant, indépendamment de rôles passés, d'attentes sociales, etc.

Quelques suggestions spécifiques pour la mise en place des buts

Avant de vraiment décider, puis vous mettre à écrire vos buts, nous aimerions que vous réfléchissiez à quelques indications précises concernant la mise en place des buts qui ont aidé nos patients à préciser par écrit des buts satisfaisants qu'ils peuvent atteindre.

1. *Choisissez et équilibrez vos buts concernant ce que vous voulez faire, mettez par écrit des buts comprenant des activités qui vous donnent un sentiment de plénitude personnelle, un sens à votre vie, autant que du plaisir.* Bien entendu, tout but dépend des préférences individuelles, mais la qualité essentielle que nous recherchons dans les buts de nos patients, c'est un *équilibre,* un contre-poids entre les besoins physiques, intellectuels et émotionnels-affectifs.

Nous vous encourageons à inclure des buts qui s'adressent à (1) vos buts dans la vie : votre épanouissement personnel, (« growth » [2]), vos relations avec autrui, votre carrière, vos cibles financières ; (2) des buts qui visent seulement à vous détendre, vous procurer détente, agrément, récréation, vous permettre de souffler (buts dont au moins la moitié devraient coûter très peu d'argent) ; et (3) des buts qui visent à l'exercice physique.

Nous avons trouvé que de nombreuses personnes se donnent trop de buts orientés vers le travail et ont tendance à être des « forçats du travail », des « drogués du travail ». Très souvent ce qui est sous-entendu comme message dans ce genre de comportement, c'est : « Je dois justifier mon existence par le travail que je dois terminer ; je n'existe pas en dehors de mon travail. » Des gens semblent aussi se fixer des buts en contradiction évidente avec la manière dont ils ont vécu. Un de nos patients, un avocat ayant fait une très belle carrière, était obsédé par son travail ; sa semaine de travail « normale » était de six jours, souvent de 18 heures par jour.

---

2. *Growth,* voir note p. 156.

Lorsqu'il a travaillé sur ses buts, il s'est rendu compte qu'il avait besoin d'équilibrer son travail par des activités agréables. Cependant, quand il avait établi ses objectifs, ils étaient : 1) faire de la voile deux fois par semaine, 2) aller à la pêche une fois par semaine, 3) apprendre à faire de la moto. Ses nouvelles priorités étaient aussi peu équilibrées que sa manière de vivre précédente.

Si vous avez complètement négligé la détente en faveur du travail, participer à des activités agréables devrait être un de vos buts. Si vous avez passé de nombreuses années à élever des enfants et à vous consacrer à votre foyer, une nouvelle activité satisfaisante serait peut-être de participer à quelque chose hors de chez vous, ailleurs, à une organisation politique, sociale ou charitable par exemple. Evaluez les points sur lesquels vous vous êtes concentré dans le passé, et réfléchissez et écrivez des objectifs qui concernent les parties de votre vie que vous avez négligées.

2. *Fixez-vous des buts définis concrets et spécifiques.* Lorsque des patients font le pas courageux de se réinvestir dans la vie, malgré une maladie mortelle, il est important qu'ils obtiennent des résultats qui leur donnent un sentiment de réussite et qui réaffirment le contrôle qu'ils exercent sur leur vie. Ainsi, les buts doivent être définis et tangibles pour qu'il soit évident lorsqu'ils sont atteints. Evitez des buts peu précis et généraux tels que : « Je veux avoir plus d'argent. » Plutôt, énoncez votre but en termes concrets, spécifiques, définis, avec des plans que vous pouvez mener jusqu'au bout :

Si votre but, c'est « d'avoir plus d'argent », ajoutez-y les activités précises dont vous pensez qu'elles ont une relation avec le fait de recevoir, de gagner plus d'argent, comme par exemple : « Demander une augmentation », « chercher un emploi à mi-temps », ou « distribuer mon curriculum vitae a vingt-cinq employeurs en perspective ». Si votre but c'est de : « Prendre plus conscience de ce que je ressens », vous pourriez prendre comme but de lire davantage de livres de psychologie, de parler de ce que vous ressentez avec un ami intime, ou prendre rendez-vous chez quelqu'un qui fait du

« counselling » [3] (un psychologue clinicien ou un psychothérapeute).

Plutôt que de vous donner comme but « d'être plus aimant », vous pourriez prendre comme but de passer quinze minutes par jour, seul à seul, avec chacun de vos enfants.

Autant que possible, rendez tangibles vos buts abstraits, pour que vous puissiez avoir la satisfaction de savoir quand vous les avez atteints.

3. *Rendez vos buts mesurables.* Après avoir défini un comportement précis, concret, spécifique, pour vos objectifs, précisez ce qui doit en être réalisé avant que vous ressentiez un sentiment d'accomplissement : par exemple, gagner un million d'anciens francs français de plus ; faire du jogging, de la marche, un peu de course à pied trois fois par semaine ; assister à un cours du soir pour adultes régulièrement pendant un an.

Vous pouvez aussi vous établir un emploi du temps réaliste, pour vous servir de stimulant. Mais lorsque vous le faites, rappelez-vous que pour accomplir n'importe quoi, il faut plus de temps que ce que nous pensons. Offrez-vous le cadeau du temps.

4. *Prenez des buts réalistes.* Tout comme vous pouvez préparer votre échec si vous vous créez des buts qui ne sont pas réalistes, en termes du temps nécessaire pour y arriver, vous êtes susceptible d'échouer si vous essayez de trop atteindre à la fois : « qui trop embrasse mal étreint ». Vos capacités, votre entraînement, votre formation doivent aussi être pris en considération. Il est évident que ce que l'on croit possible diffère selon les individus ; cependant, il est important que vous atteigniez vos buts, que vous ayez des réussites, avec des buts réalistes.

---

3. Le terme de « counseling » est à la fois une dénomination technique pour divers conseillers en psychologie surtout « non directifs » élèves de Carl Rogers, et un terme général pour diverses professions d'aide. Voir aussi la note précédente sur counseling, p. 147 (N.d.T.).

5. *Choisissez des buts qu'il est dans votre pouvoir d'atteindre, que vous arriverez à réaliser.* Une de nos patientes a pris comme but de devenir grand-mère – charmante idée – et compréhensible – mais hors de ses capacités, car cela dépendait des actions de sa fille et de son gendre. C'est un exemple de préparation à l'échec. Choisissez et écrivez des buts qui dépendent de *votre* comportement plutôt que du comportement espéré d'autrui.

6. *N'ayez pas peur de rêver.* Une idée qui paraît impraticable ou impossible peut en amener une qui est possible. Rappelez-vous vos plaisirs et succès passés. Y a-t-il des choses que vous faisiez avant, qui vous donnaient beaucoup de satisfaction, mais que vous avez oubliées ou que vous ne faites plus ? Y a-t-il des erreurs passées qui pourraient vous guider dans le choix de nouveaux buts aujourd'hui ? Parler de vos buts avec des amis pourrait vous aider aussi à les clarifier, mais faites attention à ne pas vous laisser convaincre d'adopter *leurs* buts, ou de changer les vôtres pour répondre à leurs attentes.

Se définir des buts – développer une série d'actions spécifiques pour y arriver

Maintenant que vous avez quelques indications sur la manière de choisir et définir vos buts, et les rendre satisfaisants, prenez du papier et écrivez-les, pour vous-même. Nous demandons à tous nos patients d'écrire trois objectifs à trois mois ; trois objectifs à six mois ; et trois objectifs à un an. Les buts à court terme devraient permettre de trouver et identifier des sources de plaisir et de gratification immédiate. Les buts à plus long terme devraient exprimer des objectifs plus longs à atteindre et qui mettent en évidence et expriment que vous allez les réaliser. Le procédé sert à vous aider à prendre la responsabilité de réaliser de petits buts précis et puis, après quelques réussites, de vous aider à élargir l'étendue de votre propre responsabilité.

Fixer des buts à long terme peut parfois être frustrant et

provoquer de l'angoisse, car vous voyez un grand trou, une béance, entre l'objectif désiré et votre situation actuelle. Toutefois, le fait de faire la liste des étapes et actions précises nécessaires pour atteindre ce but vous montrera les activités précises que vous pouvez et allez faire pour y arriver. Diviser, décomposer le but à plus long terme en plusieurs parties rendent chaque étape faisable, et donc, le produit final devient accessible.

Ces étapes d'actions ne sont ni des actes ni des décisions majeures, mais plutôt une série de petites étapes modestes, sans importance, sans prétention et tout à fait accessibles. Si votre but est d'aller en vacances à Waikiki (ou en Corse, ou à Venise) pendant trois semaines par exemple, votre liste d'étapes d'actions pourrait inclure de prendre les brochures dans une agence de voyages, ouvrir un compte-épargne pour le voyage, parler avec des amis qui sont allés à Hawaï (ou en Corse, ou à Venise) au sujet de leur voyage, vous renseigner sur des vols charters de groupe, ou de vols-vacances, ou d'autres moyens de transport, fixer les dates de congés au bureau, etc. Chacun de ces petits pas établit et précise votre attente, vous oriente et vous rapproche de ce que vous désirez et finalement vous amènera à votre but. Dans d'autres cas, si vous ne connaissez pas les étapes précises nécessaires, votre première action serait peut-être d'examiner différents moyens d'arriver au but.

Renforcer vos buts par les images mentales

Nous avons observé que le procédé de relaxation/imagerie mentale est un moyen efficace pour renforcer la conviction des patients qu'ils pourront atteindre leur but. Commencez avec la technique décrite au chapitre 11, seulement, cette fois, l'imagerie mentale demande la visualisation du but comme étant *déjà atteint* – et ensuite, rechercher, dans votre esprit, les étapes qu'il a fallu franchir pour y arriver.

Le fait de voir le but déjà atteint renforce l'attente,

l'espérance, la certitude que l'événement désiré arrivera ; et le fait de revoir les étapes qui ont mené à l'arrivée au but peut souvent indiquer des voies alternatives pour y accéder. Au fur et à mesure que vous découvrez de telles alternatives, vous aurez peut-être envie de changer votre liste d'actions, pour emprunter de meilleures voies pour atteindre votre but.

La technique d'imagerie mentale pour le renforcement de buts est décrit ci-dessous. Prenez le temps, maintenant, de choisir un de vos buts, et de lire lentement les différentes étapes. Comme avec les autres techniques d'imagerie mentale, cela pourrait vous aider d'enregistrer ces étapes de l'activité – et d'écouter la bande – ou bien de les lire à haute voix – ou de vous les faire lire – les premières fois que vous essayez.

1. Utilisez la technique de relaxation décrite au chap. 11.

2. Choisissez le but sur lequel vous voulez travailler.

3. Dans votre esprit, imaginez le but déjà atteint.

4. Ressentez les sensations que vous auriez si votre but était déjà atteint. Qu'est-ce qu'on vous dirait ? A quoi ressembleriez-vous ? Décrivez votre environnement. Ajoutez autant de détails que possible.

5. Voyez des amis, imaginez d'autres gens importants pour vous, en train de réagir à votre réussite, voire à votre exploit.

6. Revenez maintenant en arrière et revoyez les étapes par lesquelles il a fallu passer pour arriver au but. Quelle était la première étape ? Décidez-vous à faire quelque chose par rapport à cette première étape ? Voyez vous en train d'agir. Ressentez un sentiment d'accomplissement pour être arrivé à chaque étape. Rajoutez des détails sur les actions et sur chaque étape, et par rapport à vos sentiments.

7. Soyez heureux et reconnaissant d'être arrivé au but.

8. Revenez doucement à l'ici et maintenant.

9. Maintenant, ouvrez les yeux et commencez à faire quelque chose par rapport à la première étape.

Surmonter les problèmes pour imaginer ses buts

Utiliser les images mentales vous aidera souvent à définir le but plus clairement. Une patiente s'est visualisée en train de passer des vacances dans un endroit très connu, seulement pour se rendre compte qu'elle en voulait aux gens qui l'entouraient. Cela l'a aidée à comprendre qu'elle avait besoin de temps pour se retrouver seule, et non entourée par d'autres, ni dans une foule.

Cependant, de temps en temps, utilisez l'imagerie mentale précise et identifiez les obstacles à la réalisation des buts. Une de nos patientes a découvert que lorsqu'elle s'est visualisée arrivée au but, elle a aussi vu son mari et ses enfants très malheureux. Elle s'est rendu compte qu'elle craignait les réactions de sa famille aux changements personnels qu'elle voulait faire, et elle décida d'en discuter ouvertement avec eux.

Bien que normalement vous n'ayez pas de mal à créer des images mentales, vous vous trouverez peut-être incapable de créer une image mentale de votre arrivée au but, vous ne pouvez pas vous voir y arrivant.

Cela veut souvent dire que vous ne vous croyez pas capable d'y arriver. Si cela est vrai, la plupart du temps, le fait de continuer et répéter la technique d'imagerie mentale aidera à renforcer votre conviction. Si vous n'arrivez pas à visualiser la réalisation du but final, mais vous arrivez à en visualiser plusieurs étapes, le procédé commencera néanmoins à vous aider, à vous faire, à vous créer une meilleure idée, plus positive, de vos propres capacités.

De même, vous pourrez découvrir, au cours du procédé d'imagerie mentale, que vous avez une attente négative quant au fait de vivre assez longtemps pour réaliser vos buts. Par exemple, vous travaillez sur l'objectif de partir en vacances en famille dans un an, puis vous vous rendez compte d'un seul coup que vous venez de penser : « Je ne vivrai probablement pas assez longtemps pour prendre ces vacances là » ; nous vous suggérons alors d'arrêter l'imagerie. Alors, soyez proche de vos sentiments : avouez-vous que vous venez d'exprimer une attente qui peut être négative, et contre-balancez-la avec une attente positive. Rappelez-vous que vous recevez un bon traitement médical, adapté, que vous acceptez la responsabilité d'influencer votre propre bonne santé, et que vous disposez d'outils beaucoup plus nombreux qu'auparavant ; alors, il y a de bonnes chances que vous soyez encore vivant – ou vivante – pour prendre ces vacances – et en bonne santé.

La clef pour modifier cette attente négative n'est pas de nier ce que vous ressentez, mais d'en prendre conscience, et de la contre-balancer par des attentes positives. Au début, il se pourrait que vous n'arriviez pas à croire à l'attente positive que vous essayez d'y substituer. Ce n'est pas important. Obligez-vous à vous rappeler qu'une meilleure issue, qu'un autre dénouement, est aussi possible et vous vous trouverez, avec le temps, adopter un point de vue plus positif.

Chaque fois que vous trouvez que le processus d'imagerie de buts est interrompu par une idée, une croyance, une opinion négative, arrêtez l'activité, et, patiemment, contre-balancez l'idée avec une attente positive. Puis revenez au procédé d'imagerie mentale et imaginez-vous arrivant au but.

Après que vous vous soyez familiarisé avec la technique d'imagerie mentale des buts, commencez à intégrer un ou deux de vos buts plus importants dans le procédé habituel de relaxation/imagerie mentale que vous faites trois fois par jour.

Au fur et à mesure que vous vous visualisez arrivant aux buts, vous augmentez votre conviction que vous pouvez y arriver. Vous remarquerez également que vous commencez à vous comporter de manière à pouvoir les réaliser. De même que visualiser la victoire de votre corps sur le cancer et son retour vers la bonne santé vous aide à réagir positivement et à vous comporter de manière à ce que cela arrive, – de même vous visualiser régulièrement en train de réaliser vos buts aide à vous comporter de façon à donner un sens à votre vie.

15. A la recherche de votre guide intérieur vers la bonne santé

L'inconscient contient des ressources précieuses qui peuvent être mobilisées pour le développement et l'épanouissement personnel («growth») et la guérison. De fait, tout au long de l'histoire de l'exploration psychologique, des théoriciens ont proposé l'existence d'un «centre» dans le psychisme, lequel dirigerait, réglerait, et influencerait le cours de la vie de l'individu.

Ce «centre» porte des noms très nombreux. Freud fut le premier à l'appeler *l'inconscient* – la source d'instincts et de pulsions qui influencent le comportement et qui sont cependant largement en dehors de la conscience. Jung a donné une autre qualité à l'essentiel de l'inconscient; pour lui, un individu n'était pas seulement dirigé par son inconscient, mais, de plus, conduit par lui vers un épanouissement personnel («growth») plus grand et à un sentiment de bien-être. Pour Jung, le centre du psychisme d'un individu (qu'il appela le self – le «Soi») avait aussi une fonction compensatoire. Lorsque quelqu'un avait consciemment peur, par exemple, le self essayerait de lui donner les sentiments de force et de courage nécessaires pour faire face à cette situation effrayante. Jung proposa le postulat que des messages de l'inconscient, ou du self, étaient toujours favorables au bien-être de l'individu.

Le moyen qu'utilise l'inconscient, pour communiquer avec le self conscient, consiste en sentiments, rêves et intuitions. Malheureusement, notre culture semble désinvestir ces messages et s'en désintéresser. On nous enseigne de priser les événements et objets extérieurs – le comportement, les conduites, nos corps, des choses matérielles, les produits logiques de nos esprits – mais pas notre milieu intérieur. Nous avons donc tendance à ignorer les sentiments, les rêves, et les intuitions venant de l'intérieur, qui tentent de nous fournir les ressources nécessaires pour répondre aux demandes du monde extérieur.

Plusieurs chercheurs ont émis l'hypothèse que des cancéreux avaient pu être coupés des ressources de leurs processus inconscients. Notre expérience nous montre que de nombreux patients guéris en sont arrivés à voir leur maladie partiellement comme un message important ayant une grande valeur à priser, et font maintenant davantage attention à leur inconscient qu'aux demandes d'autrui. De plus, plusieurs patients nous ont dit avoir eu ainsi des prises de conscience importantes, des sentiments, des rêves ou des images spécifiques qui leur ont fourni de l'aide précieuse, qui les ont guidés dans leurs efforts pour recouvrer une bonne santé.

Trouver un « guide intérieur » est un procédé que nous enseignons aux patients pour capter ces riches ressources intérieures de guérison et de force. Visualiser votre guide intérieur vous donne accès à votre inconscient. C'est une représentation symbolique des aspects de la personnalité qui sont normalement inaccessibles à la conscience. Lorsque vous entrez en contact avec votre guide intérieur – par une technique d'imagerie mentale que nous décrirons plus loin – vous vous « branchez » sur des ressources mentales importantes dont vous êtes habituellement coupé.

La première école importante de psychologie à travailler avec le guide intérieur comme partie du processus thérapeutique fut l'analyse jungienne. Jung rapporta que pendant méditation ou rêverie, il arrive parfois que se forment des images spontanées ayant en quelque sorte une existence indépendante, une vie en soi, autonome. Dans la thérapie jungienne, on insiste beaucoup sur l'établissement de communication avec ces ressources positives de l'inconscient.

Une des techniques utilisée pour permettre cette communication avec le guide intérieur s'appelle « le rêve éveillé dirigé [1], une forme d'imagerie mentale. La psychosynthèse, un processus psychothérapeutique récent basé sur les travaux de Roberto Assagioli [2], encourage activement de développer le contact avec le guide intérieur aussi comme partie du programme d'évolution et d'épanouissement personnel (« growth ») et de découverte de soi.

Pour de nombreuses personnes, le guide intérieur se présente sous forme d'une figure d'autorité respectée – un sage, un vieil homme respecté ou une vieille femme pleine de sagesse, un médecin, un saint, un personnage religieux, – avec qui le patient peut avoir une conversation intérieure ; il peut lui poser des questions et entendre des réponses empreintes de sagesse au-delà des capacités conscientes de l'individu.

De plus, les patients réagissent mieux, ont plus de prises de conscience, sont souvent plus ouverts pendant leur consultation avec leur guide intérieur qu'ils ne le sont aux interprétations et remarques d'un moniteur ou leader de groupe, ou d'un thérapeute. Etant donné que le guide intérieur est un aspect de leur propre personnalité, compter sur un tel guide est sain et un bon signe de prise de responsabilité dans leur état de santé physique et psychologique.

Capter vos ressources intérieures : des exemples de la vie de nos patients

Jean

Un de nos patients, âgé de 18 ans, atteint d'une leucémie aigüe, nous a montré la saine sagesse du guide intérieur et son pouvoir de guérison. Jean, un jeune homme renfermé et trop intellectuel, croyait que s'il n'arrivait pas à résoudre rationnellement des problèmes, ceux-ci ne pouvaient pas

---

1. Il existe en France plusieurs écoles : le rêve éveillé dirigé de Robert Dessoille, l'onithérapie de Virel, etc. une école américaine, et une école italienne.
2. Ed. française : R. Assagioli « Psychosynthèse », Epi éditeurs.

être résolus. Cependant, une nuit, il fit un rêve, dans lequel un « médecin peu orthodoxe » lui apparaît et lui indique qu'il est un guérisseur venu l'aider à surmonter sa maladie.

Quand il nous a raconté cette expérience, nous avons émis l'hypothèse que peut-être le médecin de son rêve était « un guérisseur intérieur » symbolisant ses propres pouvoirs de guérison. Nous l'avons encouragé à rencontrer le médecin intérieur dans son imagerie mentale et à le consulter sur ses problèmes.

Jean n'avait guère de difficulté à rétablir la communication avec son « médecin peu orthodoxe », et a tenu avec lui un dialogue mental autour de trois problèmes majeurs : sa perte de poids liée à la mise au régime à l'hôpital, sa perte de force musculaire due à un manque d'exercices physiques à l'hôpital, et sa peur des femmes et de la sexualité. A partir de ces dialogues, Jean a eu l'idée de demander au diététicien chef de l'hôpital de lui préparer un breuvage spécial de protéines de 1500 calories supplémentaires tous les jours. Dès le début de ce régime, il a commencé à reprendre du poids. Il a aussi compris qu'on n'allait pas lui prescrire l'exercice physique dont il avait besoin s'il ne s'affirmait pas davantage. Puisque sa leucémie était avancée et ne répondait pas au traitement, l'équipe médicale pensait qu'il allait mourir et ne faisait aucun effort pour le faire participer à un programme d'exercices physiques. Après en avoir parlé mentalement avec son « médecin intérieur », Jean appela la kinésithérapeute et insista pour qu'elle lui établisse un programme d'exercices. Ce qui fut fait.

Par rapport à sa peur des femmes et de la sexualité, son « médecin intérieur » lui recommanda de s'intéresser aux gens en général plutôt que de s'inquiéter des femmes en ce moment ; Jean commença à se promener en chaise roulante dans le service et à parler avec les autres. Il a été étonné de découvrir combien tout le monde était gentil et aimable avec lui, et, progressivement, sa peur des autres commença à diminuer.

David

Une deuxième expérience souligne aussi l'efficacité de l'utilisation du guide intérieur comme voie vers l'inconscient. David, qui a maintenant la soixantaine, vint nous voir peu après un diagnostic de myelome multiple, une forme de cancer qui touche à la moelle osseuse. Pendant une séance de psychothérapie de groupe [3], il nous raconta un rêve qu'il faisait à répétition depuis son enfance. Il rêvait qu'il se réveillait au beau milieu de la nuit, complètement paralysé, comme s'il avait été envoûté. Dans le rêve, il se débattait et se débattait, convaincu que s'il pouvait bouger un seul muscle, il briserait l'envoûtement ; mais il n'arrivait jamais à bouger. Ce cauchemar l'avait terrifié au point qu'il insistait pour que sa femme fasse le lit avec des draps en accordéon, avec des plis supplémentaires croyant que si les draps étaient trop tendus et serrés autour de ses pieds, il ferait le rêve plus souvent. Malgré ces efforts, le cauchemar revenait régulièrement.

Après qu'on ait diagnostiqué qu'il avait un cancer, nous avons encouragé David à se rappeler ses rêves et à les écrire, avec l'espoir que quelque chose de ses rêves se révélerait utile pour lui dans son état de veille. Nous avons pensé et lui avons dit que tout cauchemar aussi puissant que le sien, contenait probablement des messages puissants de l'inconscient et qui pourraient lui fournir des renseignements psychologiques précieux.

Quelques temps après avoir commencé à noter ses rêves, David fit une série de cauchemars, suivis d'un très beau rêve de deux enfants jouant avec plaisir dans une grande prairie ouverte. A l'approche du crépuscule, les enfants se sont rapprochés pour se dire au revoir, et un enfant a dit à l'autre : « Maintenant que tu es d'accord pour jouer avec moi, je n'aurai plus besoin de t'attacher. »

---

3. Rappelons que la méthode Simonton utilise la psychothérapie de groupe dans des stages intensifs de 5 à 10 jours avec discussion libre, psychodrame, jeu de rôle, utilisation de l'analyse transactionnelle et décodage des rêves... et aussi de la relaxation, des dessins, de l'imagerie mentale et de l'exercice physique (A.A.S.).

Au réveil, et après avoir réfléchi au rêve, David, eut l'intuition qu'un des enfants de son rêve représentait son soi (self) conscient, et l'autre – celui qui parlait de ne plus l'attacher – symbolisait son inconscient.

En tant qu'homme d'affaires ayant réussi, prenant beaucoup de responsabilités dans ses affaires, s'intéressant au bien-être de ses employés, et au développement de sa ville, David avait ignoré ses sentiments et besoins émotionnels depuis des années, dans la poursuite de ses buts. Il ressentait que son inconscient essayait depuis des années de capter son attention avec ce rêve répétitif.

Croyant que l'enfant de son rêve lui avait dit comment empêcher ce cauchemar, il continua à noter ses rêves, lisant des livres sur la signification des symboles dans les rêves et cherchant l'aide du groupe dans l'interprétation de leurs significations.

De plus, David décida d'intégrer l'image de son inconscient dans son imagerie mentale trois fois par jour. Il demande à l'enfant ce qu'il a à dire et promet de l'écouter, et de ne plus l'attacher. Ce guide intérieur a été une source continue de bons conseils, et David n'a plus fait son cauchemar depuis deux ans et demi.

Depuis, il a trouvé en lui plusieurs autres guides intérieurs, qui semblent représenter d'autres aspects inconscients de lui-même. Un de ces guides qui apparu spontanément dans son imagerie mentale, est un petit garçon de 8 ans qui pleure. David se souvient qu'à l'âge de 8 ans, il a vécu une situation traumatisante, après laquelle il décida de vivre de manière à ce que les gens ne puissent plus le toucher émotionnellement. L'image du garçon représentait toute la douleur et toute l'angoisse qui l'avaient amené à sa décision d'enfance d'éviter des relations profondes. David se rendit bientôt compte que l'enfant en larmes n'apparaissait dans ses rêves que lorsqu'il était déprimé et qu'il s'était renfermé sur ses sentiments. Il a appris à interpréter l'apparition de l'enfant comme un message disant qu'il se coupait à nouveau de ses émotions.

Geneviève

Geneviève était une patiente difficile, bien qu'elle ait eu une bonne réaction physique à notre programme de soins : elle luttait souvent contre nos efforts pour l'aider à voir et à affronter ses problèmes psychologiques. Elle résistait fréquemment à l'auto-analyse, ou à voir d'autres alternatives à ses relations avec autrui, à imaginer d'autres manières de faire et d'agir. Dans l'espoir de trouver un moyen quelconque pour qu'elle s'observe et prenne conscience de sa manière d'être, nous lui avons suggéré d'utiliser le procédé du guide intérieur dans son imagerie mentale.

Elle finit par nous avouer un peu timidement qu'un personnage nommé Dr. Fritz était apparu spontanément dans son imagerie, deux mois auparavant, mais qu'elle avait été trop gênée pour nous en parler. Quand elle avait demandé au Dr. Fritz ce qu'il faisait dans son imagerie mentale, il lui avait répondu qu'il y était pour l'aider à retrouver sa bonne santé ; elle lui posa ensuite une série de questions, et ses réponses montraient une profonde compréhension des problèmes émotionnels que Geneviève avait évité d'aborder avec nous.

Elle écoutait le Dr. Fritz. Par exemple, au cours d'une communication téléphonique avec sa fille au sujet d'une prochaine visite, elle avait eu une conversation qui l'avait mise plutôt en colère. Elle ne parla pas du tout de sa colère avec sa fille, mais plus tard, dans la journée, son cancer lui fit mal. Elle consulta le Dr. Fritz sur sa douleur ; il l'informa que c'était dû au fait qu'elle n'avait pas abordé sa colère directement avec sa fille. Elle ressentait mal le fait que sa fille exigeait beaucoup de son temps à elle, dit le Dr. Fritz, et si elle voulait se débarrasser de sa douleur, elle devait téléphoner à sa fille pour lui annoncer qu'elle ne viendrait pas le week-end. Lorsque Geneviève téléphona à sa fille pour annuler sa visite, sa douleur commença à disparaître. Elle nous rapporta de nombreux incidents similaires – peut-être une trentaine ou une quarantaine, sur une période de six mois – et sa santé s'améliora régulièrement.

239

Jeannette

Quelques patients ont eu des prises de conscience importantes et des informations précieuses lors de dialogues mentaux avec les symboles de leur imagerie. Jeannette reçut le diagnostic d'un cancer du sein avec des métastases dans la cavité abdominale. Elle commença à utiliser l'imagerie visuelle lorsqu'elle entra en thérapie avec nous. Bien que son état fut très grave, avec un mauvais pronostic, elle répondit très bien au traitement et pu bientôt retourner travailler et reprendre ses activités habituelles, pendant deux ans et demi.

Jeannette vécut alors des bouleversements émotionnels, et après plusieurs mois de stress exceptionnel, elle eut une nouvelle flambée de sa maladie. Peu de temps après, lors d'une séance d'imagerie mentale, elle fit appel à l'image de ses globules blancs et leur demanda mentalement s'ils feraient des heures supplémentaires, dans un effort spécial pour reprendre le contrôle de sa tumeur; ils ont répondu qu'ils ne travailleraient pas seuls, mais qu'elle devrait travailler aussi. Les globules blancs lui ont dit que si elle voulait se rétablir, il était important qu'elle entre en contact avec les raisons émotionnelles de la réapparition (récurrence) de sa maladie, et qu'elle fasse quelque chose pour eux – en plus de la pratique de son imagerie mentale trois fois par jour. Puis ils l'ont rassurée, lui disant qu'ils continueraient à travailler consciencieusement sur son cancer et continueraient à se reproduire pour qu'il y ait toujours une source continue de nouveaux globules blancs pour combattre sa maladie.

A la suite de ce dialogue, elle est revenue nous voir à notre centre, pour une session de thérapie au cours de laquelle elle commença à aborder, découvrir, dévoiler et traiter ses récentes difficultés. Pendant la session, sa tumeur commença à régresser et elle rentra chez elle, se sentant mieux et à nouveau en voie de guérison.

France

France est une autre de nos patientes qui nous rapporta être entrée en dialogue interne avec son imagerie visuelle. France est venue nous voir après avoir reçu le diagnostic de rechute de son lymphoma, un cancer qui s'attaque au système lymphatique. Comme partie de son imagerie, elle imagina son cancer détruit par la chimiothérapie et par ses globules blancs. Puis elle imagina que sa moelle osseuse restait saine et produisait davantage de globules blancs pour combattre le cancer.

France est poète et tient son journal intime avec ses idées, ses intuitions et ses rêves. Elle en a publié une partie dans son livre « *Any time now* » (« A n'importe quel moment maintenant »). Ce qui suit est un poème tiré de son livre. Elle décrit son premier contact avec une source de conseil intérieur qui a pris la forme de sa moelle osseuse.

Entrées du journal – 15 mai 1976

4 heures – Ai lu mon nouveau poème de serpent à Marc. Ses suggestions l'ont amélioré et elles me rendent triste.

8 heures – Méditer, visualiser. Tout d'un coup, je ne pouvais plus voir ma moelle osseuse. Ne pouvais pas la voir du tout. Me suis demandée de quoi il s'agissait ? Pourquoi est-ce que je me punis ?

Tout de suite, une réponse : J'ai laissé Marc changer *mon poème du serpent* [4]. Je lui ai permis de dire : « *C'est ça que tu veux dire, il ne s'agit pas de cela* » – il a supprimé le sens de mon poème.

J'ai compris : ma moelle osseuse disait *Je* suis la source – de toute créativité, de tout ce qui est bon – les globules blancs qui guérissent viennent de moi – je suis le centre – le générateur, dans ce corps – de la puissance vitale – J'ai promis de rendre ma propre signification à mon poème.

J'ai vu des globules blancs couler de la moelle épinière

---

4. *My snake poem* (souligné dans le poème).

dans mon sang, des milliers – avançant avec cette lueur cellulaire, ce mouvement – fluide, ondulant, liquide – que nous reconnaissons comme la Vie. Ils adoucissaient, calmaient et amenaient de la nourriture. Et ils ont tué les cellules anormales. Et je pouvais voir de nouveau l'intérieur de ma moelle épinière – brillante – dans son aura d'humidité et d'or.

D'un seul coup – je me suis souvenu du serpent sous l'Acropole (dans « *The bull from the Sea* » – « Le taureau venant de la mer ») – Thésée essayant de sauver Athènes, assiégée – une vieille femme, gardienne du serpent de la déesse, lui montre le passage secret hors de la ville – un sentier passant dans les profondeurs de la colline. Ils s'arrêtent et regardent dans un puits profond – le serpent, ancien, sacré pour la déesse – la vieille femme lui donne à manger – il mange – un bon présage, ce qu'il entreprend réussira.

Alors j'ai compris – ma moelle épinière luisante sert de dépôt – en moi – de la puissance de l'univers – et je suppose . que l'autonomie que je cherche doit venir de cette connaissance.

Je dois respecter la force de la vie *telle qu'elle est en moi* – et *c'est en moi* [5], créé par la moelle épinière, c'est de là que provient le sang, et c'est ce qui détient le code des gènes.

Dans les semaines et mois qui ont suivi, France comprit beaucoup de choses précieuses, retrouva des choses importantes concernant sa réponse émotionnelle aux événements quotidiens, par la présence ou l'absence de l'image de sa moelle osseuse, lors de ses visualisations.

Une autre approche du guide intérieur

Dans notre expérience, le guide intérieur de la plupart des patients prend la forme, soit d'une figure d'autorité respectée, soit de quelque autre grave personnage ayant une grande valeur symbolique. Toutefois, David Bresler et Art

---

5. Souligné dans le poème.

Ulene rapportent de nombreux succès en utilisant des personnages imaginaires légers et amusants comme guide intérieur.

Le Dr. Bresler, de la Faculté de Médecine de Los Angeles (Pain Clinic, U.C.L.A.) demande à ses patients d'utiliser l'imagerie mentale pour contacter leur guide intérieur afin d'obtenir des renseignements sur leurs douleurs. Il suggère souvent que le guide puisse prendre la forme d'animaux amusants – « Freddy la grenouille », ou « Mickey mouse », par exemple. Malgré leurs lubies, ces créatures aident les patients à identifier ce qui se passe dans leur vie, et qui pourrait contribuer à leur douleur.

Ulene, qui donne des conseils de santé dans l'émission américaine télévisée, « Today Show » (« Le spectacle du jour ») décrit une méthode voisine à celle de Bresler, dans son livre, *Feeling fine* (« Se sentir en forme »). Ulene encourage chacun à créer et développer un animal ou autre créature phantasmatique, comme conseiller, ce qui vous permettra de faire appel au cerveau droit – l'hémisphère s'occupant davantage du fonctionnement symbolique, intuitif, que de la pensée logique, rationnelle, associée à l'hémisphère gauche – pour de l'aide dans la solution de problèmes. Il décrit aussi la créature et le processus d'imagerie mentale :

L'animal, bien entendu, n'est autre chose que le symbole de votre moi intérieur, et parler à l'animal, c'est comme vous parler à vous-même, mais sur une onde cérébrale [6] que vous n'utilisez pas souvent.

J'ai utilisé récemment ma propre créature imaginaire personnelle – un lapin qui s'appelle Corky – pour résoudre un problème lié à mon travail. Depuis plusieurs jours, je cherchais une solution à une situation. Aucune solution. Beaucoup de frustrations. Beaucoup de stress. Puis un jour, j'ai pensé : « Voyons ce que Corky a à dire à ce sujet. »

J'ai fermé la porte de mon bureau, tiré les rideaux, et je me suis enfoncé dans mon fauteuil. Rapidement, je me suis imaginé en train d'être dans mon coin de détente préféré –

---

6. Onde alpha, en principe.

une piste de ski en montagne[7]. En l'espace de quelques secondes, Corky m'est apparu. J'ai exposé mon problème et lui ai demandé : « Qu'est-ce que je dois faire ? ». « *Tu* ne dois rien faire » a répondu le lapin sans hésitation. « C'est à Frank de le résoudre. Ce n'est pas ton problème ».

Pourquoi n'y avais-je pas pensé ? C'était la bonne réponse, bien qu'elle m'ait échappé depuis plusieurs jours, pendant que je réfléchissais au problème.

J'ai téléphoné à Frank (qui s'occupe des questions administratives pour mon émission de TV) et lui ai parlé de ma conversation avec le lapin. Frank est tombé d'accord pour s'occuper du problème. Quelques secondes plus tard, je me sentais mieux.

J'admets que la solution aurait dû être évidente depuis le début. Mais c'est justement ça le point. Ce n'était pas évident pour le côté verbal de mon cerveau[8]. Seulement lorsque j'ai fait appel à mon petit ami l'animal, étais-je prêt à chercher une solution dans une nouvelle direction ?

L'approche d'Ulene est simple et directe ; elle a l'avantage de démystifier le processus pour qu'il n'y ait pas de barrière liée au fait d'accepter des croyances mystiques ou religieuses, pour pouvoir consulter un guide intérieur.

Le procédé d'imagerie mentale du guide intérieur

Nous avons trouvé que cette expérience était, sans exception, importante et précieuse pour aider au rétablissement de nos patients et nous vous encourageons d'essayer. Les étapes décrites ci-dessous ont été préparées pour vous aider à établir un premier contact avec un guide intérieur, quelle que soit la forme ou l'apparence qu'il puisse prendre. Une fois que vous l'avez trouvé, vous pouvez l'appeler

---

7. à Mammoth.
8. Rappelons que l'hémisphère gauche du cerveau – pour les droitiers – est plus liée aux fonctions rationnelles, logiques, digitales – et l'hémisphère droit aux fonctions créatrices, artistiques, imaginatives, sensitives, analogiques (A.A.S.).

quand vous voulez, pendant votre imagerie mentale habituelle, trois fois par jour.

1. Asseyez-vous dans un fauteuil confortable, les pieds posés à plat sur le sol, les yeux fermés. Utilisez la technique de relaxation (Chapitre 11), pour être tout à fait à l'aise et détendu.

2. Voyez dans votre esprit, visualisez que vous êtes dans un endroit agréable et familier, par exemple en pleine nature, dans une position naturelle, qui vous donne une sensation plaisante de chaleur, de confort, de paix et de sérénité. Choisissez l'endroit de mémoire (rappelez-vous un endroit agréable) ou construisez un endroit imaginaire. Concentrez-vous sur les détails de la scène. Essayez de la ressentir avec tous vos sens – comme si vous étiez vraiment là.

3. Remarquez maintenant un sentier près de vous, et qui va vers l'horizon. Vous sentez que vous marchez dans ce sentier. C'est agréable, vous vous sentez léger.

4. Remarquez maintenant, au loin, une lueur bleutée, radieuse, qui vient doucement vers vous. Il n'y a rien de menaçant dans cette expérience.

5. Au fur et à mesure que la lueur se rapproche, vous vous rendez compte que c'est une créature vivante – quelqu'un (que vous ne connaissez pas) ou un animal sympathique.

6. Pendant que la personne, la créature ou l'animal se rapproche, prenez conscience des détails de son apparence. Est-ce une créature masculine ou féminine? Voyez sa forme aussi clairement que possible. Si votre guide est une personne, notez les détails du visage, des cheveux, des yeux, de l'ossature, de la silhouette, de la forme générale.

7. Si cette personne, cet animal ou cette créature vous donne une sensation de chaleur, confort et sécurité, vous savez que c'est votre guide intérieur.

8. Demandez le nom du guide, et puis demandez-lui de l'aide pour vos problèmes.

9. Engagez une conversation avec la personne ou la créature; faites connaissance, discutez de vos problèmes comme vous le feriez avec un ami très proche.

10. Faites très attention à tous les renseignements que

vous recevez de votre guide. Cela peut prendre la forme d'une conversation ou s'exprimer sous forme de gestes symboliques, par exemple, le guide peut montrer quelque chose du doigt, ou avoir en main ou donner un objet qui représente son conseil.

11. Faites un accord avec votre guide sur la manière d'entrer en contact avec lui à nouveau pour discuter avec lui, échanger, ou lui parler de l'avenir.

12. Puis, en prenant votre temps, lorsque vous sentez que vous êtes prêt, laissez votre conscience revenir lentement dans la pièce où vous êtes assis et ouvrez les yeux.

Ne vous découragez pas si vous n'avez pas de contact avec votre guide ou si vous ne recevez pas d'informations de lui à la première tentative ; ce n'est pas inhabituel d'avoir à s'y prendre plusieurs fois. Parce qu'il s'agit d'une partie de vous-même, à laquelle vous n'avez pas fait attention depuis des années, rétablir la communication nécessite souvent du temps et de la patience.

Si vous vous sentez mal à l'aise, ou gêné, de consulter un guide intérieur, rappelez-vous que la figure à qui vous faites appel n'est qu'un symbole de votre soi, de votre moi intérieur, une partie pleine d'intuition et de sagesse, et capable de réactions de votre personnalité, avec laquelle vous êtes généralement en rupture de communication. Si vous arrivez à établir une relation étroite avec votre guide intérieur, vous pourriez recevoir une quantité extraordinaire d'informations et de conseils sur vos sentiments, motivations et comportements. Votre guide peut vous prévenir lorsque vous vous rendez malade, et suggérer ce que vous pouvez faire pour vous aider à guérir. Ce n'est qu'une capacité de plus que vous avez, et que vous pouvez mobiliser pour améliorer votre santé.

16. Maîtriser la douleur

Les chercheurs faisant de la recherche médicale ne savent pas toujours de manière précise ce qui cause la douleur, ni ne comprennent complètement les voies de communication entre le corps et l'esprit[1]. Et si la douleur est difficile à expliquer, ne serait-ce qu'au simple niveau physiologique, elle est encore plus difficile à comprendre lorsque nous considérons un système complexe d'interdépendances entre le corps, l'esprit et les émotions. Bien que la douleur puisse avoir des causes physiologiques, elle peut aussi être due seulement à des stress émotionnels. Alors, pour traiter la douleur, nous devons tenir compte, non seulement de l'état physique du patient, mais aussi de son état émotionnel.

Pour le cancéreux, la douleur est souvent l'aspect le plus effrayant de sa maladie. Un mal au dos dû à la tension, ou bien un mal au cou, parce qu'on a mal dormi sur un oreiller inhabituel, seraient ignorés par la plupart des gens ; mais une fois que quelqu'un a reçu un diagnostic de cancer, chaque mal et chaque douleur prend une nouvelle signification. Tout malaise reçoit la plus grande attention, par peur que ce ne soit le signe d'une rechute du cancer ou de métastases dans une autre partie du corps.

De plus, il est presque impossible de savoir ce qui est à

---

1. Malgré la récente théorie de la barrière et garde-barrière – et les découvertes des endorphines (morphines du cerveau) par Guillaumin, Prix Nobel (N.d.T.).

l'origine de la douleur, ou de distinguer quels éléments sont physiques et lesquels pourraient être psychologiques. Nous avons vu des cas où deux patients avaient des tumeurs pratiquement identiques quant à leur localisation et leur taille ; cependant, un patient ressent une douleur insupportable et l'autre n'en ressent point. Les différences peuvent être physiques, à un niveau que nous ne percevons pas. Incontestablement, elles peuvent aussi être psychologiques.

Les composantes émotionnelles de la douleur

La douleur a aussi une relation étroite avec les états émotionnels-affectifs. Nous en avons eu un exemple éclatant avec un patient qui est venu nous voir quasi-mourant. Frédérique était médecin, dans la quarantaine, avec un cancer du rectum avec de massives métastases au foie. Le cancer du rectum avait été enlevé par chirurgie et il était sous chimiothérapie pour ses métastases du foie, mais ses médecins considéraient la chimiothérapie comme un échec et avaient arrêté tout traitement. Malgré la gravité de sa maladie et sa douleur intense, Frédérique était extrêmement discipliné, convaincu qu'il guérirait, et luttait dur pour rester vivant.

Pendant notre travail avec lui à notre centre, il a pris conscience que de nombreux problèmes et stress dans sa vie étaient liés à une partie extrêmement jugeante de sa personnalité, qui l'obligeait à des normes professionnelles quasi impossibles à atteindre de compétence professionnelle et d'acceptation par ses collègues. Un des « bénéfices » de sa maladie, c'est qu'il recevait de confortables versements d'indemnités de son assurance, ce qui, donc, le libérait des pressions constantes d'avoir à faire ses preuves, à « se prouver » professionnellement.

Bien que Frédérique fût très proche de la mort, il commença à montrer des signes de guérison. En pratiquant de façon très disciplinée le procédé de relaxation/imagerie mentale, la taille de son foie grandement élargi et distendu diminua, et avec cela diminua aussi son intense douleur.

Bientôt, il fut capable de reprendre un grand nombre de ses activités normales, et cinq mois après notre première rencontre, il rouvrit son cabinet médical. Peu de temps après, sa compagnie d'assurance l'avertit qu'elle arrêtait de lui verser sa pension d'invalidité. Au cours de cette conversation, la douleur de son foie revint. A partir de ce moment-là, sa condition déclina régulièrement et il mourut dans les trois mois. Le fait que la douleur soit revenue *pendant* la conversation qui l'a troublé, avec la compagnie d'assurance, suggère la relation entre la douleur de Frédérique – une douleur réelle, tangible, physique – et son état émotionnel.

La douleur et les rêves

Une autre preuve de la composante émotionnelle de la douleur est le fait que des patients racontent souvent être réveillés d'un sommeil profond par une douleur intense. Pour nous, l'explication en est que l'inconscient tend à traiter des choses désagréables pendant le sommeil, choses qui seraient trop menaçantes à voir, à affronter lorsqu'on est éveillé. Le contenu de ces pensées inconscientes est si angoissant qu'il en résulte une douleur physique. Parfois les patients ont des indices de ce contenu, parce qu'ils se souviennent de leurs rêves. Dans de tels cas, nous recommandons qu'ils essaient d'analyser le rêve angoissant, en ayant un dialogue avec les personnages du rêve, pendant leur exercice d'imagerie mentale, les traitant comme s'ils étaient des guides intérieurs qui voulaient leur donner des conseils importants.

Les « récompenses » de la douleur : apprendre à ne pas utiliser la douleur comme justification

La douleur physique remplit un certain nombre de fonctions psychologiques importantes. Un cancéreux pourrait trouver que beaucoup des « bénéfices » de la maladie – qu'on s'occupe de lui, qu'il reçoive davantage d'affection, de signes d'amour et d'attention, qu'il se sorte d'une situation difficile, etc. – résultent plus du fait qu'il souffre de par sa douleur, que par la tumeur elle-même, – car la douleur rappelle la maladie ouvertement à tout le monde. Nous les appelons les «récompenses externes de la douleur», car ils servent à influencer le milieu extérieur, c'est-à-dire les autres gens et leur comportement vis-à-vis du malade.

Tout comme le cancer peut parfois donner à certains la justification dont ils ont besoin pour reconnaître leur propre importance et demander qu'on réponde à leurs besoins, ainsi le peut la douleur. Si vous pouvez vous donner la permission de demander de l'affection et de l'attention, qu'on vous permette de vous détendre, vous délivre d'un stress excessif, sans prendre la douleur comme justification, vous serez capable de diminuer votre douleur.

La douleur a aussi des «bénéfices externes». Par exemple, certains de nos patients semblent utiliser la douleur comme divertissement, comme excuse pour éviter de regarder les conflits émotionnellement éprouvants de leur vie. Dans tous ces cas, la douleur physique pourrait remplacer inconsciemment la douleur émotionnelle-affective, car la douleur physique est souvent plus supportable, surtout si le patient craint ne pas avoir les moyens, l'art de traiter la douleur émotionnelle-affective, ou bien s'il (ou elle) n'espère plus pouvoir résoudre ses conflits.

Donc, en même temps que vous explorez les causes physiques de la douleur, nous insistons pour que vous exploriez les «bénéfices» possibles que vous pourrez en tirer. Cette seule auto-analyse pourrait vous aider à commencer à modifier les pensées, conduites et comportements qui contribuent à votre douleur. Demandez-vous: «Pourquoi ai-je besoin de cette douleur? A quoi sert-elle? Qu'est-ce qu'elle me permet de faire ou ne pas faire? Qu'est-ce que j'en tire?» Répondre à ces questions est souvent difficile. Votre conscient tend à répondre: «Je ne veux pas cette douleur. Elle ne me sert à rien. Elle m'empêche de faire ce dont j'ai envie». Mais, il est important d'aller au-delà de ce point. Vous pourriez vous faire aider par vos proches pour répondre à ces questions, par des gens proches, amicaux et capables d'être

directs et très honnêtes, ou par un «counsellor» professionnel – par quelqu'un dont c'est le métier d'aider autrui.

Méthodes pour maîtriser la douleur

Puisque la douleur est si souvent étroitement liée à la
tension et la peur, nombre de nos patients ressentent une
diminution de la douleur après avoir commencé à utiliser
régulièrement le procédé de relaxation/imagerie mentale.
Nous croyons qu'il y a deux raisons à cela. D'abord, l'activité de relaxation diminue la tension musculaire, ce qui
diminue la douleur. Deuxièmement, comme le procédé
d'imagerie mentale aide le patient à croire en sa guérison, à
développer une attente plus grande de la guérison, sa peur
diminue, réduisant ainsi la tension et diminuant encore la
douleur.

Dans ce chapitre, nous décrivons nos méthodes pour
maîtriser la douleur. Nous commençons par aider les
patients à comprendre ses composantes émotionnelles :
quand et pourquoi elle apparaît, à quelle intensité, et dans
quelles circonstances le patient est tout à fait, ou presque,
libéré de la douleur. Ensuite, nous décrivons les techniques
qui pourraient réduire la douleur.

*Reconnaître comment vous pouvez peut-être contribuer à
votre douleur*

La douleur n'est jamais constante, bien que des patients
la décrivent fréquemment comme cela. Si vous pouviez
enregistrer les moments où vous avez mal, et les garder en
mémoire ou par écrit, vous verriez probablement qu'il y a
des moments où vous n'avez pas mal, d'autres où la douleur
est minime, et d'autres où elle varie de degré et d'intensité.
Cela vous aiderait à prendre conscience de ce à quoi vous
pensez et de ce qui se passe dans votre vie à chacun de ces
moments.

Par exemple, un patient peut nous dire qu'au réveil au
lit, il n'a pas mal. Mais lorsqu'il commence à songer à se

lever, la douleur apparaît. S'il examine ses pensées à ce moment-là, il pourrait dire s'être soudain souvenu qu'il est malade, qu'il ne peut pas fonctionner comme d'habitude, qu'il ne se sent pas «lui-même». Une fois levé et se préparant, il pourrait ne ressentir que très très peu de douleur jusqu'au moment où le téléphone sonne: il y a alors, soudain, augmentation subite et dramatique de la douleur.

Pour nous, un tel rapport indiquerait que l'attente négative de ce patient contribue à sa douleur. Au lieu de se voir comme plein de forces et capable de faire face à la vie quotidienne, il se rappelle sa maladie; il s'attend à ne pas pouvoir fonctionner facilement. De plus, il semble anticiper une conversation téléphonique difficile, et qui lui pose un problème. Dans un tel cas, nous lui aurions demandé qui – dans son esprit – allait lui téléphoner, qu'est-ce qu'il pensait qu'allait être la conversation, et pourquoi il se sentait incapable de maîtriser la situation.

Une fois qu'il aurait pris conscience des attentes qui influencent sa douleur, il serait capable de les modifier. Il pourrait faire plus régulièrement le procédé de relaxation/imagerie mentale, afin de renforcer une attente positive. Il pourrait limiter son exposition à des situations qu'il craint comme devant être stressantes ou essayer de changer sa façon de réagir à des situations inévitables. Cette prise de conscience du «comment» il a pu contribuer à sa douleur, est un premier pas important pour la réduire.

Imagerie mentale pour faire face à la douleur

Nous ne nous limitons pas à rechercher les composantes émotionnelles possibles de la douleur avec nos patients, nous utilisons aussi trois procédés d'imagerie mentale spécialement conçus pour faire face à la douleur persistante: visualiser les ressources de guérison de son corps, communiquer avec la douleur, et visualiser la douleur. Cette méthode est adaptée des travaux des docteurs C. Norman Shealy, du centre anti-douleur de La Crosse, Wisconsin (Pain & Health

Rehabilitation Center), et David Bresler, de la Clinique anti-douleur de la Faculté de Médecine de Los Angeles (Pain Clinic, U.C.L.A. School of Medecine). Essayez toutes les trois méthodes, jusqu'à ce que vous trouviez celles qui marchent le mieux pour vous. Faites la visualisation aussi souvent que nécessaire pour vous. Il n'y a aucune limite au nombre de fois qu'elle peut être pratiquée et être encore efficace. Nous espérons que ces activités vous stimuleront à trouver d'autres manières créatives pour faire face à votre douleur.

Visualiser les ressources internes de guérison de votre corps

Le but de cette activité est de vous rendre actif et participant activement à mobiliser les ressources de guérison de votre corps et les orienter vers la partie douloureuse ; et, de plus, de vous permettre d'encourager ces forces puissantes à corriger ce qui est anormal, afin que la douleur diminue. En répétant cette activité, cet exercice, vous renforcez votre foi en votre capacité à contrôler la douleur et les processus de votre corps – et ainsi vous diminuez la peur qui est souvent une composante de la douleur.

1. Préparez-vous, en utilisant l'exercice de relaxation décrit au chapitre 11.

2. Visualisez que vos globules blancs partent en exploration (ou utilisez une autre image des forces de guérison de votre corps) pour découvrir la difficulté. Essayez de voir l'image très clairement. Orientez, envoyez les ressources de guérison vers la partie de votre corps qui ressent la douleur.

3. Si les globules blancs (ou votre propre image mentale) trouvent des cellules cancéreuses, visualisez les globules blancs attaquant et détruisant le cancer, laissant la région propre, saine et sans douleur.

4. Si les globules blancs (ou votre propre image mentale) ne trouvent aucun cancer, mais plutôt des muscles ou des ligaments douloureux et tendus, visualisez ces muscles se détendant, ressentez la détente dans cette région, la relaxation de cette partie du corps, visualisez les muscles se détendre comme des élastiques tendus qui se relachent.

5. Remarquez que pendant que vous gardez en tête cette

image des muscles et ligaments qui se détendent, la douleur diminue, et pourrait même quitter cette région.

6. Mentalement, donnez-vous un bon point, une petite tape amicale sur le dos pour avoir participé au soulagement de la douleur; et puis, reprenez vos activités habituelles.

Communiquer avec la douleur

Tenir un dialogue mental avec votre douleur se passe de la même façon que consulter votre guide intérieur; les deux procédés peuvent vous en dire beaucoup sur les composantes émotionnelles de votre douleur et de votre maladie. Geneviève, par exemple (décrite au chapitre 15) consulta son guide intérieur, le Dr. Fritz, lorsqu'elle avait mal. Il lui dit que la cause de sa douleur était d'avoir pris un engagement qu'elle ne voulait pas tenir. Lorsqu'elle suivit son conseil (son propre bon jugement), et annula l'engagement (une visite chez sa fille) la douleur disparu. Personne n'est plus qualifié que vous-même pour vous dire ce qui crée le problème et vous trouble.

1. Préparez-vous en utilisant le procédé de relaxation décrit au chapitre 11.

2. Visualisez la douleur, comme une créature [2] quelconque. Essayez de voir la créature qui représente votre douleur très clairement.

3. Etablissez un dialogue avec la créature qui représente votre douleur. Demandez-lui pourquoi elle est là, quel message elle apporte, à quoi elle sert. Ecoutez attentivement ses réponses.

4. Maintenant, demandez à la créature qui représente votre douleur ce que vous pouvez faire pour vous en débarrasser. Ecoutez attentivement ce qu'elle a à vous dire.

5. Ouvrez les yeux et commencez à suivre ses conseils. Notez si la douleur diminue ou pas.

6. Félicitez-vous d'avoir aidé à réduire la douleur et reprenez vos activités habituelles.

---

2. Se reporter aux exemples de rêves, dessins, images mentales et guide intérieur décrivant l'animal, la créature imaginaire ou symbolique qui représente la maladie, le traitement ou le guide. Lire « Psychosynthèse » de R. Assagioli, Epi éditeurs.

Visualiser la douleur

Une autre méthode pour diminution de la douleur demande que vous imaginiez à quoi ressemble votre douleur. Ceci, comme la première visualisation, renforce votre conviction que vous pouvez contrôler vos processus corporels.

1. Préparez-vous en utilisant le procédé de relaxation décrit au chapitre 11.

2. Centrez-vous sur la douleur. De quelle couleur est-elle? Visualisez clairement sa couleur, sa forme et sa taille. Elle pourrait être un rond rouge vif. Elle pourrait avoir la taille d'une balle de tennis, d'un pamplemousse ou d'un ballon de basket-ball.

3. Projetez mentalement le rond dans l'espace, peut-être à trois mètres de votre corps.

4. Faites le rond plus grand, à peu près de la taille d'un ballon de basket. Puis rétrécissez-le à la taille d'un petit pois. Maintenant, laissez-le prendre la taille qu'il veut. D'habitude, il revient à la taille originale que vous avez visualisée.

5. Commencez à changer la couleur du rond. Faites-le rose, puis vert clair.

6. Prenez maintenant le rond vert et mettez-le en place, là où il était au début. A ce point de l'exercice, notez si la douleur a diminué ou non.

7. Quand vous ouvrez les yeux, vous serez prêt à reprendre vos activités habituelles.

Remplacer la douleur par le plaisir

Nombre de nos patients ont découvert la méthode qui est peut-être la plus satisfaisante – remplacer la douleur par le plaisir. En s'engageant dans une activité agréable, ou gratifiante, lorsqu'ils ont mal, ils ont trouvé qu'ils pouvaient alléger ou même éliminer douleur et détresse.

Par exemple, Tom jeune chirurgien ayant la maladie de Hodgkins, souffrait si intensément qu'il avait du mal à marcher. Au cours d'une session de groupe, en résidentiel, nous avons proposé à Tom qu'il aille à la pêche. Bien que le lac soit à un kilomètre de marche, et que Tom ne soit pas sûr de pouvoir le faire, il le fit avec l'aide d'un autre patient.

Une fois arrivé, il a aussi fallu qu'on l'aide à préparer sa canne à pêche ; mais aussitôt qu'il a lancé sa ligne, il attrapa une truite. La douleur diminua immédiatement. Les deux hommes pêchèrent pendant à peu près quarante-cinq minutes, et durant cette période, Tom ne ressentit aucune douleur. De plus, il était si impatient de rentrer montrer le poisson aux autres qu'il marcha facilement pour rentrer.

En tant que médecin, Tom savait bien que de telles choses se produisent, mais il n'avait pas conscience qu'elles pouvaient lui arriver à lui. Le lendemain, nous proposons un match de tennis, sachant que Tom avait été un excellent joueur, mais qu'il n'avait plus joué depuis deux ans, depuis son diagnostic. Nous lui avons envoyé la balle de manière à ce qu'il n'ait pas besoin de beaucoup se déplacer pour la renvoyer. Après une trentaine de minutes, Tom s'arrêta sans être épuisé, et nous dit que pendant le match, il n'avait ressenti aucune douleur. A sa plus grande surprise, il resta presque sans douleur durant les deux jours qui suivirent.

L'expérience de Tom, de réduire de façon substantielle la douleur après des exercices agréables, peut être due, non seulement à sa participation dans une activité agréable, mais aussi au fait d'avoir pris de l'exercice, ce dont il s'était privé à cause de la douleur. L'interrelation entre psychisme, corps et émotions fonctionne pour que l'état physique amélioré contribue à améliorer l'état émotionnel, ce qui va améliorer l'état physique, etc.

Bien entendu, nous ne pouvons pas vous promettre que si vous vous empressez de participer à une activité physique intense, que votre douleur disparaîtra. Mais nous avons souvent observé que des patients se retirent d'activités agréables lorsqu'ils ont mal. A certains moments, ils semblent même presque se punir d'avoir mal, en évitant même les activités auxquelles ils peuvent faire face. Notre expérience montre que la participation à des activités gratifiantes est récompensée par une diminution de la douleur.

Cependant, si vous trouvez que la douleur persiste, les

mêmes méthodes que nous utilisons pour traiter le cancer en général s'appliquent au traitement de la douleur. Comprenez les composantes émotionnelles de votre douleur, examinez les raisons sous-jacentes possibles, et puis donnez-vous le droit de vous comporter de manière émotionnellement satisfaisante, sans utiliser la douleur comme justification.

Puis, une fois que vous avez réaffirmé votre contrôle sur vos processus corporels, et renforcé votre attente positive quant à la guérison, les chances sont bonnes pour que votre douleur disparaisse.

17. L'exercice
Prendre de l'exercice

Nous avons commencé à réfléchir sérieusement à inclure des exercices physiques dans notre programme de traitement après avoir rencontré le Dr. Jack Scaff en 1976. Jack est un cardiologue réputé, qui utilise l'exercice comme un élément majeur dans le traitement des malades cardiaques. Le programme d'exercices vigoureux de Scaff a été jugé par des médecins il y a dix ans comme capable de tuer des cardiaques plutôt que de les aider. Au fur et à mesure que nous discutions du potentiel d'un tel programme pour des cancéreux, nous nous rendîmes compte qu'un nombre significatif de nos patients, soignés avec succès, allant beaucoup mieux, avaient maintenu un programme d'exercices physiques vigoureux après leur diagnostic ; de plus, ils étaient tous minces et musclés.

Après ces observations préliminaires, nous avons commencé à rechercher dans la littérature médicale les raisons pour lesquelles prendre de l'exercice et le faire avec vigueur avait de grands avantages pour aider à la guérison de cardiaques et de cancéreux. Une des premières observations que nous avons faite est que le taux des maladies cardiaques, tout comme des cancers, sont en parallèle avec le degré d'industrialisation d'une société. L'incidence des maladies cardiaques et du cancer a augmenté de manière dramatique au fur et à mesure que la vie devient plus facile (permettant à la population de trop manger), plus sédentaire (diminuant la quantité d'efforts physiques) et beaucoup plus stressante.

Nous avons trouvé que dès 1911, James Ewing, un des premiers grands noms de la recherche sur le cancer, avait observé que le cancer avait plus de chances de se déclarer chez les «aisés et indolents» que chez les «pauvres et surmenés». Ewing pensait qu'un manque d'exercice dans les classes socio-économiques plus élevées était facteur de cancer. En 1921, lorsque I. Silversten et A.W. Dahlstrom analysèrent les études faites sur 86.000 morts, ils découvrirent que les taux de mortalité due au cancer étaient les plus élevés chez ceux qui avaient des métiers nécessitant le moins d'effort musculaire. En observant que le cancer semblait être un produit de l'âge industriel, ces chercheurs signalèrent que les cultures relativement moins industrialisées avaient aussi relativement moins de cancer.

Des études faites sur des animaux vont dans le même sens. En 1938, Silversten trouva que l'incidence du cancer chez une race de souris susceptibles au cancer fut réduite à 16 % en établissant un programme de restrictions alimentaires de calories et par l'exercice quotidien. Les souris du groupe témoin, ayant des régimes non contrôlés et peu d'exercice, montrèrent un taux de cancer de 88 %. D'autres études, comme celles de H.P. Rusch et B.E. Kline, montrèrent des diminutions similaires de croissance tumorale chez des animaux de laboratoire faisant de l'exercice.

Dans une étude ingénieuse, rapportée en 1960, S. Hoffman et K. Paschkis prirent un extrait de tissus musculaires fatigués de souris ayant pris de l'exercice et l'injectèrent à des souris qui avaient reçu des transplantations de cellules cancéreuses. Ils découvrirent que l'extrait de tissu musculaire avait provoqué une diminution de la croissance tumorale et, dans quelques cas, une disparition de la tumeur. Une injection d'extrait de muscles non fatigués n'eut aucun effet.

Le travail du Dr. Hans Selye et celui d'autres chercheurs sur le stress suggère que le lien entre l'exercice et la moindre incidence du cancer pourrait être dû à une décharge, au fait de trouver un canal, une issue adaptée au stress. De nombreuses expérimentations animales ont montré que lorsque des animaux subissent des stress répétés, et n'ont pas d'issue physique pour leur stress, il y a une détérioration constante de leur corps. Toutefois, si les animaux sont stressés et ont ensuite la possibilité d'agir physiquement, la quantité de détérioration est minime.

Ces découvertes, conjointement à des observations obtenues d'autres expérimentations animales montrant que l'exercice vigoureux tend à stimuler le système immunitaire, indiquent que l'exercice physique est l'un des meilleurs outils pour une bonne canalisation des effets physiologiques du stress; l'exercice physique peut aussi stimuler les défenses naturelles du corps pour lutter contre des tumeurs.

L'exercice a plus que des bénéfices physiques; il peut tout aussi bien produire des changements psychologiques [1] significatifs. Plusieurs études ont observé que les personnes suivant un programme régulier d'exercices (spécifiquement, un mélange de marche à pied et de «jogging») [2] ont tendance à être plus flexibles dans leur manière de penser et leurs opinions; ils ont tendance à avoir un sens accru de leur propre autonomie, une image de soi renforcée, une meilleure acceptation de soi, moins tendance à accuser autrui, et à avoir moins de dépression. Le tableau général, c'est que ceux qui sont engagés dans un programme régulier d'exercices ont tendance à développer un profil psychologique plus sain en général – un «profil psychologique» qui permet souvent de faire un pronostic favorable concernant le cours que prendra leur maladie maligne.

Cette information est particulièrement importante pour nous, car, comme nous l'avons vu, la dépression est l'un des éléments émotionnels les plus significatifs par rapport à la tumeur maligne, aussi bien avant qu'après le diagnostic. Etant donné que des travaux récents ont trouvé aussi un lien entre la dépression et un mauvais fonctionnement du sys-

---

1. Ceci va tout à fait dans le sens des postulats de Moshe Feldenkrais (le mouvement stimule des circuits nerveux...) (cf. *Le cas Doris, La conscience du corps*, Flammarion, *Human Body and Mature Behaviour*); nous avons d'ailleurs rencontré des cancéreux suivis par Simonton dans les séminaires d'été de Feldenkrais d'Amherst, faisant tous les jours de l'exercice et de l'intégration fonctionnelle pour tenter de mieux survivre (A.A.S.).
2. Depuis que ceci a été écrit, il y a une certaine mise en garde des médecins contre les abus du «jogging» et de trop longues courses au petit trot (A.A.S.).

tème immunitaire, l'exercice, en tant qu'un des moyens les plus efficaces de renverser le cours de la dépression, devient un facteur puissant de guérison.

De plus, les changements du profil psychologique de nos patients, que nous voyons comme des indicateurs positifs de la probabilité qu'ils survivront au pronostic, sont très similaires aux changements psychologiques notés par des chercheurs comme ayant lieu chez des personnes qui font de l'exercice régulièrement. De fait, ceux de nos patients qui ont survécu de beaucoup à leur pronostic, ont justement vécu de tels changements psychologiques pendant notre programme de traitement.

L'exercice régulier contribue aux changements positifs de la personnalité d'autres manières. Décider et surtout prendre le temps de faire de l'exercice régulièrement nécessite une décision, une prise en mains de votre emploi du temps, – contrôle qui vous donnera le sentiment d'être responsable de votre vie. Cette attitude positive aide à créer le climat émotionnel souhaité pour guérir de votre maladie.

Enfin, l'exercice vous apprend à faire attention aux besoins de votre corps. La sensation de vitalité et de bonne santé que vous gagnez en faisant régulièrement des exercices vous aide à voir, à ressentir votre corps comme un ami, une source de plaisir, quelque chose qui mérite soins et attention. Affirmer vos besoins au moyen d'un programme d'exercices réguliers, c'est un moyen de dire que vous êtes important.

Si l'exercice peut amener des changements physiques dans votre système immunitaire et dans l'attitude psychologique qui joue un rôle dans la qualité de votre vie, et peut-être même dans votre guérison, alors ça vaut bien la peine d'établir un programme régulier d'exercices.

A notre connaissance, jusqu'ici, l'exercice n'a pas encore été inclus dans un régime de thérapie du cancer. Bien que certains spécialistes considèrent que l'exercice n'est pas à conseiller aux cancéreux ayant des métastases osseuses, ni à ceux ayant un taux de plaquettes diminué (le mécanisme qui permet la coagulation du sang), ni à ceux ayant d'autres conditions limitatives, nous croyons que la plupart des patients, même ceux ayant ces conditions spéciales, peuvent maintenir un programme d'exercices physiques. Notre conseil de précaution c'est essentiellement qu'ils procèdent à leur propre rythme, plus lentement, en sachant bien qu'il est possible qu'ils se fassent mal, et qu'ils observent soigneusement tout signal d'alarme de douleur ou de rigidité.

Notre ordonnance d'exercices physiques : une heure trois fois par semaine

Le programme d'exercices physiques que nous avons créé est basé sur celui qui a été constaté comme efficace pour les malades cardiaques. Nous demandons à tous nos patients de commencer un programme qui consiste en *une heure d'exercices, trois fois par semaine.* Veuillez noter que ce cadre d'une heure est important. Diverses recherches et études suggèrent que des périodes d'exercices plus courtes ne produisent pas de bénéfices aussi régulièrement.

Si vous êtes alité et ne pouvez quasiment pas bouger, nous suggérons que vous utilisiez le procédé d'imagerie mentale pour vous voir, pour vous visualiser participant à des exercices physiques. Ceci aide à établir une attente d'une plus grande aisance physique et établit un «contrat» pour reconnaître les besoins de votre corps. Si vous pouvez bouger vos jambes et vos bras, nous suggérons que vous fassiez vos exercices au lit. Et si vous arrivez à vous déplacer dans votre chambre ou chez vous, nous vous encourageons à faire cette promenade.

Prenons l'exemple de quelqu'un ayant une leucémie, et qui se trouve actuellement à l'hôpital sous chimiothérapie, et qui ressent une douleur importante nécessitant la prise de médicaments calmants, et qui est nourri sous perfusion. Généralement, la seule activité de cette personne serait de se lever pour aller aux toilettes, et ceci avec de l'aide. Pour ce patient, la première chose à faire est de décider quand auront lieu les périodes d'exercice. Il est important que l'heure d'exercice soit à un moment où il y a peu d'interruptions – disons de 15 à 16 heures, lorsque les infirmiers changent d'équipe [3].

Cette personne pourrait commencer ses exercices en bougeant ses mains et pieds dans son lit, en leur faisant faire un cercle, autant que possible sans créer une forte douleur (même les doigts et le poignet du bras dans lequel on fait la perfusion sont probablement suffisamment libres pour pouvoir les bouger) et soulever sa tête, puis la reposer sur l'oreiller – ceci pendant quatre ou cinq minutes. Ensuite, le patient pourrait utiliser l'imagerie mentale pour se visualiser en train de faire son activité préférée – jouer au tennis, nager, se promener dans les bois ou marcher à une allure agréable. Peu importe l'activité, ce qui est important, c'est qu'elle soit physiquement fatiguante et agréable. Imaginez faire l'activité pendant cinq à dix minutes, puis répétez l'exercice physique pendant encore quatre ou cinq minutes, bougeant jambes, bras, tête, etc. De nouveau, visualisez une de vos activités préférées pendant cinq à dix minutes.

En répétant ce mélange d'activités physiques (cinq minutes) et de visualisation (dix minutes) quatre fois, et ensuite en appelant l'infirmier(e) pour aller aux toilettes (ne serait-ce que pour l'exercice), le patient a fait une heure d'exercices. Il devrait répéter ce programme trois fois par semaine, jusqu'à ce qu'il n'ait plus besoin de la perfusion – à ce moment-là, il pourra augmenter la quantité d'exercices physiques.

Lorsque le patient va quitter l'hôpital, il a donc déjà un horaire régulier d'une heure d'exercices, trois fois par semaine, à remplir avec des activités adaptées. L'idée, c'est de travailler à se faire un programme de marche pendant une bonne heure, puis un mélange de marche et de course à pied. Ce programme devra être adapté à la condition physique de l'individu, à différents moments, selon l'évolution de son état.

Si vous êtes tout à fait mobile, mais pas habitué à faire de l'exercice physique, vous vous demandez peut-être com-

---

3. Dans cet hôpital là (N.d.T.).

ment commencer : le résultat des recherches citées suggère qu'un mélange de marche et de course à pied pendant une heure, trois fois par semaine, est probablement la meilleure forme globale d'exercices. Cependant, plus important que la forme de l'exercice est sa régularité. Et si l'exercice que vous choisissez vous plaît, et que vous le faites avec enthousiasme, il est probable que vous le ferez plus régulièrement. Alors, si vous aimez par exemple le tennis et la natation, et que physiquement vous y arrivez, nous suggérons que vous en fassiez – tout en restant dans les limites d'une activité « sûre » (sans risque).

Le meilleur critère que nous avons trouvé pour une activité « sûre », c'est un critère qu'on utilise pour des cardiaques ; la limite supérieure d'exercice physique que nous utilisons est un pouls à 24-26 pulsations/10 secondes, ce qui fait 144 à 156 battements par minute. Puisqu'il est difficile, pour la plupart des gens, de prendre leur propre pouls, surtout en cours d'exercices physiques, nous avons établi une règle : *l'exercice est sans danger aussi longtemps que vous arrivez à tenir une conversation,* même un peu hésitante, pendant l'exercice.

Dès que vous perdez suffisamment votre souffle, que ce soit en faisant des exercices au lit, de la marche à pied, de la course, et que vous n'arrivez plus à tenir une conversation, vous devrez réduire votre niveau d'activité. Si vous faites de la course, ralentissez ou marchez ; si vous marchez, restez debout ou asseyez-vous. Puisque la possibilité de tenir une conversation s'arrête d'habitude avant 26 pulsations pour dix secondes, ce conseil, cette règle, vous gardera dans les limites sûres, non dangereuses pour vous.

Nous sommes convaincus que ce programme d'exercices peut contribuer à votre santé physique aussi bien que mentale. Toutefois, nous voulons dire clairement que *vous* êtes responsable de vous protéger d'accidents et de surmenage. Si vous respectez les critères pour des activités sans danger, il n'y a pas de raison que vous vous fassiez mal, ni que vous soyez épuisé. Nous vous demandons d'accepter la responsabilité de votre propre comportement, pour que vous fassiez ces exercices d'une manière raisonnable. Nous demandons à tous nos patients d'accepter la responsabilité de leurs programmes d'exercices physiques, et ils se font rarement mal.

Notre expérience avec ce programme nous a montré que des cancéreux sont capables de beaucoup plus d'activité physique que ce que la plupart des gens imaginent. Par exemple, rappelons le cas de Tom. L'exercice, dont il s'était privé pendant deux ans, a amélioré sa santé et a aidé à diminuer la douleur. Un de nos patients, avec des métastases osseuses étendues, a terminé un mini-marathon (10 kilomètres), tandis qu'un autre avec un cancer pelvien inopérable a terminé récemment une course d'un demi-marathon (20 kilomètres). Encore un autre malade, qui est à la fois un patient et un psychologue consultant du centre, a fait un marathon de 40 kilomètres avec nous, dernièrement. Il avait des métastases pulmonaires d'un cancer du rein depuis quatre ans, mais il n'a pas eu de problèmes respiratoires pendant la course à pied. En fait, il est sorti dîner le soir après la course, alors que nous sommes allés nous coucher. A notre connaissance, c'est la première fois que quelqu'un avec un cancer avancé a terminé un marathon.

Peut-être que l'observation la plus convaincante que nous avons faite, est que plus de la moitié des patients de notre population de recherche – tous déclarés médicalement incurables – restent actifs à 100 %, aussi actifs qu'ils l'étaient avant le premier diagnostic de cancer. Lorsque la qualité de la vie s'améliore, l'attachement à la vie et la conviction de la guérison s'améliorent aussi. Bien qu'aucune composante unique de notre programme ne puisse être détachée du reste, comme fournissant la raison de cette qualité de vie améliorée, le programme d'exercices réguliers y tient sans doute un grand rôle.

Alors que nous croyons fermement aux bénéfices d'un exercice régulier, nous ne sommes pas à l'aise pour suggérer un régime alimentaire pour cancéreux. La recherche scientifique concernant les rapports entre régime alimentaire et cancer est très confuse et contradictoire, même si elle montre une corrélation logique entre une diminution de calories chez des animaux de laboratoire et une incidence diminuée de tumeurs, ainsi qu'une croissance tumorale plus lente. Mais ces recherches ont été faites en laboratoire, avec des animaux, non avec des êtres humains. On ne peut pas forcément extrapoler.

Par conséquent, tout ce que nous pouvons conseiller en ce qui concerne la nutrition est de diminuer graduellement l'alimentation – en nombre de calories – chez les patients obèses, jusqu'à ce qu'ils aient retrouvé leur propre poids normal. De plus, nous suggérons qu'ils évitent une consommation abusive d'alcool.

Notre expérience nous a montré qu'il y a beaucoup à gagner à faire régulièrement de l'exercice ; donc, nous vous encourageons à commencer un programme maintenant, abstraction faite de votre condition physique. Les bénéfices psychologiques et physiques peuvent être immédiats.

18. Faire face aux craintes de rechute et de mort

Pratiquement tous les patients qui font partie du projet de recherches au centre de traitement de Fort-Worth ont reçu un diagnostic de cancer terminal, c'est-à-dire d'un cancer médicalement incurable, avec un pronostic qui indique qu'ils peuvent s'attendre à vivre au maximum un an. Bien que la plupart de ceux qui participent à notre programme aient survécu à ce diagnostic, et que beaucoup ne montrent plus aucun signe de maladie, la possibilité d'une rechute, d'une réapparition du cancer, et la probabilité de la mort, sont toujours présentes pour eux.

Tout cancéreux craint la possibilité d'une rechute – et en fait il n'est pas rare qu'un patient commence un traitement, s'améliore de façon significative, et puis vit brusquement une flambée de la maladie. Cependant, pour les patients qui utilisent notre méthode de traitement, toute rechute semble particulièrement angoissante, car elle tend à mettre en doute tant l'efficacité du traitement que leur propre capacité à faire les changements psychologiques nécessaires pour maintenir leur bonne santé. Pour faire face à cette situation, nous avons appris à équilibrer les espoirs de guérison de nos patients avec une discussion ouverte sur la façon de traiter leurs craintes de rechute, de réapparition du cancer et de mort. Il est important que les patients comprennent que le changement psychologique qui rend la guérison possible n'est pas toujours une montée directe et rapide vers la guérison, mais plutôt un processus dynamique, avec des hauts et des bas.

De plus, tout changement demande du temps; mais il n'y a pas encore de données scientifiques sur la durée précise du décalage entre le changement psychologique et le changement physiologique qui en résulte, et qui pourrait mener à la guérison. Donc, les patients devraient reconnaître que chaque changement de leur état de santé – ou positif ou négatif – dans les mois à venir, est un feed-back précieux de leurs corps: il leur fournit des renseignements précieux pour les aider à s'orienter et prendre le chemin de la guérison, vers le but final, de la bonne santé.

La rechute: le feed-back du corps

Se préparer à une rechute est l'une des meilleures façons de réduire la peur qui lui est liée. Lorsque nos patients viennent pour la première fois, nous explorons ensemble leurs plus grandes craintes au sujet d'une rechute et nous développons une stratégie pour lui faire face, dans le cas où elle se produirait. Nous leur décrivons ce qui arrive le plus souvent, lorsqu'on dit à un patient que sa maladie a réapparu. Habituellement, la nouvelle est suivie d'une période de confusion, et de tourments émotionnels, une angoisse sans nom, un sentiment de trou sans fond. Beaucoup ont décrit cette période comme une expérience de montagnes russes, qui peut durer d'une à quatre semaines; la durée est fonction de la quantité de soutien émotionnel que reçoit le patient. Pendant cette période, il peut y avoir une ré-évaluation ou une modification du traitement médical. Nous poussons nos patients à ne pas beaucoup attendre d'eux-mêmes à ce point. Ils ont besoin de leur énergie, juste pour se raccrocher, pour se maintenir.

Nous demandons aux patients de se rappeler deux points. D'abord, ils doivent rechercher du support chez tout le monde, dans ce qui constitue leur réseau, leur système de soutien – famille, amis, équipe soignante – pour trouver affection, amour, compréhension et acceptation de leurs changements d'humeur. L'énergie nécessaire pour lutter contre le désespoir qu'ils pourraient ressentir viendra de ce soutien. Ensuite, il ne faut pas qu'ils décident quoi que ce soit concernant leur avenir – ni qu'ils prennent de décisions importantes sur ce qu'ils croient être le dénouement de leur maladie. Si un patient décide que le futur sera aussi douloureux que le présent, il pourrait baisser les bras au point de vue émotionnel, il pourrait renoncer, émotionnellement parlant, ce qui peut encore accélérer le déclin. Pendant une rechute, nous lui demandons de se rappeler que cette période est effrayante et douloureuse, mais qu'elle est *temporaire*. Le choc et la confusion passeront. Lorsque ce sera passé, il pourra commencer à faire calmement une évaluation de ce qui s'est passé et ce que le futur peut être.

Aussitôt que le patient indique que cette période difficile est terminée, et qu'il a l'énergie et la perspicacité nécessaires pour analyser la signification de la rechute, nous commençons l'exploration ensemble. Nous regardons la rechute comme un message physiologique du corps, qui a des implications psychologiques significatives, et non comme un échec. Quelques-uns des messages possibles sont :

1. Le patient a pu céder inconsciemment aux conflits émotionnels auxquels il se trouvait confronté. La rechute transmet un message disant qu'il a besoin de l'aide d'un thérapeute, ou pour résoudre les conflits, ou pour trouver de meilleurs moyens d'y faire face.

2. Le patient n'a peut-être pas encore trouvé de moyens de se donner la permission de répondre à ses besoins émotionnels, sauf par la maladie. Le fait de revoir soigneusement les «bénéfices» de la maladie, pour voir s'il peut trouver un autre moyen de satisfaire ses besoins, pourrait être utile à ce point.

3. Le patient a pu essayer de faire trop de changements dans sa vie trop vite – ce qui est déjà en soi un stress physique. Son corps lui dit de ralentir et de ne pas se contraindre lui-même durement.

4. Le patient a pu faire des modifications importantes, mais depuis quelque temps, il se laisse aller à une certaine complaisance. De nombreux patients ont décrit combien c'est dif-

ficile de maintenir les activités anti-stress une fois que la menace immédiate de leur maladie est passée. C'est certainement compréhensible. Les gens ont tendance à réagir vite et à répondre rapidement seulement aux besoins immédiats, et un nouveau régime ne peut devenir une habitude que lorsqu'il est pratiqué avec une discipline rigide.

5. Le patient peut ne pas s'occuper de lui-même au point de vue émotionnel-affectif; son comportement peut être auto-destructif. Son corps lui rappelle de faire attention et de donner priorité à sa santé et à ses propres besoins.

Bien entendu, cette liste n'est que partielle. L'aide d'un thérapeute peut être très utile pour découvrir quel message contient une rechute; néanmoins, le patient doit s'interroger activement lui-même et chercher en lui-même pour comprendre le sens de ce message.

Consulter votre guide intérieur, comme décrit au chapitre 15, peut être très utile à ce moment-là. Nous encourageons nos patients à faire appel à leur guide intérieur au moins une fois par jour, dans leur processus de visualisation et de lui demander: «Que veut dire ma rechute? Quel message y a-t-il pour moi?»

Un autre exercice important, c'est que le patient examine la période qui a juste précédé la rechute. Quels événements ou changements ont eu lieu à ce moment-là? Qu'est-ce qu'il y avait de nouveau dans sa vie, sa conduite, ses comportements ou activités? Ici encore les vues objectives des amis, de la famille ou du thérapeute peuvent être d'une grande aide pour cette exploration. Ces processus d'exploration de la signification de flambées du cancer ou des rechutes apportent souvent des renseignements précieux et qui ont des résultats positifs sur les efforts généraux que fait le patient pour guérir. Cette période peut aussi servir au patient pour recevoir et réévaluer ce qu'il faut pour guérir et décider s'il faut ou non changer de direction.

La mort: une nouvelle décision

Probablement, l'un des événements de la vie le plus difficile à accepter et à intégrer, le plus chargé émotionnellement, le plus effrayant, le plus angoissant, le plus redoutable et le plus difficile à affronter, c'est la mort. Elle est si terrifiante que le sujet de la mort est un vrai tabou dans notre société. L'impossibilité d'en parler, l'échec du fait de pouvoir discuter de la mort – et même de la reconnaître – permet et nourrit son emprise sur nous, et aussi l'incertitude sur nos vrais sentiments et sur notre approche de la mort. Ainsi que nous l'avons dit plus haut, la plupart des cancéreux ont moins peur du fait de la mort que du genre de fin qu'ils pourraient avoir. Ils craignent une mort qui n'en finisse plus et qui épuise la famille et les amis aussi bien émotionnellement que financièrement. Ils craignent de traîner de longs mois à l'hôpital, loin de ceux qu'ils aiment, traînant dans la solitude et l'isolement une vie douloureuse et vide. Leurs familles essaient souvent d'éviter tout sujet de conversation ou d'échange concernant la mort. Lorsque le patient essaie de discuter de la possibilité de sa mort, la réponse la plus fréquente, c'est: « Ne parle pas comme ça! Tu ne vas pas mourir!» Puisque les patients ne peuvent pas parler [1] de la mort, même à ceux qui comptent le plus pour eux, leurs angoisses, leurs peurs, leurs craintes ne sont pas soulagées et peuvent même augmenter. (Dans le chapitre suivant, nous discuterons de l'importance de communiquer ouvertement au sujet de la mort.)

Le Dr. Elizabeth Kubler-Ross, l'une des plus grandes autorités concernant la mort et la préparation à la mort, a observé que les adultes, aussi bien que les enfants, sentent instinctivement quand ils vont mourir. Elle a aussi dit (et nous l'avons remarqué aussi dans notre expérience) que souvent les gens ne se laissent pas aller à mourir, n'en finissent

---

1. On peut lire à ce sujet les entretiens d'enfants recueillis par le Dr Ginette Raimbault « *L'enfant et la mort* », Toulouse, Editions Privat, et R. P. Godin: «Mort et présence», *Lumen Vitae* n° 5, Bruxelles, 1971 (A.A.S.).

plus de mourir, parce qu'un être cher ou même l'équipe médicale, ne peut pas accepter leur mort. Ces gens endurent le double poids de savoir qu'ils sont en train de mourir et d'avoir à faire bon visage, de « garder la face » pour autrui.

Dans les premières phases de notre travail, plusieurs expériences, qui étaient douloureuses pour nous et pour nos patients, nous ont fait ré-examiner notre optique concernant la mort ; elles nous ont enseigné la nécessité de spécifier à nos patients leur droit à prendre en charge leur mort aussi bien que leur vie.

Certains de nos premiers patients pensaient que nous leur avions donné la clef d'une guérison certaine et pensaient et se disaient : « Oui ! je peux le faire » – et puis, comme nous l'avons découvert plus tard, se sentaient coupables s'ils ne guérissaient pas. Ces patients venaient trois ou quatre fois environ par an à Fort-Worth, pour des sessions d'une semaine [2], et rentraient chez eux après. Entre les sessions, ils gardaient le contact avec nous par téléphone [2], de temps en temps nous leur rendions visite chez eux, lors de nos voyages à travers le pays. Tout d'un coup, la communication s'arrêtait pendant plusieurs semaines, et plus tard, leur famille nous avertissait qu'ils étaient morts.

A cause de notre implication dans la relation avec ces patients, nous étions surpris et aussi blessés d'avoir été exclus de leurs derniers jours. Finalement, leurs familles nous rapportaient leurs dernières paroles : « Dis à Carl et Stephanie que leur méthode marche encore », ou « Dis-leur que ce n'est pas de leur faute ». Et finalement, nous avons compris. Nos patients avaient ressenti que notre aide dans leurs efforts pour guérir les obligeait à rester vivants, afin de prouver la validité de notre programme. Mourir voulait dire qu'ils échouaient pour eux-mêmes et pour nous. Avec le temps, nous avons reconnu que puisque les patients pouvaient diriger l'évolution de leur guérison, nous devions aussi admettre qu'ils pouvaient – et devraient – diriger l'évo-

---

2. Ce processus de 3 à 4 sessions intensives par an et de contacts par téléphone est le processus habituel actuel de l'équipe Simonton, pour des malades ayant de plus un soutien psychothérapique et familial (A.A.S.).

lution de leur mort, si c'était bien là la direction qu'ils voulaient vraiment prendre.

Ouvrir une discussion sur la mort

Maintenant, comme une partie normale de notre programme, nous cherchons à libérer les patients de ce genre de culpabilité et à les aider à affronter leurs craintes et croyances à propos de la mort. Un regard direct sur la possibilité soulage le patient d'une grande angoisse et semble réduire la douleur physique de mourir. En fait, il est maintenant rare que nos patients subissent une mort douloureuse et qui n'en finit plus. Beaucoup sont très actifs jusqu'à une ou deux semaines avant leur mort, et souvent ils meurent chez eux entourés par ceux qu'ils aiment, ou à l'hôpital, après un séjour de moins d'une semaine. Nous mettons cette amélioration de la mort sur le compte de la capacité de faire face aux peurs et angoisses avec honnêteté et compréhension lorsqu'on est en train de mourir.

Nous abordons les sujets de la rechute et de la mort avec nos patients, au Centre, lors d'une discussion de groupe, pendant la première semaine de chaque session de traitement. Nous soulevons la possibilité qu'à un certain moment, dans l'avenir, ils pourraient en arriver à la décision qu'il est temps pour eux d'aller vers leur mort, et nous demandons qu'ils nous parlent d'une telle décision – lorsqu'ils, ou s'ils la prennent. Nous les rassurons sur le fait que nous serons aussi présents, leur apportant attention et soutient dans leur mort autant que dans leur lutte pour guérir. Ils ont droit de ne plus poursuivre la bataille et de lâcher la vie.

Nous soulignons une chose importante pour nos patients : qu'ils guérissent ou non de leur cancer, ils ont réussi à améliorer la qualité de leur vie – ou la qualité de leur mort – et qu'ils ont fait preuve d'une grande force et d'un grand courage.

Les expériences de nos patients
Quelques études de cas

Les études de cas qui suivent montrent la variété d'expériences que nos patients ont eu en affrontant la mort.

Frédéric

Frédéric, dont nous avons parlé au chapitre 16, était très près de la mort lorsque nous avons commencé à travailler avec lui. Il était très coopératif et montrait une amélioration émotionnelle importante pendant sa première semaine au Centre. Cependant, à la fin de la semaine, il était clair que plusieurs questions restaient sans réponse, et nous craignions que Frédéric soit confronté à une situation physique et psychologique difficile chez lui, qu'il soit pris dans une sorte de tempête corporelle et affective.

Il nous téléphona quarante-huit heures après son retour chez lui, et il continua à téléphoner tous les deux jours. Il se sentait très angoissé et déprimé et sa condition physique se détériora rapidement. Notre quatrième conversation avec lui, à peu près dix jours après son retour chez lui, le trouva assez faible et près de la mort. Il ne mangeait plus et était émotionnellement épuisé et en détresse. Il exigeait beaucoup de lui-même au point de vue psychologique et il descendait rapidement la pente ; nous lui avons conseillé d'arrêter de lutter, de se mettre au point mort, et voir ce qui se passerait. Bien entendu, nous avions conscience qu'en relâchant la lutte il risquait d'accélérer le mouvement vers la mort, mais il marchait déjà à grands pas dans cette direction.

Pendant les trois jours qui suivirent, Frédéric était à moitié inconscient, et dormit presque tout le temps. Il nous raconta, après, que pendant ce temps-là, il savait qu'il était très près de la mort, mais qu'il s'était senti plus calme qu'auparavant. Dans son état de demi-conscience, Frédéric eut, ce qu'il décrit comme une sorte de « rêve », où il devait faire le choix conscient de vivre ou de mourir. Dans cet état de « rêve », il prit la décision de vivre, et en la prenant, il reprit conscience, se tourna vers sa femme, et lui parla clairement pour la première fois depuis trois jours. Il lui demanda de mettre en route la cassette du processus de relaxation/imagerie mentale, et recommença encore une fois à pratiquer cette technique. Le lendemain, il avait un peu plus de force, et recommença à manger. Nous continuions à nous parler régulièrement, et, au fur et à mesure il devenait plus actif, allant à l'église et nageant dans la piscine familiale.

A peine quatre mois après avoir touché la mort de près, Frédéric reprit son cabinet médical. Toutefois, plusieurs semaines plus tard, il reçut un coup de téléphone qui le préoccupa beaucoup, au sujet de l'annulation de son assurance maladie-incapacité. Il semble que ce coup de téléphone, et l'angoisse qu'il provoqua, ait fait « redémarrer » son cancer. Sa santé se dégrada rapidement, sa tumeur maligne réapparut, et peu après, il mourut.

Claire

Claire était une femme d'une trentaine d'années, ayant un cancer du sein, avec de multiples métastases. Elle s'était ouverte à un travail émotionnel important avec nous et était redevenue en bonne santé depuis à peu près un an. Tout d'un coup elle a eu une rechute de sa tumeur. Elle revint régulièrement à notre cabinet, pour des visites de contrôle (follow-up) et s'occupa de nouveau des questions psychologiques liées à sa maladie. De retour chez elle, cette fois-ci, elle fut incapable de trouver en elle assez d'énergie pour entreprendre les activités qu'elle croyait être très favorables à sa santé. Il faisait très froid, le temps était à la tempête, ce qui rendait plus difficile de sortir de chez elle pour faire de l'exercice. Elle perdit contact avec la plupart de ses amis. Au fur et à mesure que son cancer se développait, se développait aussi son sentiment de frustration. Un jour, elle nous téléphona pour dire combien elle était découragée. Elle avait oublié comment on se sentait quand on était bien, alors comment pouvait-elle maintenir l'espoir d'aller bien et de se rétablir ? Nous avons suggéré à Claire comme nous l'avions fait avec Frédéric, que peut-être était-il temps d'arrêter la lutte et de se « mettre au point mort ». Elle nous dit que notre suggestion était pour elle un soulagement.

Pendant la conversation téléphonique, nous avons aussi discuté ouvertement de la possibilité qu'elle risquait de mourir, si elle arrêtait la lutte. Le lendemain de la conversation téléphonique était plutôt un jour occupé. Elle fit le ménage comme d'habitude, le repas, et dîna avec sa famille. Après le repas, elle dit à sa famille qu'elle avait mal à la tête, et alla se coucher. Un membre de sa famille alla la voir plus tard, et la trouva morte dans son sommeil, et semble-t-il, d'une mort paisible.

Célestine

Célestine est une femme de 32 ans, qui offre un des exemples le plus complet de notre expérience avec la mort. Nous avons travaillé avec Célestine pendant deux ans et demi, depuis son diagnostic de leiomyosarcome avancé. Le temps que Célestine a passé avec nous a été ponctué de hauts et de bas psychologiques, avec des périodes de rémission et de rechute.

Il y a à peu près un an, elle apprit qu'elle avait des métastases pulmonaires avancées. Célestine prit contact avec nous, nous informa qu'elle souffrait beaucoup, et était prête à aller vers la mort. Elle arrêta tous efforts pour modifier le cours de sa maladie, et commença à se préparer à mourir. Elle resta au lit plusieurs jours, prenant des analgésiques ; ses amis vinrent lui dire adieu.

Puis, un jour, elle prit conscience que l'image glorieuse qu'elle s'était peinte de sa mort ne se réalisait pas. Au lieu de cela, elle traînait allongée, dans un genre de demi-stupeur ; bien qu'elle continuait à prendre ses analgésiques, elle souffrait beaucoup, et se trouvait, de plus, constipée, mal à l'aise, et droguée. D'un seul coup, Célestine prit conscience qu'elle n'avait pas envie que son fils de quatre ans la voit mourir dans ces conditions. Elle se rappelle s'être dit : « Merde, ce n'est pas comme ça que j'ai envie de mourir » ; là-dessus, elle arrêta tous les médicaments, se leva , reprit ses activités, et fit des projets pour un voyage d'une semaine, seule, au Mexique. Quelques jours apès, elle était dans l'avion, n'ayant pour ainsi dire plus mal du tout.

Célestine revint chez elle, et resta en relativement bonne forme pendant quatre mois. Puis, il y eut une flambée de sa maladie.

Peu avant sa rechute, son père mourut subitement. Pour Célestine cette perte, ainsi que les problèmes en rapport avec la mise en ordre des biens de son père, avec son héritage, étaient très lourds à supporter. Peu après, elle apprit que sa mère avait un cancer.

Récemment, Célestine nous a téléphoné pour nous dire qu'encore une fois elle était prête à mourir. Elle rajouta qu'elle croyait encore pouvoir redevenir en bonne santé mais qu'elle n'en avait plus le courage, qu'elle n'avait plus l'énergie nécessaire. Elle nous remercia pour le travail que nous avions fait avec elle, et nous dit que son évolution et maturation personnelle affective-émotionnelle («growth»), de par le travail qu'elle a fait avec nous lui permettait maintenant de mourir en paix. Après avoir parlé de nos sentiments, et nous être dit au revoir, elle termina la conversation: «Mais je veux que vous sachiez que je suis encore prête pour un vrai miracle – je ne serais pas opposée à subitement aller bien, de nouveau, à guérir envers et contre tout!»

Acquérir une vision élargie sur la vie et la mort

Ces trois patients avaient appris qu'ils pouvaient lutter pour la vie avec succès, ou bien cesser la bataille, et aller vers la mort. Le point important, c'est que chacun d'entre eux fit face à l'éventualité de la mort, et sembla décider quant il était prêt à terminer sa vie, à mourir.

Pour vous aider à formuler vos propres idées concernant la mort et le fait de mourir, nous avons développé un processus d'imagerie mentale (il s'agit en fait d'un rêve éveillé dirigé [3]) qui vous aide à avoir une plus large perspec-

_____
3. Simonton et ses collaborateurs utilisent souvent le jeu de rôle, le psychodrame, le rêve éveillé dirigé (A.A.S.).

tive de la vie et de son dénouement final. Le but n'est pas de « faire une répétition » de sa mort, mais plutôt de stimuler « un passage en revue de sa vie », et qui pourrait mettre en évidence des buts importants que vous pouvez encore réaliser. Cette activité peut vous aider à vous décider de laisser mourir vos anciennes attitudes, croyances, opinions et traits de personnalité et donner naissance à de nouvelles croyances, idées et options, à de nouveaux sentiments et à d'autres façons de répondre à la vie.

Cette technique d'imagerie mentale s'utilise dans d'autres cadres psychothérapiques que ceux de maladies graves et mortelles. Même si vous n'avez pas un cancer, nous vous proposons de participer au processus, et à faire cet exercice avec nous. L'exercice vous aidera à clarifier si oui ou non, vous croyez qu'une rechute est synonyme de mort, si vous avez une image précise de la façon dont vous pouvez mourir, comment vous imaginez que votre famille et amis proches réagiront à votre mort, et ce que vous croyez qui arrivera à votre conscience lorsque vous mourrez.

Puisque, pour de nombreuses personnes, les croyances au sujet de la mort impliquent des croyances religieuses, nous avons essayé de décrire – d'écrire – les consignes du processus d'imagerie mentale de manière à ni imposer ni supposer une croyance religieuse particulière. Traduisez notre langage pour qu'il s'insère dans le cadre de ce à quoi vous croyez. Tout comme avec les autres activités d'imagerie mentale, lire les consignes lentement, ou les lire ou faire lire à haute voix, ou les enregistrer sur cassette, vous aidera.

1. Asseyez-vous dans un fauteuil confortable, dans une pièce calme, et commencez la technique de relaxation pour mieux vous détendre.

2. Lorsque vous vous sentirez détendu et relaxé, imaginez que votre médecin vous avertit que votre cancer est réapparu (si vous n'avez pas un cancer, imaginez qu'on vous dise que vous êtes en train de mourir). Ressentez ce qui se passe en vous, vos pensées et sentiments, en réaction à cette information. Où allez-vous ? A qui parlez-vous ? Qu'est-ce que vous dites ? Prenez le temps d'imaginer la scène en détail.

3. Maintenant, imaginez que vous vous approchez de la

mort. Ressentez n'importe quelle détérioration physique qui puisse se manifester. Regardez, voyez, sentez, mettez en relief, clairement, tous les détails du processus d'être en train de mourir. Donnez-vous plusieurs minutes pour bien ressentir ces sensations, et pour les explorer en détail.

4. Imaginez, voyez, les gens qui vous entourent sur votre lit de mort. Imaginez mentalement, visualisez comment ils vont réagir au fait de vous perdre. Qu'est-ce qu'ils disent et ressentent? Que pensent-ils? Donnez-vous suffisamment de temps pour voir ce qui se passe. Imaginez le moment de votre mort.

5. Assistez à votre propre enterrement – civil ou religieux Qui est là? Que disent les gens? Qu'est-ce qu'ils ressentent? Encore une fois, prenez votre temps.

6. Imaginez-vous mort. Qu'est-ce qui arrive à votre conscience? Permettez à votre conscience de partir là où vous croyez qu'elle va après la mort. Restez là – tranquillement – quelques minutes et ressentez ce que vous ressentez.

7. Laissez alors partir dans l'univers votre conscience – jusqu'à ce que vous soyez en présence de ce que vous croyez être la source de l'univers. Pendant que vous êtes dans cette présence, passez votre vie en revue, en détail. Prenez votre temps. Qu'avez-vous fait dont vous soyez content? Qu'auriez-vous pu faire autrement? Quels ressentiments aviez-vous et avez-vous encore? (Note: essayez de revoir votre vie et de vous poser ces questions, sans tenir compte de ce que vous croyez que devient la conscience après la mort.)

8. Vous avez maintenant la possibilité de revenir sur terre dans un nouveau corps, et de créer un nouveau projet pour votre vie. Choisirez-vous les mêmes parents, ou trouveriez-vous-en de nouveaux? Quelles qualités auraient-ils? Auriez-vous des frères et des sœurs? Les mêmes? Que feriez-vous dans la vie? Qu'est-ce qui est essentiel de faire dans votre nouvelle vie? Qu'est-ce qui sera important dans cette nouvelle vie? Réfléchissez bien à vos nouveaux projets, à vos nouvelles perspectives.

9. Appréciez que le processus de mort et renaissance est continu dans votre vie. Chaque fois que vous changez vos opinions, vos croyances et sentiments, vous vivez un processus de mort et de renaissance. Maintenant que vous l'avez imaginé mentalement, vous êtes conscient de ce processus de mort et renouveau dans votre vie.

10. Maintenant, revenez doucement et paisiblement au présent et redevenez pleinement alerte.

Les implications du rêve éveille de mort-et-renaissance

Bien que les réactions à ce processus d'imagerie mentale soient bien entendu, très personnelles et fort différentes, nous avons observé quelques réactions générales. Une des réactions les plus fréquemment rapportées par les patients, c'est que le fait d'imaginer leur propre mort n'était pas du tout aussi douloureux ni difficile qu'ils le craignaient. Ils ont souvent bien mieux pris conscience de ce qu'ils diraient à ceux qu'ils aiment, pour soulager leur douleur et la tristesse d'une telle perte. Quand ils imaginent leur propre enterrement, ils se sentent rassurés de penser que les vies de leurs amis et de leur famille continueront après leur mort. Ils ont pu aussi dire comment ils souhaitent être enterrés.

Ce qui aide le plus les gens – tant les patients cancéreux que d'autres personnes qui ont suivi avec nous le processus – c'est probablement la partie du rêve éveillé qui consiste à passer sa vie en revue et à clarifier les changements qu'ils aimeraient faire dans leur vie. Nous les aidons à bien voir, à bien comprendre qu'après être passé par le processus et être arrivés à avoir des prises de conscience importantes, ils ont encore maintenant le temps de faire dans leur vie les changements nécessaires pour que, lorsqu'ils mourront, ils ne ressentent pas les regrets et ressentiments qu'ils viennent peut-être juste d'imaginer. Et d'imaginer, – de phantasmer – le genre de personne qu'ils aimeraient être, s'ils avaient l'occasion de se créer une nouvelle vie, ils ont de fait décidé comment et en quoi ils veulent être différents.

Nous encourageons les patients à explorer diverses manières de devenir ce genre de personnes qu'ils veulent être *dès maintenant* dans *cette* vie.

En utilisant cette activité d'imagerie mentale, nous espérons que vous verrez que le chemin vers la bonne santé est vraiment un processus de renaissance. Au fur et à mesure que vous explorez vous-même votre être, ainsi que votre participation à votre bonne santé, vous permettez aux anciennes opinions [4], croyances [4], idées [4] négatives et non constructives de mourir et vous créez de nouvelles attitudes positives et une nouvelle vie – vous permettant de devenir davantage la personne que vous aimeriez être.

---

4. Beliefs.

19. Le système de soutien familial

Dans notre travail, nous exigeons que chaque patient qui entre au Centre soit accompagné d'un conjoint, ou, s'il n'est pas marié, s'il est veuf ou divorcé, nous l'encourageons à amener un de ses parents les plus proches. Il nous arrive de travailler avec les enfants du patient, ou avec ses frères et sœurs. Il y a deux raisons importantes à cette manière de faire. D'abord, lorsqu'on demande à un patient de modifier ses attitudes concernant la maladie, ou de faire régulièrement des exercices d'imagerie mentale, le soutien du conjoint ou de la famille peut être décisif dans la réponse du patient à ces instructions.

Deuxièmement, et ceci n'est pas moins important, les conjoints et les familles ont souvent autant besoin de soutien et conseil dans ce qu'ils ressentent que les patients. Aucune expérience n'est plus sûrement susceptible de vous mettre en déroute, de vous faire ressentir impuissant, et manquant de compassion et de compréhension que de regarder un être cher passer par la dure expérience d'une maladie mortelle. Cependant, cette expérience peut aussi vous enrichir et vous faire ressentir des choses différentes et inhabituelles. Certains jours, vous ressentirez peut-être un amour particulier, une intimité spéciale ; d'autres jours, vous pourrez ressentir une frustration inexprimable et de la rage.

Accepter les sentiments du patient – et les vôtres

S'il y a un seul message que nous tenons à faire passer dans ce chapitre, c'est la nécessité d'accepter ce kaléidoscope de sentiments. Ce sera une période chargée d'émotions pour vous et celui (celle), pour l'être cher, qui est très malade ; beaucoup de ces sentiments pourront vous sembler « inacceptables » ou « impropres » ou « inadaptés ». Vous aurez peut-être de la colère ; vous pourrez peut-être vous trouver en train de souhaiter sa mort ou vous imaginer prendre la fuite. La leçon la plus difficile à apprendre, c'est de ne pas vous juger à cause de ces sentiments. Acceptez plutôt que vous les ressentez et essayez de ne pas juger, de suspendre tout jugement !

Dans le cas d'une maladie très grave telle que le cancer, il n'y a pas de sentiments « appropriés », « acceptables » ou « inappropriés », « adultes » ou « enfantins », il n'y a simplement que des sentiments. C'est donc futile de vous dire ce que vous « devriez » ressentir. L'objectif, votre but, c'est de découvrir comment vous pouvez répondre au mieux à celui (celle) que vous aimez. Le premier cas est d'accepter vos propres sentiments, et ceux du patient, et de comprendre que ces émotions sont nécessaires et bonnes pour faire face à la possibilité de la mort.

Chacun est conscient de la nécessité de comprendre le patient, d'être tolérant et de l'accepter. Faites pareil avec vous-même. Tout comme vous pouvez comprendre la peur, la terreur, le mal de l'être cher qui est malade, soyez conscient de votre propre peur, terreur et douleur – et soyez compréhensif avec vous-même aussi. Personne ne fait jamais face à la mort d'un être cher, sans faire face à sa propre mort. « Allez-y doucement » avec vous-même. Acceptez-vous et soyez doux, calme, gentil et indulgent avec vous-même aussi.

Chacun traite une situation de crise à sa manière. Votre façon de réagir à un diagnostic de cancer chez un membre de votre famille, ressemblera probablement à votre façon de réagir aux crises dans le passé. Ce chapitre vise à donner aux familles des cancéreux un soutien et des stratégies possibles, pour faire face à la situation. Il ne s'agit pas de créer des attentes non réalistes quant au comportement idéal de la famille par rapport à ce diagnostic chez un être cher et qu'on aime, ni d'engendrer une culpabilité par rapport au comportement lors de maladies passées. Ce serait tout à fait irréaliste de croire qu'on puisse apprendre des méthodes de réaction entièrement nouvelles lors d'une crise, et en plein désarroi. Ce qui suit, est surtout destiné à encourager les familles à accepter et apprécier pleinement l'ampleur des difficultés qu'elles rencontrent, et à leur ofrir une méthode, des outils qu'elles pourraient trouver utiles.

Etablir une communication ouverte, efficace et aidante

Les personnes ayant reçu un diagnostic de cancer, ou d'une autre maladie grave, passent par de grands changements d'humeur. Elles ressentent la peur, la colère, l'apitoiement sur elles-mêmes, le sentiment de perdre le contrôle sur leur vie – et leurs hauts et bas, leurs changements d'humeur et d'émotions, leur font généralement peur. Au début, la famille réagit aussi par la peur à ces fluctuations brusques d'émotions, chez l'être cher malade. Il se peut que vous trouviez que vous avez envie d'éviter toute communication sur ce sujet, car cela risque d'être douloureux et de vous troubler[1].

Toutefois, même si les émotions sont difficiles, il est important, dans les premières semaines après le diagnostic du cancer, de créer les bases d'une communication honnête et ouverte. Le patient a besoin de se sentir libre – et doit être encouragé à exprimer ce qu'il ressent. Vous et tous les autres

---

1. Le Dr. Ginette Raimbault raconte que dans son service de Paris, des enfants gravement malades lui parlaient de leur mort prochaine (elle prenait le temps d'être disponible et de les écouter le soir), en lui disant que d'une certaine façon les parents les empêchaient d'en parler (« L'enfant et la mort », Toulouse, Privat).

membres de la famille devez être prêts à l'écouter, bien qu'il puisse y avoir une grande partie de vous-même qui n'en ait pas envie. Si on supprime au patient l'occasion de parler de ce qui est le plus trouble – la peur, la douleur, la mort – il se sentira isolé. Lorsque ce qui est le plus important est précisément ce dont vous ne pouvez pas parler, alors vous êtes en effet très seul.

Pour alléger cette période, une solution serait d'encourager l'expression spontanée du «ressenti», d'écouter sans juger et d'accepter aussi votre propre «ressenti», ainsi que celui du patient, comme naturels et nécessaires. Puis, essayez d'interpréter la véritable signification d'une demande, et repondez autant que possible aux besoins du patient, sans toutefois perdre votre propre intégrité, et sans sacrifier d'autres membres de la famille. Il n'y a pas de doute que cela nécessite une quantité inhabituelle de patience, de sensibilité, et de compréhension de la part de la famille; mais une connaissance de ce qui va arriver et quelques conseils sur la manière d'y faire face, peuvent vous aider tous à mener à bonne fin cette expérience.

Encourager l'expression du ressenti

Après avoir entendu le diagnostic du cancer, il arrive que le patient pleure. Il se lamente sur la possibilité de sa propre mort et sur la perte de sa croyance en son immortalité. Il regrette et déplore la perte de sa bonne santé et fait deuil de l'image qu'il avait de lui-même comme de quelqu'un de vigoureux et fort, plein de vitalité. La douleur est une réponse normale; la famille doit essayer de l'accepter. Garder pour soi ses sentiments, retenir ce qu'on ressent, garder son sang-froid et maintenir les apparences face à la mort ne signifie pas qu'on soit courageux. Etre courageux, c'est rester l'être humain que vous êtes, même lorsque ceux qui vous entourent essayent de vous imposer leurs standards extérieurs de conduite, des schémas de comportement «comme il faut».

La seule chose importante que la famille puisse offrir, c'est la volonté d'aller jusqu'au bout de cette épreuve avec celui (celle) qu'elle aime. Sauf si le patient demande à rester seul, restez avec lui (ou avec elle); ayez beaucoup de contacts, et de contacts physiques, soyez proche de lui (elle), ayez des gestes de tendresse et de câlinerie. Partagez ce que vous ressentez, sans penser qu'il faut changer ou dissimuler vos sentiments.

Les soi-disant sentiments inappropriés changeront avec le temps, au fur et à mesure que change votre compréhension ou votre perception; toutefois, ces sentiments inadaptés changeront d'autant plus vite que vous vous permettrez, à vous-même comme au patient, de les ressentir plutôt que de les nier. Nier le «ressenti» courtcircuite l'occasion éventuelle d'apprendre , car les sentiments fournissent l'essentiel d'une expérience à partir de laquelle une nouvelle compréhension peut se développer.

De plus, rien n'entretient plus un sentiment que vous jugez inapproprié que le fait de le nier. Lorsque votre conscience nie un sentiment, il est refoulé et continue d'influencer votre comportement de manière inconsciente, sur laquelle vous n'avez que peu de contrôle. Vous vous y accrochez. Mais, lorsque les sentiments sont acceptés, il est beaucoup plus probable qu'ils changent et que vous en soyez libéré.

Quoi que vous et votre famille ressentiez est acceptable. Quoi que le patient ressente est acceptable. Si vous vous trouvez en train d'essayer de changer ce que ressentent les autres, arrêtez-vous. Cela ne peut mener qu'à la douleur et à une communication bloquée. Rien ne peut faire plus de mal à une relation que lorsque quelqu'un ressent ou croit qu'il ne peut pas être vraiment lui-même face à cette personne.

Ecouter et répondre tout en maintenant votre propre intégrité

Lorsque la personne qui vous est chère est émotionnellement en détresse, vous pourriez à tout prix vouloir faire quelque chose, n'importe quoi, pour l'aider. Lorsque ceci se produit, la meilleure chose à faire, c'est de demander au patient : « Est-ce qu'il y a quelque chose que tu aimerais que je fasse pour toi ? » – Puis, écoutez attentivement. C'est un moment chargé d'une très grande possibilité de malentendus ; alors, essayez d'entendre ce que le patient veut vraiment dire.

Si le patient s'apitoie sur son sort, il se peut qu'il réponde quelque chose comme : « Oh, laisse-moi seulement tranquille ; tout ce qui pourrait m'arriver est déjà arrivé. » Puisque c'est un message déroutant et peu clair, vous pourriez peut-être répéter ce que vous avez cru comprendre : « Tu voudrais que je te laisse tranquille ? » ou « Tu veux rester seul(e) ? » ou « Je ne suis pas sûr(e) si tu veux que je reste ou que je parte ? » – pour être certain d'avoir bien entendu et compris le message, et aussi pour que le patient sache comment vous avez compris sa demande.

A d'autres moments, vous pourriez recevoir des demandes impossibles à satisfaire, ou vous recevrez comme une explosion d'émotions trop longtemps contenues. En réponse à votre question : « Est-ce qu'il y a quelque chose que tu voudrais que je fasse ? », vous aurez peut-être une réponse du genre : « Oui, tu pourrais prendre cette maudite maladie pour que je puisse vivre normalement comme toi ! » Une telle réponse vous laisse blessé et en colère. Vous pensez avoir fait un geste d'affection, d'amour et de compréhension, et vous recevez une raclée en échange. Votre tendance risque alors soit d'exploser de colère, soit de vous replier, ou de vous en aller.

Vous replier sur vous-même est la réponse la plus destructrice de toutes. Si vous retenez votre propre douleur et votre souffrance, vous commencerez presque sûrement à vous retirer émotionnellement de la relation – ce qui entraînera encore plus de douleur et souffrance. Même une réponse forcée, ce qui garde la communication ouverte, serait mieux pour vous deux à la longue. Par exemple, essayez la réponse suivante : « Je me rends compte que tu dois ressentir beaucoup de frustration et de colère, des émotions que je ne peux même pas imaginer. Mais ça me fait vraiment très mal lorsque tu le dis comme ça. » Cette réponse traduit l'acceptation de ce qu'il (elle) ressent, aussi bien que l'honnêteté au sujet de vos propres sentiments.

Il est important que vous cherchiez à maintenir votre propre intégrité. Si vous offrez de l'aide, et recevez des demandes non raisonnables, alors il faudrait que vous indiquiez vos limites : « Je veux t'aider, mais je ne peux faire tout ce que tu demandes. Est-ce qu'il y a autre chose que je peux faire pour t'aider ? » Ainsi, la communication reste ouverte et démontre votre affection, votre amour et votre préoccupation ; de plus, les limites sont définies, en ce qui concerne ce que vous pouvez et voulez faire.

Un autre problème qui pourrait se présenter serait une demande nécessitant le sacrifice des besoins d'autres membres de votre famille. Ce problème peut être souvent aussi résolu par une bonne communication, jusqu'à ce que les deux parties soient au clair sur les implications de la demande.

Prenons comme exemple la conversation qui suit :

Un fils, adulte, rend visite à son père qui se trouve dans un hôpital à 500 kilomètres de chez lui :

Le fils : Papa, est-ce qu'il y a quelque chose que je peux faire pour t'aider ?

Le père : Oui, si tu viens me rendre visite plus souvent, ça m'aiderait beaucoup. Je me sens tellement mieux quand tu es ici.

Le fils peut vouloir honorer cette demande, mais il ressent aussi l'effort et la fatigue d'un trajet si long, ainsi que le stress de ses absences fréquentes sur sa propre famille. De plus, dans presque toute relation parent-enfant, il y a eu des heurts, des moments où l'un ou l'autre s'est senti coupable ou blessé, il y a eu des sentiments non résolus, et ceux-ci compliquent la situation. La prochaine étape dans ce cas-ci c'est que le fils partage son dilemme avec son père.

Le fils : Papa, je suis content que mes visites soient importantes pour toi, et cela me fait plaisir que tu te sentes mieux quand je suis ici. J'aimerais savoir à quelle fréquence tu aimerais que je vienne ? Tu me dis plus souvent, mais peux-tu préciser ? Tous les combien ? Je veux venir te rendre visite, mais cela crée des difficultés dans ma famille, et j'essaie d'équilibrer le tout.

Le père : Oh, je ne veux pas être un fardeau pour toi ! Va, continue ta vie et oublie-moi. Je suis vieux et probablement je ne vivrais plus très longtemps de toute façon.

A ce point du dialogue, ce serait facile, pour le fils, d'oublier le point essentiel du problème et soit d'essayer de rassurer son père qu'il est vraiment aimé, soit de se mettre en colère contre cette tentative évidente de le manipuler et le rendre coupable. S'il s'implique dans l'un ou l'autre de ces aspects, il ne pourra pas résoudre le dilemme principal. Le fils doit rester sur la question essentielle.

Le fils : (gentiment) Papa, tu as demandé si je revenais te rendre visite, et j'aimerais vraiment le faire. Mais tu m'aiderais beaucoup si tu me disais à quel rythme tu voudrais que je vienne, – tous les combien ?

Le père : Oh, eh bien ! comme tu peux ! Tu sais quand tu peux.

La conversation pourrait se terminer là, sans donner satisfaction à personne. Au lieu de cela, il est important que le fils revienne à la question principale :

Le fils : (fermement, mais gentiment) Papa, dis-moi tous les combien as-tu envie que je vienne te voir ? C'est important que je le sache. En effet, cela demande un effort pour venir jusqu'ici te voir, alors j'ai envie de me sentir bien par rapport à un engagement que je prends. Tu m'aiderais vraiment beaucoup en me disant à quel rythme tu veux que je te rende visite, – tous les combien ?

Le père : Bien, j'aimerais te voir chaque fois que tu en as l'occasion. J'aimerais te voir tous les week-ends. Je sais que tu es vraiment occupé, et peut-être juste une fois par mois... je ne suis pas sûr... peut-être si tu venais me voir une fois par mois ce serait mieux que rien.

Le fils : C'est un long trajet, alors je ne pense pas pouvoir le faire facilement tous les week-ends. Mais j'aimerais te voir plus qu'une fois par mois. Pourquoi ne dirions-nous pas un week-end sur deux ? Je pense que c'est raisonnable, pendant que tu es malade comme ça. Nous pouvons revoir ça dans un mois. Je pense que tu seras beaucoup mieux à ce moment-là. Mais pendant le mois qui vient, je serais ici un week-end sur deux.

Le père : Bon, d'accord. Je ne veux pas être un fardeau pour toi. Je déteste être malade et te créer des problèmes.

Encore une fois, la conversation pourrait s'arrêter ici, bien qu'elle puisse laisser encore des choses relativement non résolues. Mais il est clair maintenant qu'une partie du ronchonnement du père et de son apitoiement sur lui-même vient de sa difficulté à accepter sa faiblesse, son impuissance et sa mauvaise santé. Cependant, il continue d'avoir besoin d'être rassuré sur le fait qu'il est aimé. La meilleure réponse du fils pourrait être :

Le fils : Papa, je suis sûr que c'est dur d'être malade comme ça, mais je veux juste que tu saches que je t'aime et que j'ai envie d'être avec toi. Il est très important pour moi et ma famille d'être près de toi durant cette maladie. C'est peut-être un dérangement, mais une famille sert à ça. Je veux juste que tu saches que je t'aime et que je veux que tu guérisses.

Lorsque la conversation se termine, tous les deux se sentent bien ; il n'y a ni gagnant ni perdant, ni traces de culpabilité ou de malentendus non résolus.

Une communication ouverte et qui donne du soutien demande que vous soyez sensible aux nuances de ce que vous dites et de ce que vous entendez. Les suggestions suivantes peuvent vous servir à aider la personne que vous aimez.

Essayez au maximun d'éviter des phrases qui nient ou rejettent le ressenti du patient, telles que : « Ne sois pas stupide, tu ne vas pas mourir », ou : « Il faut que tu arrêtes de penser comme ça », ou : « Il faut que tu t'arrêtes de t'apitoyer sur toi. » Rappelez-vous que vous n'avez rien à faire avec les sentiments du patient, sauf à les écouter. Vous n'avez besoin ni de les comprendre, ni de les changer. Si vous essayez de les changer, vous ne réussirez que le faire se sentir plus mal, car vous communiquerez l'idée que ses sentiments actuels sont inacceptables.

Vous n'avez pas besoin de trouver de solutions aux problèmes du patient, de le « sortir de la déprime ». Permettezlui simplement d'exprimer de tels sentiments. Vous ne devez pas lui offrir de thérapie – vous n'êtes pas psychothérapeute – puisque vos efforts traduiraient probablement un manque d'acceptation et le message que les sentiments devraient être différents de ce qu'ils sont. Ce que vous avez le mieux à lui offrir, c'est l'acceptation et la reconnaissance de ce que ressent celui (celle) qui vous est cher. Si vous pouvez, résumez brièvement votre interprétation de son ressenti en disant par exemple : « Tu es bouleversé(e) par tout ce qui s'est passé », ou : « Cela ne paraît pas juste ». Même un hochement de tête d'approbation, ou de dire : « Je comprends », pourrait être mieux que dire des choses qui impliquent une inacceptation.

Demandez-vous si vous parlez plus que vous n'écoutez, ou si vous terminez les phrases du patient. Dans ce cas, réfléchissez si ce n'est pas votre propre angoisse qui parle et si ce ne serait pas plus profitable de laisser mener la conversation par le patient.

Si vous parlez moins, il y aura peut-être de longues périodes de silence. Il y a nécessairement beaucoup d'introspection à des moments comme ça, alors il est tout à fait naturel que parfois vous et le patient soyez plongés dans vos réflexions ; cela ne veut pas dire un rejet de l'autre. Le silence peut même servir à encourager quelqu'un, qui est habituellement renfermé, à commencer à partager ses sentiments longtemps retenus.

Si vous n'avez pas l'habitude de laisser de longues périodes de silence dans vos conversations – et la plupart d'entre nous se sentent obligés de remplir les pauses dans une conversation – vous pourrez trouver qu'elles produisent de l'anxiété. Essayez de vous sentir à l'aise dans les silences. Deux personnes qui sont à l'aise avec de telles pauses pourraient donner plus de valeur à leurs conversations, car elles sentent qu'elles n'ont besoin de parler que lorsqu'elles ont vraiment quelque chose à dire. Un moyen de traiter votre anxiété, c'est d'en parler. Discutez de comment vous sentez les silences, puis écoutez bien les réponses qu'il (elle) vous fait.

Soyez conscient que beaucoup de ce que vous ressentez risque d'être très différent de ce que ressent la personne qui vous est chère. Peut-être que vous essayez de faire face aux difficiles tâches quotidiennes, de maintenir une vie, tandis que le patient est absorbé par les affres de la mort, les diverses peurs de la mort, et se replonge dans sa vie, dont il recherche la signification. A un moment donné, vous pourrez penser que vous avez commencé à comprendre ce que l'autre ressent, et tout de suite après, trouver que son humeur est de nouveau ailleurs et incompréhensible. C'est normal : vous vivez deux épreuves, expériences et réactions différentes.

Dans beaucoup de familles, c'est presque devenu un test, une épreuve de l'affection, de l'amour et de loyauté que tout le monde ait la même réaction à cette épreuve. Des femmes ont tendance à croire et ressentir que leurs maris s'éloignent d'elles, ou des enfants paraissent se rebeller, s'ils ont des réactions très différentes à cette épreuve. Exiger que tout le monde ait les mêmes sentiments « acceptables » c'est épuisant pour une relation, n'importe quand, mais cela crée une barrière quasi insurmontable à la communication pendant cette période de grands et brutaux changements d'émotion. Essayez de permettre à chacun d'être différent.

Apporter du soutien à la prise de responsabilités et à la participation du patient

Toutes les familles des patients cancéreux ressentent aussi bien le désir que la responsabilité de donner autant d'attention, d'affection et de soutien que possible. En même temps, il est essentiel que les membres de la famille répondent à leurs propres besoins et laissent au patient la responsabilité de sa propre santé. Comme vous le savez maintenant, notre traitement est basé sur l'idée que chaque patient peut participer de façon active à sa propre guérison. Donc, il est essentiel que le patient soit considéré comme une personne responsable, et non pas comme un enfant irresponsable ou une victime.

Donner du soutien au patient sans l'infantiliser

Combien faut-il donner de soutien à un être cher qui a un cancer? La meilleure méthode, c'est de lui donner du soutien sans le «traiter comme un bébé». La réponse infantilisante se fait lorsque l'on prend la position d'un parent [2] qui parle à un enfant irresponsable: le parent ne croit pas que l'enfant soit capable de prendre une décision, et il peut même tromper l'enfant. Ce qui suit est un exemple de l'utilisation de cette approche dans votre relation avec un cancéreux:

Le patient: J'ai peur du traitement. Je ne le veux vraiment pas. Je ne pense pas qu'il va m'aider, donc cela ne sert à rien.

Réponse infantilisante: Allons, allons, tu sais bien qu'il faut le faire. Cela ne te fera pas mal. C'est bon pour toi. Et c'est tout; on ne va plus en parler!

Le traitement peut très bien être douloureux; donc, une réponse infantilisante trompe et diminue le patient. Elle traduit le fait que nous ne croyons pas que le patient soit capable de faire face à la réalité.

Lorsque le patient, son conjoint ou un autre membre de la famille a peur, il est important qu'ils communiquent entre eux, d'adulte à adulte, qu'ils reconnaissent les risques et souffrances possibles, ouvertement, et avec réalisme. Une réponse adaptée aux peurs du patient ci-dessus pourrait alors être:

Réponse de soutien: Je peux comprendre ta peur. Le traitement me fait un peu peur aussi. Et je ne comprends pas vraiment tout ce qui se passe. Mais nous sommes dans cette épreuve ensemble, et je la traverserai avec toi, et essaierai de te donner autant de soutien que je peux. Je crois que c'est important que tu aies ce traitement et que tu en attendes ce que nous espérons tous qu'il en résultera.

Une position de soutien plutôt que d'infantilisme est aussi importante avec des enfants cancéreux. Le fait qu'un enfant soit malade ne veut pas dire qu'il ait envie qu'on le

----

2. Voir la note sur Eric Berne, page suivante.

traite comme un bébé. De plus, les enfants peuvent souvent faire face à leurs sentiments de façon plus efficace que des adultes, puisqu'ils sont plus près de leurs sentiments, et ils risquent moins de juger ce qu'ils ressentent. Ne pas infantiliser les enfants vous permet de reconnaître leurs propres ressources. Alors, si un enfant a peur du traitement, la communication pourrait se passer comme suit :

Réponse de soutien : Oui, cela peut faire mal, et c'est effrayant. Mais c'est le genre de traitement qu'il faut pour que tu guérisses, et je resterai avec toi tout le temps.

Ce dernier message : « Je serai avec toi » est essentiel. Les mots gentils et les belles phrases vous donnent moins de support que le fait d'être avec un être cher, quel que soit votre âge.

Donner du soutien au patient sans essayer de faire du sauvetage

Un problème lié à l'infantilisation d'un cancéreux, c'est de lui donner du soutien sans « faire du sauvetage ». Le soi-disant rôle de sauveteur, que les gens jouent de façon inconsciente, se base sur les théories de Eric Berne [3], père de l'analyse transactionnelle [4], et encore développées aussi depuis par Claude Steiner dans ses livres, *Games Alcoholics Play* (« A quoi jouent les alcooliques », Paris, Epi éditeurs) et *Scripts people live* (« Les scripts de la vie des gens »). Nous

---

3. *L'analyse transactionnelle.*
Thomas A. Harris : *D'accord avec soi et les autres*, Paris, Epi (trad. de *I am OK, you are OK*).
4. Pour Berne, chacun a en soi un adulte, un parent (qui donne souvent des conseils) et un enfant (souvent fantasque ou capricieux). Lorsque deux personnes parlent ensemble, il se peut que le « parent » de l'un parle à « l'enfant » de l'autre, et ce n'est pas toujours que « l'adulte » de l'un s'adresse à « l'adulte » de l'autre, ce qui crée souvent des problèmes. Berne a de plus décodé des « jeux » fréquents. L'alcoolique (qui se joue à quatre : l'alcoolique, sa femme, le barman, l'assistante sociale : le sauveteur ou le bon conseiller). « La jambe de bois » (« je ne peux pas faire ceci, travailler, prendre l'autobus, faire un voyage... à cause de ma jambe de bois ») – « Y-a-K'a, n'y-a-qu'à – mais... ; le sauveteur ou le bon samaritain »... L'analyse transactionnelle permet de mettre en évidence les bénéfices secondaires de ces jeux et de chacune des positions prises et donc de comprendre les échanges ou transactions, et les rendre plus adultes et moins nocifs. Berne a aussi prouvé que les rôles de ces jeux sont réciproques, complémentaires et interchangeables – par exemple l'ancien alcoolique peut devenir le sauveteur et cesser de boire tant qu'il participe aux réunions des Alcooliques Anonymes, comme client ou animateur (A.A.S.).

avons tendance à jouer ce rôle lorsque nous sommes en relation avec des gens faibles, désemparés, impuissants, ou incapables de prendre eux-mêmes leur vie en charge. « Sauver », « secourir » peut paraître aider quelqu'un ; cependant, en réalité, vous renforcez sa faiblesse et son impuissance.

Les familles de patients cancéreux tombent facilement dans le piège du jeu du sauveteur avec leurs êtres chers, – car le patient prend souvent le rôle de victime : il prend la position, « je n'ai plus d'espoir, je suis impuissant, essaie de m'aider. » La position du sauveteur, c'est : « tu es sans espoir et impuissant ; néanmoins, je vais essayer de t'aider. » A d'autres moments, le sauveteur peut jouer le rôle du persécuteur ; il prend position : « tu es sans espoir et impuissant, et c'est de ta faute. »

Steiner appelle de tels jeux : « Le jeu du sauvetage ». Dans ce jeu, les participants peuvent continuer à changer de rôle presque à l'infini. Quelqu'un qui sait jouer un des rôles, sait aussi jouer les contre-rôles. Le problème, c'est que, comme la plupart des jeux psychologiques, celui-ci est destructeur. Il exige un prix très lourd de la victime, lui enlevant le pouvoir de résoudre ses propres problèmes, et la garder ainsi dans des positions passives.

De notre point de vue, rien ne détruit autant le besoin du patient de prendre lui-même en charge sa santé. L'interaction peut commencer avec les plaintes du patient au sujet de ses douleurs, de son manque d'énergie, et de son incapacité à s'engager dans des activités normales. Il y a alors de fortes chances pour que le sauveteur essaie de l'aider, en faisant des choses pour la victime, le « sauvant », le délivrant du besoin de se prendre en charge. Le sauveteur peut même lui apporter à manger et à boire, bien que le patient(e) soit parfaitement capable de le faire pour lui-même (elle-même). Le sauveteur peut même offrir d'interminables conseils (qui sont d'habitude rejetés) et pourrait faire pour le patient des tâches désagréables, sans qu'on le lui demande.

Le sauveteur peut paraître aimant et attentionné, mais il contribue en fait à handicaper le patient aussi bien physiquement que psychologiquement. Peut-être que le patient finira par se mettre en colère et lui en vouloir de cette manipulation. De plus, le sauveteur, qui a nié ses propres besoins pendant qu'il s'occupait du patient, peut commencer à ressentir de l'hostilité à l'égard du patient, et puis à se sentir coupable de cette hostilité. Il est clair que personne ne bénéficie de ce genre d'interaction.

Au contraire, de telles interactions servent à isoler le patient. Lorsque quelqu'un, dans une position de pouvoir, essaie de protéger le patient (et d'autres membres de la famille) d'affronter des sujets douloureux – et surtout la mort – il en résulte une coupure des voies de communication du patient avec les sujets les plus importants pour lui – et pour sa famille. De plus, cette tactique inhibe l'expression du ressenti des autres membres de la famille.

C'est aussi mauvais d'essayer de protéger le patient des autres problèmes familiaux, telles que les difficultés scolaires d'un de ses enfants. Prendre l'attitude que le patient « a déjà tellement de problèmes » l'isole de sa famille au moment même où il est le plus important pour lui qu'il se sente impliqué dans la vie. Se sentir proche provient d'un partage du ressenti : quand on n'exprime pas et retient ce qu'on ressent, on commence à s'éloigner de ses proches.

Le patient peut prendre aussi, à son tour, le rôle du sauveteur, le plus fréquemment en « protégeant » les membres de la famille par une non-expression de ses peurs et de ses angoisses. Dans ce processus, le patient s'isole de plus en plus de sa famille. Plutôt que de la protéger, en réalité le patient exclut sa famille et lui communique son manque de confiance en eux. Quand quelqu'un est « délivré-libéré » de ses sentiments, il n'a pas l'occasion de les ressentir, et de leur trouver une solution. Il en résulte que les membres de la famille peuvent continuer à avoir des sentiments non résolus bien longtemps après que le patient soit guéri ou mort.

Tout comme la famille doit éviter d'essayer de délivrer le patient des joies et douleurs quotidiennes, les patients doivent éviter d'essayer de délivrer leurs familles de sentiments douloureux. A la longue, la santé psychique de tous est améliorée, lorsque les sentiments sont affrontés et résolus ouvertement.

Aider, plutôt que faire du sauvetage ou délivrer le patient

Il est facile de voir comment le jeu du sauvetage peut démarrer entre un cancéreux et son conjoint. Tout notre conditionnement culturel nous dit que quelqu'un d'aimant doit répondre à la maladie par une prise en charge du patient, faire tout à sa place, l'aider au point où il n'a besoin de ne plus rien faire. Le patient n'a plus la responsabilité de son propre bien-être. La solution c'est d'aider sans étouffer. Cependant, il y a parfois une différence entre les deux, difficile à percevoir. L'élément important, critique, quant à l'aide à apporter, c'est qu'il s'agit de quelque chose que vous *avez envie* de faire, parce que cela vous fait du bien ; et non parce que vous attendez quelque chose de la personne que vous avez aidée. Si vous vous trouvez en train de vous mettre en colère et de lui en vouloir, vous pouvez être sûr que vous aviez une attente quant à la réponse de l'autre. Et cette habitude existe peut-être depuis très longtemps. Pour la rompre, il faut faire très attention à votre ressenti.

Steiner propose trois autres indices pour aider à identifier un comportement de sauvetage. Vous faites du sauvetage :

1. Vous faites quelque chose pour quelqu'un que vous n'avez pas envie de faire, sans dire que vous n'aimez pas le faire.

2. Vous commencez par aider quelqu'un et découvrez ensuite qu'il (elle) vous a laissé la plus grande partie de la tâche.

3. Vous ne permettez pas, de façon constante, aux autres de connaître *vos* désirs. Bien entendu, le leur faire savoir ne veut pas dire que vous *aurez* toujours ce que vous voulez ; mais vous empêchez les autres de réagir, de répondre à vos besoins, si vous ne les exprimez pas ouvertement.

Si vous découvrez que vous faites du sauvetage au lieu d'aider, rappelez-vous que la vie d'un patient peut dépendre de l'utilisation qu'il fait de ses propres ressources.

Récompenser la bonne santé et non la maladie

Aussi essentiel qu'il soit que le patient garde et affirme son contrôle sur sa propre vie, pour reprendre une bonne santé, il n'est pas inhabituel que conjoints et amis récompensent inconsciemment la maladie. Les familles montrent souvent le plus d'affection, d'amour, de soutien et d'attention quand les patients sont faibles et impuissants; elles commencent à retirer ces récompenses aussitôt que les patients reprennent de la santé.

Il est impératif que les conjoints, familles et amis encouragent le patient à faire ce qu'il peut pour lui-même et leur donner l'amour, le soutien et l'affection pour leur autonomie, et non pas pour leur faiblesse. Si toutes les récompenses sont méritées par la faiblesse, le patient a intérêt à rester malade et moins de raisons de se rétablir.

Récompenser une maladie au lieu d'une bonne santé arrive le plus souvent lorsque les membres d'une famille placent tous les besoins du patient toujours avant les leurs. Une ambiance où l'on tient compte de tous les besoins de tout le monde – et non seulement ceux du patient - encourage le patient à utiliser ce qu'il a en lui – ses propres ressources – pour se rétablir.

Ces conseils vous aideront à récompenser la bonne santé :

1. *Encourager les efforts du patient à se prendre en charge.* Beaucoup de membres d'une famille se dépêchent pour tout faire à la place du patient, leur niant l'occasion de s'occuper d'eux-mêmes. Habituellement, ceci s'accompagne de commentaires tels que : « Tu es malade, tu ne devrais pas t'occuper comme ça. Laisse-moi faire ça. » Ceci ne fait que renforcer la maladie. Il faut permettre aux patients de faire des choses pour eux-mêmes, et les familles devraient parler de la force de ceux qu'elles aiment : « Je trouve formidable que tu te prennes en charge comme ça », ou « Ça nous plaît énormément que tu participes aux activités familiales. »

2. *Faire des commentaires lorsque le patient a meilleure mine.* Quelquefois les gens ont tellement conscience de

la maladie qu'ils en oublient de dire quand le patient montre des signes d'amélioration. Faites attention d'observer les signes d'amélioration, et faites savoir à ceux qui vous sont chers combien cela vous fait plaisir.

3. *Passer du temps avec le patient à faire des activités qui n'ont pas de lien avec la maladie.* Parfois on peut avoir l'impression – entre les visites chez le médecin, les traitements, les courses pour les médicaments, l'aide pour faire face aux limitations physiques – qu'il n'y a que des activités liées à la maladie. Mais pour souligner la vie et une bonne santé, il est important de prendre le temps de faire des choses agréables ensemble. Avoir un cancer ne veut pas dire arrêter de vous amuser. Au contraire : plus agréable est la vie, plus grand est l'investissement à rester vivant.

4. *Continuer à passer du temps avec le patient pendant qu'il se rétablit.* Comme nous l'avons indiqué, beaucoup de familles donnent un soutien et de l'attention au patient tant qu'il est malade, et l'ignore quand il commence à aller mieux. Puisque nous aimons tous l'attention, cela veut dire que nous recevrons la récompense de l'attention quand nous sommes malade, et que nous la perdons quand nous guérissons. Alors, soyez attentif à donner encore de l'attention et du soutien pendant la période de guérison.

Pour être sûr que vous récompensez la santé et évitez de « faire du sauvetage », chaque membre de votre famille doit faire attention à ses propres besoins émotionnels. Il n'y a pas de doute que c'est difficile, et c'est certainement à l'encontre du rôle de sacrifice, rôle encouragé par la société en réponse à la maladie. Mais si vous renoncez à vos propres besoins pour répondre à ceux de quelqu'un d'autre, cela finit toujours par du ressentiment et de la colère. Peut-être que vous n'en avez pas conscience, ou que vous ne souhaitez pas le reconnaître, que vous avez de tels sentiments. De fait, un conjoint va souvent réprimander durement ses enfants lorsqu'ils se plaignent d'être obligés de changer leur vie parce qu'un parent est malade ; mais une partie de cette dureté envers les enfants provient d'avoir évité de voir ses propres sentiments de frustration et de ressentiment.

Pour beaucoup de familles, les besoins du patient

comptent avant tout parce qu'elles s'attendent, peut-être inconsciemment, à ce que le patient meure (vite). Cette attente s'entend dans des phrases telles que : « Ce seront peut-être mes derniers mois avec elle, alors je veux être sûr que tout sera parfait ». Cette attitude a deux conséquences sérieuses : le ressentiment et la communication de l'attente négative. Comme nous l'avons dit, la famille finit parfois par être irritée de se sacrifier en vain et le patient est irrité par les subtiles demandes de remerciement de sa famille pour les sacrifices faits. La capacité de la famille à garder une vie plus ou moins normale – à s'occuper des besoins de tous – sans se mettre à plat ventre devant le patient, réduira le ressentiment de tout le monde.

De plus, l'abnégation de la famille, les sacrifices de tous, communique la conviction que le patient va mourir. Remettre des discussions ou des projets à long terme, éviter de parler des maladies graves ou de morts dans l'entourage, communiquent aussi une attente de la mort. Ce qui est évité, c'est ce qui est craint ; donc, par l'omission, les familles expriment indirectement leurs attentes. Et donc, à cause du rôle que peuvent jouer les attentes dans le déroulement du cancer ou d'autres maladies, les attentes négatives de la famille sapent sérieusement la capacité du patient à garder bon espoir.

Ainsi, traiter le patient comme si vous croyez, vous savez qu'il va survivre, comme si vous vous attendez à ce qu'il vive, est essentiel. La famille ne doit pas croire que le patient *va* guérir ; elle a seulement besoin de croire qu'il *peut* guérir.

D'autres croyances que la famille risquent de communiquer au patient, soit de façon ouverte et directe, soit de façon indirecte et subtile, impliquent leurs évaluations du traitement et de la compétence de l'équipe médicale. De plus, puisque la conviction positive du patient quant à l'efficacité du traitement et la confiance qu'il a dans ses médecins, jouent un rôle important dans la guérison, vous aurez peut-être besoin de ré-examiner vos propres attentes réelles et essayer de modifier vos convictions pour qu'elles soient un soutien. Vous faites partie du « système de soutien » du patient, il est donc important que vous soyez un soutien pour la bonne santé et la guérison.

L'idéal, c'est que la famille croit de façon positive que le patient peut se rétablir, et aussi que le traitement est un allié fort et puissant. Nous nous rendons compte que c'est beaucoup demander lorsque la famille, tout comme le patient, a « ingurgité » et accepté toutes les idées conventionnelles reçues de la société, tout le « programme » de la société au sujet du cancer, et qui disent que cancer égale mort. Mais vos croyances, vos convictions, votre foi comptent énormément dans les résultats.

Répondre aux demandes d'une longue maladie

Les suggestions que nous avons faites pour établir une communication claire et honnête, et pour éviter de mettre de côté les besoins de chacun – sauf du patient – sont basés sur les réalités de la vie avec un cancéreux pendant plusieurs mois ou années. Le prix d'une communication non ouverte ou d'une tentative constante de porter secours au patient, est de devoir vivre en jouant un faux rôle. C'est épuisant, cela pompe toute votre énergie que d'essayer de sourire et agir comme si tout allait bien quand on ne le sent pas. L'hypocrisie, quant à une possibilité de rechute ou de mort, crée une distance et un malaise dans votre relation.

Cette hypocrisie, ce manque d'honnêteté fondamentale dans la relation se reflète aussi dans la santé physique des membres de la famille. Le stress de vivre avec et soigner quelqu'un qui a une maladie grave, longue et peut-être mortelle, peut menacer votre propre santé, sauf si vous affrontez le problème ouvertement. Certainement, c'est difficile et douloureux d'être honnête dans cette situation, mais, dans notre expérience, cela n'est qu'une petite difficulté comparée à la douleur d'une distance inévitable avec votre malade et l'isolement qui se crée quand les gens ne peuvent plus être eux-mêmes, ni exprimer leurs vrais sentiments.

La famille trouvera peut-être difficile, aussi, de donner

tout le soutien émotionnel dont le patient a besoin, à cause de l'intensité de la relation à ce moment-là (et du fait que les membres de la famille ont leurs propres besoins). Toutefois, il n'y a aucune règle qui limite les relations chaleureuses et de soutien seulement à la famille immédiate ; beaucoup de patients profitent de relations amicales, établies en dehors de la famille avec des gens qui peuvent leur reconnaître de la valeur en tant que personne et leur donner un peu de soutien dont ils ont besoin. L'effort du patient de chercher aide, amitié et support en dehors de la famille ne doit pas être vu comme un signe d'échec de la famille. Il n'est pas raisonnable d'attendre que la famille puisse répondre à tous les besoins émotionnels du patient, et pouvoir faire face aux besoins de chacun des membres et de pouvoir encore faire attention à leurs propres besoins.

Le patient, aussi bien que les membres de sa famille, peuvent profiter de séances périodiques chez un conseiller (counsellor) (ou psychologue clinicien-thérapeute) pour résoudre des difficultés, ou trouver de l'aide pour apprendre comment satisfaire aux besoins de chacun dans une situation qui peut être culpabilisante pour chacun d'eux. Bon nombre de services d'oncologie [5] offrent les services de conseillers familiaux (psychologues ou psychothérapeutes) dans leur programme de traitement. Aussi, de plus en plus de psychologues, psychothérapeutes et conseillers, spécialistes de thérapie familiale ou de counseling suivent une formation de conseiller pour cancéreux et leurs familles, et la plupart des villes ont des thérapeutes ou membres du clergé qualifiés.

La thérapie familiale est souvent utile pour ouvrir à nouveau la communication au sein de la famille et pour établir un climat rassurant où l'on peut aborder des sujets anxiogènes. Il peut aussi aider le patient à traiter certains facteurs, qui ont pu contribuer à leur susceptibilité au cancer au départ.

Le fardeau financier pratiquement inévitable [6] créé par

---

5. Cancérologie.
6. Rappelons que la plupart des pays ne prennent pas en charge tous les frais médicaux, chirurgicaux, d'hospitalisation, et autres, occasionnés par une longue maladie et que dans

une maladie prolongée, et placée sur la famille, est encore un domaine difficile qui demande qu'on puisse en parler ouvertement et honnêtement. Il est typique de voir que ce poids financier puisse rendre la famille coupable si elle dépense de l'argent pour ses propres besoins. Notre conditionnement social suggère que tout l'argent disponible soit mis de côté pour les besoins du patient. Mais les patients se sentent coupables aussi de dépenses de l'argent, puisque c'est leur maladie qui a créé la difficulté financière au départ.

Tous ces sentiments sont grossis et exacerbés si le patient et la famille en viennent à croire que la mort est inévitable. La famille souvent poussera le patient à dépenser de l'argent, tandis que le patient pensera qu'on «gâche» cet argent pour lui, et qu'il devrait être utilisé pour les membres de la famille «qui ont encore une vie devant eux». Peu de familles trouvent facile d'équilibrer les besoins financiers de tout le monde. Pouvoir le faire demande de la créativité et pouvoir faire preuve d'imagination dans la solution des problèmes, et une discussion libre et ouverte.

Apprendre et évolution et croissance personnelle (« growth »)

Malgré les problèmes très sérieux que vous êtes en train d'affronter, si vous êtes d'accord d'affronter ouvertement et honnêtement l'épreuve d'une maladie mortelle chez un être cher, cette épreuve peut contribuer à votre propre développement personnel («growth»). Beaucoup de nos patients et de leurs familles ont rapporté que la communication ouverte durant la maladie avait entraîné un rapprochement entre eux et l'approfondissement de leurs relations.

Une autre conséquence fréquente d'affronter la mort possible d'un être cher, c'est de faire face à vos propres sentiments au sujet de la mort. Ayant fait face indirectement à

---

ces pays, rares sont les gens qui prennent ces assurances complémentaires, même aux Etats-Unis. Même en France et en Grande-Bretagne, pays de Sécurité sociale obligatoire, il y a des «faux frais» ou frais divers occasionnés par la maladie (A.A.S.).

la mort, vous trouvez qu'elle n'est plus aussi angoissante, ni aussi pleine de la même terreur.

Nous avons déjà indiqué plus haut que certains patients, qui ont fait face au cancer, et ont travaillé à influencer le cours de leur maladie, développent une force psychologique plus grande que celle qu'ils avaient avant la maladie - le sentiment d'être « mieux que bien ». La même chose s'applique à leur famille. Celles qui affrontent le cancer ouvertement et honnêtement, peuvent aussi devenir « mieux que bien ». Que le patient se rétablisse ou pas, la famille peut développer une force psychologique avec laquelle vivre le reste de sa vie.

Bibliographie

Abse, D. W.; Wilkins, M. M.; Kirschner, G.; Weston, D. L.; Brown, R. S.; and Buxton, W. D. Self-frustration, night-time smoking, and lung cancer. *Psychosomatic Medicine*, 1972, *34*, 395.

Abse, D. W.; Wilkins, M. M.; VandeCastle, R. L.; Buxton, W. D.; Demars, J. P.; Brown, R. S.; and Kirschner, L. G. Personality and behavioral characteristics of lung cancer patients. *Journal of Psychosomatic Research*, 1974, *18*, 101–13.

Achterberg, J.; Simonton, O. C.; and Simonton, S. *Stress, Psychological Factors, and Cancer*. Fort Worth: New Medicine Press, 1976.

Ader, R., and Cohen, N. Behaviorally conditioned immunosuppression. *Psychosomatic Medicine*, 1975, *37*, 333–40.

Ahlborg, B. Leukocytes in blood during prolonged physical exercise. *Forsvarsmedicin*, 1967, *3*, 36.

Ahlborg, B., and Ahlborg, G. Exercise leukocytosis with and without beta-adrenergic blockade. *Acta Med. Scand.*, 1970 *187* 241–46.

Amkraut, A. A., and Solomon, G. F. Stress and murine sarcoma virus- (moloney-) induced tumors. *Cancer Research*, July 1972, *32*, 1428–33.

———. From the symbolic stimulus to the pathophysiological response: Immune mechanisms. *International Journal of Psychiatry in Medicine*, 1975, *5*(4), 541–63.

Amkraut, A. A.; Solomon, G. F.; Kasper, P.; and Purdue, A. Stress and hormonal intervention in the graft-versus-host response. In B. P. Jankovic and K. Isakovic (Eds.), *Micro-environmental aspects of immunity*. New York: Plenum Publishing Corporation, 1973, 667–74.

Anand, B. K.; Ohhina, G. S.; and Singh, B. Some aspects of electro-encephalographic studies in Yogi. *Electroencephalography Clinical Neurophysiology*, 1964, *13*, 452–56.

Andervont, H. B. Influence of environment on mammary cancer in mice. *National Cancer Institute*, 1944, *4*, 579–81.

Aring, C. D. Breast cancer revisited. *JAMA*, 1975, *232*(7), 742–44.

Bacon, C. L., Rennecker, R.; and Cutler, M. A psychosomatic survey of cancer of the breast. *Psychosomatic Medicine*, 1952, *14*, 453–60.

Bahnson, C. B. Basic epistemological considerations regarding psychosomatic processes and their application to current psychophysiological cancer research. Paper presented at the First International Congress of Higher Nervous Activity, Milan, 1968.

———. Psychophysiological complementarity in malignancies: Past work and future vistas. Paper presented at the Second Conference on Psychophysiological Aspects of Cancer, New York, May 1968.

———. Second conference on psychophysiological aspects of cancer. *Annals of the New York Academy of Sciences*, 1969, *164*, 307–634.

———. The psychological aspects of cancer. Paper presented at the American Cancer Society's Thirteenth Science Writer's Seminar, 1971.

Bahnson, C. B., and Bahnson, M. B. Cancer as an alternative to psychosis: A theoretical model of somatic and psychologic regression. In D. M. Kissen and L. L. LeShan (Eds.), *Psychosomatic aspects of neoplastic disease*. Philadelphia: J. B. Lippincott Company, 1964, 184–202.

———. Denial and repression of primitive impulses and of disturbing emotions in patients with malignant neoplasms. In D. M. Kissen, and L. L. LeShan (Eds.), *Psychosomatic aspects of neoplastic disease*. Philadelphia: J. B. Lippincott Company, 1964, 42–62.

———. Role of ego defenses: Denial and repression in the etiology of malignant neoplasm. *Annals of the New York Academy of Sciences*, 1966, *125*, 827–45.

Bahnson, M. B., and Bahnson, C. B. Ego defenses in cancer patients. *Annals of the New York Academy of Sciences*, 1969, *164*, 546–99.

Balitsky, K. P.; Kapshuk, A. P.; and Tsapenko, V. F. Some electrophysiological peculiarities of the nervous system in malignant growth. *Annals of the New York Academy of Sciences*, 1969, *164*, 520–25.

Baltrusch, H. J. F. Results of clinical-psychosomatic cancer research. *Psychosomatic Medicine (Solothurn)*, 1975, *5*, 175–208.

Bard, M., and Sutherland, A. M. Psychological impact of cancer and its treatment: IV. Adaptation to radical mastectomy. *Cancer*, July–August 1955, *8*, 656–72.

Barrios, A. A. Hypnotherapy: A reappraisal. *Psychotherapy: Theory, Research, and Practice*, 1970, *7*(1), 2–7.

Bathrop, R. W. Depressed lymphocyte function after bereavement. *Lancet*, April 16, 1977, 834–36.

Beary, J. F., and Benson, H. A simple psychophysiologic technique which elicits the hypometabolic changes of the relaxation response. *Psychosomatic Medicine*, March–April 1974, 115.

Beecher, H. K. The powerful placebo. *JAMA*, 1955, *159* 1602–1606.

Behavioral factors associated with the etiology of physical disease. In C. B. Bahnson (Ed.), *American Journal of Public Health*, 1974, *64*, 1034–55.

Bennette, G. Psychic and cellular aspects of isolation and identity impairment in cancer: A dialectic of alienation. *Annals of the New York Academy of Sciences*, 1969, *164*, 352–64.

Benson, H. Your innate asset for combating stress. *Harvard Business Review*, 1974, *52*, 49–60.

———. *The relaxation response*. New York: William Morrow & Company, 1975.

Benson, H.; Beary, F.; and Carol, M. P. The relaxation response. *Psychiatry*, February 1974, 37.

Benson, H., and Epstein, M. D. The placebo effect: A neglected asset in the care of patients. *JAMA*, 1975, *12*, 1225–26.

Benson, H.; Rosner, B. A.; Marzetts, B. A and Klemchuk, H. Decreased blood pressure in pharmacologically treated hypertensive patients who regularly elicited the relaxation response. *The Lancet*, February 23, 1974, 289.

Bernard, C. *Experimental medicine*. 1865.

Bernard, C. [*An introduction to the study of experimental medicine*] (H. C. Green, trans.). New York: Dover, 1957.

Bittner, J. J. Differences observed in tumor incidence of albino strain of mice following change in diet. *American Journal of Cancer*, 1935, *25*, 791–96.

Blumberg, E. M. Results of psychological testing of cancer patients. In J. A. Gengerelli and F. J. Kirkner (Eds.), *Psychological Variables in Human Cancer*. Berkeley and Los Angeles: University of California Press, 1954, 30–61.

Blumberg, E. M.; West, P. M.; and Ellis, F. W. A possible relationship between psychological factors and human cancer. *Psychosomatic Medicine*, 1954, *16*(4), 276–86.

———. MMPI findings in human cancer. *Basic Reading on the MMPI in Psychology and Medicine*. Minneapolis: Minnesota University Press, 1956, 452–60.

Bolen, J. S. Meditation and psychotherapy in the treatment of cancer. *Psychic*, July–August 1973, 19–22.

Booth, G. General and organic specific object relationships in cancer. *Annals of the New York Academy of Sciences*, 1969, *164*, 568–77.

Brooks, J. Transcendental meditation and its potential role in clinical medicine. *Synapse* (School of Medicine, Wayne State University), December 7, 1973, *1*(3).

Brown, B. *New mind, new body*. New York: Harper & Row, 1975.

Brown, F. The relationship between cancer and personality. *Annals of the New York Academy of Sciences*, 1966, *125*, 865–73.

311

Brown, J. H.; Varsamis, M. B.; Toews, J.; and Shane, M. Psychiatry and oncology: A review. *Canadian Psychiatric Association Journal*, 1974, *19*(2), 219–22.

Buccola, V. A., and Stone, W. J. Effects of jogging and cycling programs on physiological and personality variables in aged men. *Research Quarterly*, May 1975, *46*)2), 134–39.

Bulkley, L. D. Relation of diet to cancer. *Med. Rec.*, 1914, *86*, 699–702.

Burnet, F. M. The concept of immunological surveillance. *Prog. Exp. Tumor Research*, 1970, *13*, 1027.

Burrows, J. *A practical essay on cancer.* London, 1783.

Butler, B. The use of hypnosis in the case of cancer patients. *Cancer*, 1954, *7*, 1.

Cannon, W. B. *Bodily changes in pain, hunger, fear, and rage* (2nd ed.). New York: Appleton-Century, 1934.

Cardon, P. V., Jr., and Mueller, P. S. A possible mechanism: Psychogenic fat mobilization. *Annals of the New York Academy of Sciences*, 1966, *125*, 924–27.

Cassel, J. An epidemiological perspective of psychosocial factors in disease etiology. *American Journal of Public Health*, 1974, *64*, 1040–43.

Chesser, E. S., and Anderson, J. L. Treatment of breast cancer: Doctor/patient communication and psychosocial implications. *Proceedings of the Royal Society of Medicine*, 1975, *68*(12), 793–95.

Chigbuh, A. E. Role of psychosomatic factors in the genesis of cancer. *Rivista Internazionale di Psicologia e Ipnosi*, 1975, *16*(3), 289–95.

Cobb, B. A social-psychological study of the cancer patient. *Cancer*, 1954, 1–14.

Collingwood, T. R. The effects of physical training upon behavior and self-attitudes. *Journal of Clinical Psychology*, October 1972, *28*(4), 583–85.

Collingwood, T. R., and Willett, L. The effects of physical training upon self-concept and body attitude. *Journal of Clinical Psychology*, July 1971, *27*(3), 411–12.

Coppen, A. J., and Metcalf, M. Cancer and extraversion. In D. M. Kissen and L. L. LeShan (Eds.), *Psychosomatic aspects of neoplastic disease*, Philadelphia and Montreal: J. B. Lippincott Company, 1964, 30–34.

Crile, G., Jr. *What every woman should know about the breast cancer controversy.* New York: Macmillan, 1973.

Cullen, J. W., Fox, B. H., and Isom, R. N. (Eds.). *Cancer: The behavioral dimensions.* New York: Raven Press, 1976.

Cutler, E. Diet on cancer. *Albany Medical Annals*, 1887.

Cutler, M. The nature of the cancer process in relation to a possible psychosomatic influence. In J. A. Gengerelli and F. J. Kirkner (Eds.), *Psychological variables in human cancer.* Berkeley and Los Angeles: University of California Press, 1954, 1–16.

Doloman, G. F. Emotions, stress, the central nervous system, and immunity. *Ann. N. Y. Acad. Sci.*, 1969, *164*(2), 335–43.

Dorn, H. F. Cancer and the marital status. *Human Biology*, 1943, *15*, 73–79.

Dunbar, F. *Emotions and bodily changes: A survey of literature-psychosomatic interrelationships 1910–1953* (4th ed.). New York: Columbia University Press, 1954.

Ellerbroek, W. C. Hypotheses toward a unified field theory of human behavior with clinical application to acne vulgaris. *Perspectives in Biology and Medicine*, Winter 1973, 240–62.

Evans, E. *A psychological study of cancer*. New York: Dodd, Mead & Company, 1926.

Everson, T. C., and Cole, W. H. *Spontaneous regression of cancer.* Philadelphia, 1966, 7.

Ewing, J. Animal experimentations and cancer. Defense of Research Pamphlet 4, American Medical Association, Chicago, 1911.

Feder, S. L. Psychological considerations in the care of patients with cancer. *Annals of the New York Academy of Sciences*, 1966, *125*, 1020–27.

Fisher, S., and Cleveland, S. E. Relationship of body image to site of cancer. *Psychosomatic Medicine*, 1956, *18*(4), 304–309.

Folkins, C. H. Effects of physical training on mood. *Journal of Clinical Psychology*, 1976, *32*(2), 385–88.

Fox, B. H. Psychosocial epidemiology of cancer. In J. W. Cullen, B. H. Fox, and R. N. Isom (Eds.), *Cancer: The behavior of dimensions.* New York: Raven Press, 1976.

Fox, B. H., and Howell, M. A. Cancer risk among psychiatric patients. *International Journal of Epidemiology*, 1974, *3*, 207–208.

Fox, E. *Sermon on the mount*. New York: Harper & Row, 1938.

Frankel, A., and Murphy, J. Physical fitness and personality in alcoholism: Canonical analysis of measures before and after treatment. *Quarterly Journal Stud. Alc.*, 1974, *35*, 1272–78.

Friedman, M., and Rosenman R. *Type A behavior and your heart.* New York: Alfred A. Knopf, 1974.

Friedman, S. B.; Glasgow, L. A.; and Ader, R. Psychosocial factors modifying host resistance to experimental infections. *Annals of the New York Academy of Sciences*, 1969, *164*, 381–93.

Galen, *De tumoribus* [About tumors].

Gary, V., and Guthrie, D. The effect of jogging on physical fitness and self-concept in hospitalized alcoholics. *Quarterly Journal Stu. Alc.*, 1972, *33*, 1073–78.

Gendron, D. *Enquiries into nature, knowledge, and cure of cancers.* London, 1701.

Gengerelli, J. A., and Kirkner, F. J. (Eds.). *Psychological variables in human cancer.* Berkeley and Los Angeles: University of California Press, 1954.

Glade, P. R.; Zalvidar, N. M.; Mayer, L.; and Cahill, L. J. The role of cellular immunity in neoplasia. *Pediatric Research*, 1976, *10*, 517–22.

Glasser, R. *The body is the hero.* New York: Random House, 1976.

Gottschalk, L. A.; Kunkel, R.; Wohl, T. H.; Saenger, E. L.; and Winger, C. N. Total and half body irradiation: Effect on cognitive and emotional processes. *Archives of General Psychiatry,* November 1969, *21,* 574–80.

Gottschalk, L. A.; Stone, W. M.; Gleser, G. C.; and Iacono, J. M. Anxiety and plasma free acids (FAA). *Life Sciences,* 1969, *8*(2), 61–69.

Green, E., and Green, A. *Beyond Biofeedback.* New York: Delacorte, 1977.

Green, E. E.; Green, A. M.; and Walters, E. D. Voluntary control of internal states: Psychological and physiological. *Journal of Transpersonal Psychology,* 1970, *2*(1), 1–26.

———. Biofeedback for mind-body self-regulation: Healing and creativity. Paper presented at The Varieties of Healing Experience, Cupertino, California, October 1971.

Greene, W. A., Jr. Psychological factors and reticuloendothelial disease: I. Preliminary observations on a group of males with lymphomas and leukemia. *Psychosomatic Medicine,* 1954, *16,* 220–30.

———. The psychosocial setting of the development of leukemia and lymphoma. *Annals of the New York Academy of Sciences,* 1966, *125,* 794–801.

Greene, W. A., Jr., and Miller, G. Psychological factors and reticuloendothelial disease: IV. Observation on a group of children and adolescents with leukemia: An interpretation of disease development in terms of the mother-child unit. *Psychosomatic Medicine,* 1958, *20,* 124–44.

Greene, W. A., Jr.; Young, L.; and Swisher, S. N. Psychological factors and reticuloendothelial disease: II. Observations on a group of women with lymphomas and leukemia. *Psychosomatic Medicine,* 1956, *18,* 284–303.

———. Psychological and somatic variables associated with the development and course of monozygotic twins discordant for leukemia. *Annals of the New York Academy of Sciences,* 1969, *164,* 394–408.

Greer, S., and Morris, T. Psychological attributes of women who develop breast cancer. A controlled study. *Journal of Psychosomatic Research,* 1975, *19,* 147–53.

Grinker, R. R. Psychosomatic aspects of the cancer problem. *Annals of the New York Academy of Sciences,* 1966, *125,* 876–82.

Grissom, J. J.; Weiner, B. J.; and Weiner, E. A. Psychological substrate of cancer. *Psychologie Medicale,* 1976, *8*(6), 879–90.

Grossarth-Maticek, R. Cancer and family structure. *Familiendynamik,* 1976, *21*(4), 294–318.

Hagnell, O. The premorbid personality of persons who develop cancer in a total population investigated in 1947 and 1957. *Annals of the New York Academy of Sciences,* 1966, *125,* 846–855.

Handley, W. S. A lecture on the natural cause of cancer. *British Medical Journal,* 1909, *1,* 582.

Harrower, M.; Thomas, C. B.; and Altman, A. Human figure drawings in a prospective study of six disorders: Hypertension, coronary heart disease, malignant tumor, suicide, mental illness, and emotional disturbance. *Journal of Nervous Mental Disorders*, 1975, *161*, 191–99.

Hedge, A. R. Hypnosis in cancer. *British Journal of Hypnotism*, 1960, *12*, 2–5.

Hellison, D. R. Physical education and the self-attitude. *Quest Monograph*, January 1970, No. 13, 41–45.

Henderson, J. G. Denial and repression as factors in the delay of patients with cancer presenting themselves to the physician. *Annals of the New York Academy of Sciences*, 1966, *125*, 856–64.

Hoffman, S.; Pschkis, K. E.; and Cantarow, A. Exercise, fatigue, and tumor growth. *Fed. Proc.*, March 1960, *19* (abs.), 396.

Hoffman, S. A.; Paschkis, K. E.; DeBiar, D. A.; Cantarow, A.; and Williams, T. L. The influence of exercise on the growth of transplanted rat tumors. *Cancer Research*, June 1962, *22*, 597–99.

Holland, J. C. Psychological aspects of cancer. In J. F. Holland and E. Frei III (Eds.), *Cancer medicine*. Philadelphia: Lea & Febiger, 1973.

Holmes, T. H., and Rahe, R. H. The social readjustment rating scale. *Journal of Psychosomatic Research*, 1967, *11*, 213–18.

Holmes, T. H., and Masuda, M. *Life change and illness susceptibility*. Paper presented as part of Symposium on Separation and Depression: Clinical and Research Aspects, Chicago, December 1970.

Hueper, W. C. Environmental and occupational cancer. U.S. Public Health Report No. 1948, Suppl. 209, pp. 35–47, U.S. Government Printing Office, Washington, D.C.

Hughes, C. H. The relations of nervous depression toward the development of cancer. *St. Louis Medicine and Surgery Journal*, 1885.

Humphrey, J. H. Cited in review of L. L. LeShan's book by P. B. Medawar, *New York Review of Books*, June 9, 1977, 24(10).

Hurlburt, K. Personal communication, March 1975.

Hutschnecker, A. A. *The will to live*. New York: Thomas Y. Crowell Company, 1953.

Ismail, A. H., and Trachtman, L. E. Jogging the imagination. *Psychology Today*, March 1973, 6(10), 78–82.

Jaffer, Frances. *Any time now*. Effie's Press, 1977.

Jones, A. D. Theoretical considerations concerning the influence of the central nervous system on cancerous growth. *Annals of the New York Academy of Sciences*, 1966, *125*, 946–51.

Josephy, H. Analysis of mortality and causes of death in a mental hospital. *American Journal of Psychiatry*, 1949, *106*, 185–89.

Katz, J.; Gallagher, T.; Hellman, L.; Sachar, E.; and Weiner, H. Psychoendocrine considerations in cancer of the breast. *Annals of the New York Academy of Sciences*, 1969, *164*, 509–16.

Kavetsky, R. E. (Ed.). *The neoplastic process and the nervous system*. Kiev: The State Medical Publishing House, 1958.

315

Kavetsky, R. E.; Turkevich, N. M.; and Balitsky, K. P. On the psychophysiological mechanism of the organism's resistance to tumor growth. *Annals of the New York Academy of Sciences*, 1966, *125*, 933–45.

Kavetsky, R. E.; Turkevich, N. M.; Akimova, R. H.; Khayetsky, I. K.; and Matveichuf, Y. D. Induced carcinogenesis under various influences on the hypothalamus. *Annals of the New York Academy of Sciences*, 1969, *164*, 517–19.

Kidd, J. G. Does the host react against his own cancer cells? *Cancer Research*, 1961, *21*, 1170.

Kissen, D. M. Lung cancer, inhalation and personality. In D. M. Kissen and L. LeShan (Eds.), *Psychosomatic aspects of neoplastic disease*, Philadelphia: J. B. Lippincot, 1963, 3–11.

———. Personality characteristics in males conducive to lung cancer. *British Journal of Medical Psychology*, 1963, *36*, 27.

———. Relationship between lung cancer, cigarette smoking, inhalation and personality and psychological factors in lung cancers. *British Journal of Medical Psychology*, 1964, *37*, 203–16.

———. The significance of personality in lung cancer in men. *Annals of the New York Academy of Sciences*, 1966, *125*,933–45.

———. Psychosocial factors, personality, and lung cancer in men aged 55–64. *British Journal of Medical Psychology*, 1967, *40*, 29.

Kissen, D. M.; Brown, R. I. F.; and Kissen, M. A. A further report on personality and psychological factors in lung cancer. *Annals of the New York Academy of Sciences*, 1969, *164*, 535–45.

Kissen, D. M., and Eysenck, H. G. Personality in male lung cancer patients. *Journal of Psychosomatic Research*, 1962, *6*, 123.

Kissen, D. M., and Rao, L. G. S. Steroid excretion patterns and personality in lung cancer. *Annals of the New York Academy of Sciences*, 1969, *164*, 476–82.

Klein, E. Tumor-specific transplantation antigens. *Annals of the New York Academy of Sciences*, 1969, *164*, 344–51.

Klein, G. Immunological surveillance against neoplasia. *The Harvey Lectures*, 1973–74, Series 69.

Klopfer, B. Psychological variables in human cancer. *Journal of Projective Techniques*, 1957, *21*, 331–40.

Kostrubala, T. Prescription for stress: Running. *Practical Psychology for Physicians*, 1975, *2*(10), 50–53.

Kowal, S. J. Emotions as a cause of cancer: Eighteenth and nineteenth century contributions. *Psychoanalytic Review*, 1955, *42*, 217–27.

Krc, I.; Kovarova, M.; Janicek, M.; and Hyzak, A. The effects of physical exercise on the absolute blood basophil leukocyte count. *Acta Univ. Palacki Olomuc Fac Med.*, 1973, *66*, 253–58.

LaBarba, R. C. Experimental and environmental factors in cancer. *Psychosomatic Medicine*, 1970, *32*, 259.

LaBaw, A. L.; Holton, C.; Tewell, K.; and Eccles, D. The use of self-hypnosis by children with cancer. *The American Journal of Clinical Hypnosis*, 1975, *17*(4), 233–38.

Lappe, M. A., and Prehn, R. T. Immunologic surveillance at the mascroscopic level—nonselective elimination of premalignant skin papillomas. *Cancer Research*, 1969, *29*, 2374–80.

LeShan, L. L. A psychosomatic hypothesis concerning the etiology of Hodgkin's disease. *Psychologic Report*, 1957, *3*, 365–75.

——. Psychological states as factors in the development of malignant disease: A critical review. *Journal of the National Cancer Institute*, 1959, *22*, 1–18.

——. A basic psychological orientation apparently associated with malignant disease. *The Psychiatric Quarterly*, 1961, *35*, 314.

——. An emotional life history pattern associated with neoplastic disease. *Annals of the New York Academy of Sciences*, 1966, *125*, 780–93.

——. *You can fight for your life*. New York: M. Evans & Company, 1977.

LeShan, L. L., and Bassman, M. Some observations on psychotherapy with patients with neoplastic disease. *American Journal of Psychotherapy*, 1958, *12*, 723–34.

LeShan, L. L., and Worthington, R. E. Some psychologic correlatives of neoplastic disease: Preliminary report. *Journal of Clinical and Experimental Psychopathology*, 1955, *16*, 281–88.

——. Loss of cathexes as a common psychodynamic characteristic of cancer patients: An attempt at statistical validation of a clinical hypothesis. *Psychologic Report*, 1956, *2*, 183–93.

——. Personality as a factor in the pathogenesis of cancer: A review of the literature. *British Journal of Medical Psychology*, 1956, *29*, 49–56.

——. Some recurrent life history patterns observed in patients with malignant disease. *Journal of Nervous Mental Disorders*, 1956, *124*, 460–65.

Lewis, N. D. C. *Research in dementia praecox*. New York Committee for Mental Hygiene, 1936.

Lombard, H. L., and Potter, E. A. Epidemiological aspects of cancer of the cervix: Hereditary and environmental factors. *Cancer*, 1950, *3*, 960–68.

Luk-yandnko, V. L. The conditioned reflex regulation of immunological responses. Department of Physiology of the Higher Nervous Activity, Moscow State University and Sukhumi Medical Biological Station, U.S.S.R. Academy of Medical Sciences, June 1958.

MacMillan, M. B. A note on LeShan and Worthington's "Personality as a factor in the pathogenesis of cancer." *British Journal of Medical Psychology*, 1957, *30*, 41.

Marcial, V. A. Socioeconomic aspects of the incidence of cancer in Puerto Rico. *Annals of the New York Academy of Sciences*, 1960, *84*, 981.

Marmorston, J. Urinary hormone metabolite levels in patients with cancer of the breast, prostate, and lung. *Annals of the New York Academy of Sciences*, 1966, *125*, 959–73.

317

Marmorston, J.; Geller, P. J.; and Weiner, J. M. Pretreatment urinary hormone patterns and survival in patients with breast cancer, prostate cancer, or lung cancer. *Annals of the New York Academy of Sciences*, 1969, *164*, 483–93.

Mason, J. W. Psychological stress and endocrine function. In E. J. Sachar (Ed.), *Topics in psychoendocrinology*, New York: Grune & Stratton, 1975.

Mastrovito, R. C. Acute psychiatric problems and the use of psychotropic medications in the treatment of the cancer patient. *Annals of the New York Academy of Sciences*, 1966, *125*, 1006–10.

Meerloo, J. The initial neurologic and psychiatric picture syndrome of pulmonary growth. *JAMA*, 1951, *146*, 558–59.

————. Psychological implications of malignant growth: Survey of hypotheses. *British Journal of Medical Psychology*, 1954, *27*, 210–15.

Miller, F. R., and Jones, H. W. The possibility of precipitating the leukemic state by emotional factors. *Blood*, 1948, *8*, 880–84.

Miller, H. Emotions and malignancy. Paper presented at the American Society of Clinical Hypnosis Convention, San Francisco, November 1969.

Mitchell, J. S. Psychosomatic cancer research from the viewpoint of the general cancer field. In D. M. Kissen and L. L. LeShan (Eds.), *Psychosomatic aspects of neoplastic disease*. Philadelphia: J. B. Lippincott Company, 1964, 211–16.

Moore, C., and Tittle, P. W. Muscle activity, body fat, and induced rat mammary tumor. *Surgery*, March 1973, *73*(3), 329–32.

Moses, R., and Cividali, N. Differential levels of awareness of illness: Their relation to some salient features in cancer patients. *Annals of the New York Academy of Sciences*, 1966, *125*, 984–94.

Muslin, H. L.; Gyarfas, K.; and Pieper, W. J. Separation experience and cancer of the breast. *Annals of the New York Academy of Sciences*, 1966, *125*, 802–06.

Nakagawa, S., and Ikemi, Y. A psychosomatic study of spontaneous regression of cancer. *Medicina Psicosomatica*, 1975, *20*(4), 378.

Newton, G. Early experience and resistance to tumor growth. In D. M. Kissen and L. L. LeShan (Eds.), *Psychosomatic aspects of neoplastic disease*. Philadelphia: J. B. Lippincott, 1963, 71–79.

————. Tumor susceptibility in rats: Role of infantile manipulation and later exercise. *Psychological Reports*, 1965, *16*, 127–32.

Nunn, T. H. *Cancer of the breast*. London: J. & A. Churchill, 1822.

Old, L. J., and Boyse, E. A. Immunology of experimental tumors. *Annual Review of Medicine*, 1964, *15*, 167.

Orbach, C. E.; Sutherland, A. M.; and Bozeman, M. F. Psychological impact of cancer and its treatment. *Cancer*, 1955, *8*, 20.

Paget, J. *Surgical pathology* (2nd ed.). London: Longman's Green, 1870.

Paloucek, F. P., and Graham, J. B. The influence of psycho-social factors on the prognosis in cancer of the cervix. *Annals of the New York Academy of Sciences*, 1966, *125*, 814–16.

Parkes, C. M.; Benjamin, B.; and Fitzgerald, R. G. Broken heart: A statistical study of increased mortality among widowers. *British Medical Journal*, 1969, *1*, 740–43.

Patterson, W. B. The quality of survival in response to treatment. *JAMA*, July 21, 1975, *233*(3), 280–81.

Pelletier, K. R. *Mind as healer, mind as slayer*. New York: Delta, 1977.

Pendergrass, E. Host resistance and other intangibles in the treatment of cancer. *American Journal of Roentgenology*, 1961, *85*, 891–96.

Peper, E., and Pelletier, K. R. Spontaneous remission of cancer: A bibliography. Mimeograph, 1969.

Prehn, R. T. The relationship of immunology to carcinogenesis. *Annals of the New York Academy of Sciences*, 1969, *164*, 449–57.

Psychophysiological aspects of cancer. In E. M. Weyer (Ed.), *Annals of the New York Academy of Sciences*, 1966, *125*(3), 773–1055.

Rapaport, F. T., and Lawrence, H. S. A possible role for cross-reacting antigens in conditioning immunological surveillance mechanisms in cancer and transplantation: II. Prospective studies of altered cellular immune reactivity in cancer patients. *Transplantation Proceedings*, June 1975, *7*(2), 281–85.

Rashkis, H. A. Systematic stress as an inhibitor of experimental tumors in Swiss mice. *Science*, 1952, *116*, 169–71.

Rasmussen, A. F., Jr. Emotions and immunity. *Annals of the New York Academy of Sciences*, 1969, *164*, 458–62.

Resier, M. Retrospects and prospects. *Annals of the New York Academy of Sciences*, 1966, *125*, 1028–55.

Reznikoff, M. Psychological factors in breast cancer: A preliminary study of some personality trends in patients with cancer of the breast. *Psychosomatic Medicine*, 1955, *18*, 2.

Reznikoff, M., and Martin, P. E. The influence of stress on mammary cancer in mice. *Journal of Psychosomatic Research*, 1957, *2*, 56–60.

Reznikoff, M., and Tomblin, D. The use of human figure drawings in the diagnosis of organic pathology. *Journal of Consulting Psychology*, 1956, *20*, 467–70.

Richter, C. P. On the phenomenon of sudden death in animals and man. *Psychosomatic Medicine*, 1957, *19*, 191–98.

Rigan, D. Exercise and cancer: A review. *Journal A.O.A.*, March 1963, *62*, 596–99.

Riley, V. Mouse mammary tumors: Alteration of incidence as apparent function of stress. *Science*, August 1975, *189*, 465–67.

Rosenbaum, E., and Rosenbaum, I. R. *Mind and body: A rehabilitation guide for patients and their families.* San Francisco: Published by the authors c/o Mt. Zion Hospital.

319

Rosenthal, R. The volunteer subject. *Human Relations*, 1965, *18*, 389–406.

Rosenthal, R. *Experimenter effects in behavioral research*. New York: Appleton-Century-Crofts, 1966.

Rosenthal, R., and Rosnow, R. L. (Eds.), The volunteer subject. *Artifact in Behavioral Research*, New York: Academic Press, 1969.

Rusch, H. P., and Kline, B. E. The effect of exercise on the growth of a mouse tumor. *Cancer Research*, 116–18.

Sacerdote, P. The uses of hypnosis in cancer patients. *Annals of the New York Academy of Sciences*, 1966, *125*, 1011–19.

Sakurai, N., S. Yamaoka, and M. Murakami. Relationship between exercises and changes in blood characteristics in horses. *Exp. Rep. Equine Health Lab.*, 1967, *4*, 15–19.

Salk, J. Immunological paradoxes: Theoretical considerations in the rejection or retention of grafts, tumors, and normal tissue. *Annals of the New York Academy of Sciences*, 1969, *164*, 365–80.

Samudzhan, E. M. Effect of functionally weakened cerebral cortex on growth of inoculated tumors in mice. *Med Zhurn.*, AN Ukranian SSSR, 1954, *24*(3), 10–14.

Samuels, M., and Samuels, N. *Seeing With the Mind's Eye*. New York and Berkeley: Random House and the Bookworks, 1975.

Scheflen, A. E. Malignant tumors in the institutionalized psychotic population. *Archives of Neurology and Psychiatry*, 1951, *64*, 145–55.

Schmale, A. H., and Iker, H. The psychological setting of uterine cervical cancer. *Annals of the New York Academy of Sciences*, 1966, *125*, 807–13.

———. Hopelessness as a predictor of cervical cancer. *Social Science and Medicine*, 1971, *5*, 95–100.

Schonfield, J. Psychological factors related to delayed return to an earlier life-style in successfully treated cancer patients. *Journal of Psychosomatic Research*, 1972, *16*, 41–46.

———. Psychological and life-experience differences between Israeli women with benign and cancerous breast lesions. *Journal of Psychosomatic Research*, 1975, *19*, 229–34.

Second conference on psychophysiological aspects of cancer. In M. Krauss (Ed.), *Annals of the New York Academy of Sciences*, 1969, *164*(2), 307–634.

Seligman, M. E. P. *Helplessness: On depression, development, and death.* San Francisco: W. H. Freeman and Company, 1975.

Selye, H. *The stress of life.* New York: McGraw-Hill, 1956.

Shands, H. C. The informational impact of cancer on the structure of the human personality. *Annals of the New York Academy of Sciences*, 1966, *125*, 883–89.

Sheehy, G. *Passages.* New York: E. P. Dutton and Company, 1976.

Silvertsen, I., and Dahlstrom, A. W. Relation of muscular activity to carcinoma: Preliminary report. *Journal of Cancer Research*, 1921, *6*, 365–78.

Sivertsen, I., and Hastings, W. H. Preliminary report on influence of food and function on incidence of mammary gland tumor in "A" stock albino mice. *Minnesota Med.*, December 1938, *21*, 873–75.

Simonton, O. C., and Simonton, S. Belief systems and management of the emotional aspects of malignancy. *Journal of Transpersonal Psychology*, 1975, *7*(1), 29–47.

Smart, A. Conscious control of physical and mental states. *Menninger Perspective*, April–May 1970.

Smith, W. R., and Sebastian, H. Emotional history and pathogenesis of cancer. *Journal of Clinical Psychology*, 1976, *32* (4). 863–66.

Snow, H. *The reappearance [recurrence] of cancer after apparent extirpation.* London: J. & A. Churchill, 1870.

———. *Clinical notes on cancer.* London: J. & A. Churchill, 1883.

———. *Cancer and the cancer process.* London: J. & A. Churchill, 1893.

Solomon, G. F. Emotions, stress, the central nervous system, and immunity. *Annals of the New York Academy of Sciences*, 1969, *164*, 335–43.

Solomon, G. F., and Amkraut, A. A. Emotions, stress, and immunity. *Frontiers of Radiation Therapy and Oncology*, 1972, *7*, 84–96.

Solomon, G. F., and Moos, R. H. Emotions, immunity and disease. *Archives of General Psychiatry*, 1964, *11*, 657.

Solomon, G. F.; Amkraut, A. A.; and Kasper, P. Immunity, emotions and stress. *Annals of Clinical Research*, 1974, *6*, 313–22.

Sommers, S. C., and Friedell, G. H. Studies of carcinogenesis in parabiotic rats. *Annals of the New York Academy of Sciences*, 1966, *125*, 928–32.

Sonstroem, R. J., and Walker, M. I. Relationship of attitudes and locus of control to exercise and physical fitness. *Perceptual and Motor Skills*, 1973, *36*, 1031–34.

Southam, C. M. Relationships of immunology to cancer: A review. *Cancer Research*, 1960, *20*, 271.

———. Discussion: Emotions, immunology, and cancer: How might the psyche influence neoplasia? *Annals of the New York Academy of Sciences*, 1969, *164*, 473–75.

Stamford, B. K.; Hambacher, W.; and Fallica, A. Effects of daily physical exercise on the psychiatric state of institutionalized geriatric mental patients. *Research Quarterly*, 1974, *45*(1), 34–41.

Stavraky, K. M. Psychological factors in the outcome of human cancer. *Journal of Psychosomatic Research*, 1968, *12*. 251.

Stein, M., Schiavi, R. C., and Luparello, T. J. The hypothalamus and immune process. *Annals of the New York Academy of Sciences*, 1969, *164*, 464–72.

Stein, M.; Schiavi, R. C.; and Camerino, M. Influence of brain and behavior on the immune system. *Science*, February 6, 1976, *191*, 435–39.

Steiner, C. *Scripts people live.* New York: Bantam, 1974.

Stephenson, I. H., and Grace, W. Life stress and cancer of the cervix. *Psychosomatic Medicine,* 1954, *16,* 287.

Stern, E., Mickey, M. R., and Gorski, R. A. Neuroendocrine factors in experimental carcinogenesis. *Annals of the New York Academy of Sciences,* 1969, *164,* 494–508.

Stern, K. The reticuloendothelial system and neoplasia. In J. H. Heller (Ed.), *Reticuloendothelial structure and function.* New York: The Ronald Press Company, 1960, 233–58.

Sundstroem, E. S., and Michaels, G. *The adrenal cortex in adaptation to altitude, climate, and cancer.* Berkeley: University of California Press, 1942.

Surawicz, F. G.; Brightwell, D. R.; Weitzel, W. D.; and Othmer, E. Cancer, emotions, and mental illness: The present state of understanding. *American Journal of Psychiatry,* 1976, *133*(11), 1306–1309.

Takahashi, H. Effects of physical exercise on blood: 2. Changes in the hematological picture with physical loads. *Journal Nara Med. Assoc.,* 1975, *26*(6), 431–37.

Tannenbaum, A. Role of nutrition in origin and growth of tumors. In *Approaches to tumor chemotherapy,* 1947, 96–127.

Tarlau, M., and Smalheiser, I. Personality patterns in patients with malignant tumors of the breast and cervix: Exploratory study. *Psychosomatic Medicine,* 1951, *13,* 117–21.

Thomas, C. B., and Duszynski, D. R. Closeness to parents and the family constellation in a prospective study of five disease states: Suicide, mental illness, malignant tumor, hypertension, and coronary heart disease. *The Johns Hopkins Medical Journal,* 1974, *134,* 251–70.

Thomas, L. Reactions to homologous tissue antigens in relation to hypersensitivity. *Cellular and Humoral Aspects of the Hypersensitive States,* 1959, 529–32.

Tillman, K. Relationship between physical fitness and selected personality traits. *The Research Quarterly,* *36*(4), 483–89.

Turkevich, N. M. Significance of typological peculiarities of the nervous system in the origin and development of cancer of the mammaries in mice. *Vopr. Oncol.,* 1955, *1*(6), 64–70.

Ulene, A. *Feeling fine.* Los Angeles: J. P. Tarcher, 1977.

Visscher, M. B., Ball, Z. B., Barnes, R

Visscher, M.B.; Ball, Z. B.; Barnes, R. H.; and Silvertsen, I. Influence of caloric restriction upon incidence of spontaneous mammary carcinoma in mice. *Surgery,* January 1942, *11,* 48–55.

Wallace, R. K. Physiological effects of transcendental meditation. *Science,* March 1970, *167,* 1751–54.

Wallace, R. K., and Benson, H. The physiology of meditation. *Scientific American,* February 1972, 84.

Wallace, R. K.; Benson, H.; and Wilson, A. F. A wakeful hypometabolic physiologic state. *American Journal of Physiology,* September 1971, 795.

Walshe, W. A. *Nature and treatment of cancer.* London: Taylor and Walton, 1846.

Waxenberg, S. E. The importance of the communications of feelings about cancer. *Annals of the New York Academy of Sciences, 1966, 125,* 1000–1005.

Weiner, J. M.; Marmorston, J.; Stern, E.; and Hopkins, C. E. Urinary hormone metabolites in cancer and benign hyperplasia of the prostate: A multivariate statistical analysis. *Annals of the New York Academy of Sciences, 1966, 125,* 974–83.

Weinstock, C. Psychodynamics of cancer regression. *Journal of the American Academy of Psychoanalysis, 1977, 5*(2), 285–86.

Weiss, D. W. Immunological parameters of the host-parasite relationship in neoplasia. *Annals of the New York Academy of Sciences, 1969, 164,* 431–48.

Weiss, D. W.; Faulkin, L. J., Jr.; and DeOme, K. B. Acquisition of heightened resistance and susceptibility to spontaneous mouse mammary carcinomas in the original host. *Cancer Research, 1964, 24,* 732.

Weitzenhoffer, A. M. *Hypnotism: An objective study in suggestibility.* New York: John Wiley & Sons, 1953.

West, P. M. Origin and development of the psychological approach to the cancer problem. In J. A. Gengerelli and F. J. Kirkner (Eds.), *The psychological variables in human cancer.* Berkeley and Los Angeles: University of California Press, 1954, 17–26.

West, P. M., Blumberg, E. M., and Ellis, F. W. An observed correlation between psychological factors and growth rate of cancer in man. *Cancer Research, 1952, 12,* 306–307.

Wheeler, J. I., Jr., and Caldwell, B. M. Psychological evaluation of women with cancer of the breast and of the cervix. *Psychosomatic Medicine, 1955, 17*(4), 256–68.

Wintrok, R. M. Hexes, roots, snake eggs? M.D. vs occult. *Medical Opinion, 1972, 1*(7), 54–57.

Wolf, S. Effects of suggestion and conditioning on the action of chemical agents in human subjects: The pharmacology of placebos. *Journal of Clinical Investigation, 1950, 29,* 100–109.

BIBLIOGRAPHIE COMPLÉMENTAIRE
SUR ET AUTOUR DU CANCER

DES SPÉCIALISTES, MÉDECINS, PSYCHOLOGUES PARLENT...

Claude BRUNEL, *Cancer, les armes de l'espoir* (avec les Drs Jean Bernard, Robert Calle...), Paris, Trévise, 1979.

Georges DEROGY, *Vaincre le cancer,* Paris, Ed. de Minuit, 1958.

Jean-Claude DUQUESNE, *Dites plutôt c'est un cancer,* Paris, Le Centurion, 1980.

Dr Lucien ISRAËL, *Le cancer aujourd'hui,* Paris, Grasset-Fasquelle, 1976.

Dr Lucien ISRAËL, *La décision médicale,* Paris, Calmann-Lévy, 1980.

Dr Lucien ISRAËL et Catherine ADONIS, *L'infirmière et le cancer,* Paris, L'expansion scientifique française, 1977.

M. JANET, *Traitement des cancers par la méthode de Vernes,* Lausanne, Ed. Bionat, 1979.

Dr Simone LABORDE, *Le cancer,* coll. Que sais-je? Paris, P.U.F., 1972.

Philippe LAGARDE, *Ce qu'on vous cache sur le cancer,* Lausanne, Ed. Favre, 1981.

Dr Georges MATHE, *Dossier cancer,* Paris, Stock, 1977.

Dr Georges MATHE, *Le temps d'y penser,* Paris, Stock, 1974.

Yves ROGER, *Le cancer, 15 spécialistes répondent,* Paris, Ramsay, 1978.

Dr Maurice TUBIANA, *Le refus du réel,* Paris, Robert Laffont, 1977.

Cancer: de grands spécialistes répondent, sous la direction du Pr Saad KHOURY, avec la collaboration du Pr Claude JASMIN, Paris, Hachette, 1979.

Choisissez de vivre, sous la direction scientifique de Robert CALLE, interviews des Drs Jean BERNARD, Lucien ISRAËL, Pr DAUDEL, Paris, Encre édition/ligue nationale contre le cancer, 1979.

Dr Jacques BRÉHANT, *Thanatos,* Paris, Robert Laffont, 1976.

Dr Jacques BRÉHANT, *Le cancer, une maladie comme une autre* (en préparation 1982).

Dr Ginette RAIMBAULT, *L'enfant et la mort,* Toulouse, Privat, 1975.

Dr F. RAIMBAULT, *La Délivrance,* Paris, Mercure de France, 1976.

F. SARDA, *La droit de vivre et le droit de mourir,* Paris, Seuil, 1975.

Pr Louis Vincent THOMAS, *Anthropologie de la mort,* Paris, Payot, 1976.

Dr Léon SCHWARTZENBERG et Pierre VIANSSON-PONTE, *Changer la mort,* Albin-Michel, 1977.

Pr Anne ANCELIN-SCHUTZENBERGER, *Visualisation, image mentale et cancer,* in *Bulletin de Psychologie,* Paris-Sorbonne, janvier 1979.

Dr Roberto ASSAGIOLI, *Psychosynthèse,* Paris, Epi, 1976.

Dr Soly BENSABAT, *Stress* (avec la collaboration des Prs GUILLEMIN, SIR H KREBS, PAULING, SELYE...), Paris, Hachette, 1980.

Dr R. BRUSTON, *De la méthode Vittoz à la psychologie des profondeurs,* Paris, Epi, 1981.

Norman COUSINS, *La volonté de guérir,* Paris, Le Seuil, 1980.

Dr Gisela EBERLEIN, *Guide pratique du Training autogène,* méthode Schultz, Paris, Retz, 1980.

Moshe FELDENKRAIS, *Le cas Doris,* Paris, Hachette littérature, 1977.

Thomas A. HARRIS, *D'accord avec soi et les autres,* Paris, Epi, 1973.

Edmond JACOBSON, *Biologie des émotions: les bases théoriques de la relaxation,* Paris, E.S.F., 1974.

Centre interdisciplinaire de Montréal, *Savoir se relaxer pour combattre le stress,* Montréal, Ed. de l'Homme, 1980.

Denis JAFFE, *La guérison est en soi,* Paris, Robert Laffont, 1981.

Simon MONERET, *Savoir se relaxer,* Paris, Retz, 1977.

Wilhem REICH, *La biopathie du cancer,* Paris, Payot, 1975.

Prs ROSENTHAL et JACOBSON, *Pygmalion à l'école,* Paris, Casterman, 1971.

Paul SCHILDER, *Le schéma corporel,* Paris, Gallimard, 1975.

William SCHUTZ, *Joie: épanouissement des relations humaines,* Paris, Epi, 1976.

Actes du colloque de Marseille de 1981: *Psychologie et cancer,* Paris, Masson, 1982.

ILS TÉMOIGNENT...

Rosa BAILLY, *Victoire sur le cancer,* Genève, Mont-Blanc, 1959.

Henri BRIOT, *Hodgkin 33 33,* Paris, Ed. du jour, 1974.

Philippe BOEGNER, *Les Punis,* Paris, Stock, 1978.

Sabine DE LA BROSSE, *La force de vaincre,* Paris, J.C. Lattès, 1979.

Françoise PRÉVOST, *L'amour nu,* Paris, Stock, 1981.

Fritz ZORN, *Mars,* Paris, Gallimard, 1980.

REVUES

Revue de médecine psychosomatique et de psychologie médicale, Ed. Privat, Toulouse. Directeurs: Drs Michel SAPIR et Léon CHARTOCK.

L'impatient, 14, boulevard Sébastopol. Directeur: Dr Henri PRADAL.

Nº 22, septembre 1979, «Psychisme et cancer».

Nº 23, octobre 1979, «Prévenir le cancer».

Nº 24, novembre 1979, «Le cancer, comment s'en tirer».

Fondamental Nº 8: Les thérapeutiques parallèles du cancer (thèse du Dr M.C. GAULEY).

ASSOCIATIONS

LIGUE NATIONALE FRANÇAISE CONTRE LE CANCER
1, avenue Stephen-Pichon, 75013 Paris.
Edite la revue trimestrielle: *Vivre.*

*ASSOCIATION POUR LE DÉVELOPPEMENT DE LA RECHERCHE SUR
    LE CANCER*
Edite la revue: *Fondamental.*

VIVRE COMME AVANT
3, rue Philibert-Delorme, 75017 Paris.

FÉDÉRATION DES CENTRES DE LUTTE CONTRE LE CANCER
101, rue de Tolbiac, 75013 Paris.

Groupes d'aide aux cancéreux
ou associations pouvant indiquer des thérapeutes entraînés à la méthode Simonton

FRANCE

L'Arbre de vie
3, square Montsouris, 75014 Paris. Tél. (1) 580.11.46 ou 580.01.26.

Fédération Nationale des Groupes d'Usagers de la Santé
18, rue Victor-Massé, 75009 Paris. Tél. (1) 526.51.96.
Permanence le mercredi de 10 h à 18 h.
Antennes aussi en province.

Harmonie et Espoir
5, rue Olivier-Noyer, 75014 Paris. Tél. (1) 545.48.00.

I.F.E.P.P.
140 *bis,* rue de Rennes, 75006 Paris. Tél. (1) 222.90.70 ou 222.95.50.
Antennes à Clermont-Ferrand, Toulouse, Bordeaux et Grenoble.

La Ligne Bleue
46, boulevard de la Bastille, 75012 Paris. Tél. (1) 347.34.34.

SA MA SA
35, rue de Coulmiers, 75014 Paris. Tél. (1) 593.53.33.

Vivre comme avant
8, rue Taine, 75012 Paris. Tél. (1) 622.02.83.

BELGIQUE

L'Ecole des Parents
14, place des Acacias, 1040 Bruxelles – Belgique.

L'éditeur souhaite pouvoir mentionner dans une prochaine édition les groupes et les associations de Belgique, Canada et Suisse, qui sont priés de lui faire savoir leurs adresses, à :

Epi, 76 *bis,* rue des Saints-Pères, 75007 Paris

Table des matières

Stephanie MATTHEWS SIMONTON:
La famille, son malade et le cancer. Coopérer pour vivre et pour guérir.
Gustave Nicolas FISHER:
La formation quelle utopie. Questions autour d'une expérience pédagogique avec des comités d'entreprise.
Jacques DURAND-DASSIER:
Groupes rencontre marathon.
Helen DURKIN:
Le groupe en profondeur.
Dr Carl SIMONTON, Stephanie MATTHEWS, James CREIGHTON:
Guérir envers et contre tout. Le guide quotidien du malade et de ses proches pour surmonter le cancer.
S.H. FOULKES, Asya L. KADIS, Jack D. KRASNER et Charles WINICK:
Guide du psychothérapeute de groupe.
Serge COUILLAUT:
Humanisation du travail dans l'entreprise industrielle.
Xavier AUDOUARD:
L'idée psychanalytique dans une maison d'enfants.
René LOURAU:
L'illusion pédagogique.
Jean COURNUT et Sophie-Danielle DEHAUT:
L'îlot « asocial » et son école.
Dora KALFF:
Le jeu du sable. Méthode de psychothérapie.
William SCHÜTZ:
Joie. L'épanouissement des relations humaines.
André de PERETTI:
Liberté et relations humaines, ou l'inspiration non directive.
Drs Bernard VINCENT, Jacques CATTA, Albert GUERNIGON, Paul GUYON, Pierre MÉCHINAUT:
Le médecin, le malade et la société.
Guy LE BOTERF et François VIALLET:
Métiers de formateurs. Comment décrire leurs situations professionnelles.
Hendrick M. RUITENBEEK:
Les nouveaux groupes de thérapie. Marathon, Gestalt, Bio-Energie, groupe de nus, groupes de drogués.
Anne ANCELIN SCHÜTZENBERGER:
L'observation dans les groupes de formation et de thérapie.
Simone RAMIN, Germain FAJARDO:
Perception de soi par l'attitude et le mouvement.
Dr Rosie BRUSTON:
Petit manuel de rééducation psychosensorielle et psychothérapie Vittoz.
Dr Alexander LOWEN:
La peur de vivre.
Zerka T. MORENO:
Psychodrame d'enfants.
Carl ROGERS, Rollo MAY, Abraham MASLOW, Gordon ALLPORT et Herman FEIFEL:
Psychologie existentielle.
François MARCHAND et Patrick VINCELET (publié sous la direction de):
Le Psychologue et l'éducation.
Roberto ASSAGIOLI:
Psychosynthèse. Principes et techniques.
S.H. FOULKES et E.J. ANTHONY:
Psychothérapie de groupe. Approche psychanalytique.

Jacques DURAND-DASSIER :
Psychothérapie sans psychothérapeute. Communautés de drogués et de psychotiques.
Suzanne DEDET :
Relaxation psychosensorielle dans la psychothérapie Vittoz.
André de PERETTI :
Risques et chances de la vie collective.
Raymond HOSTIE :
Session de sensibilisation aux relations humaines. Guide pratique.
Pierre WEILL :
Le sphinx. Mystère et structure de l'homme.
Jacques DURAND-DASSIER :
Structure et psychologie de la relation.
André LAPIERRE et Bernard AUCOUTURIER :
La symbolique du mouvement. Psychomotricité et éducation.
J.L. MORENO :
Théâtre de la spontanéité.
Laura SHELEEN :
Théâtre pour devenir... autre.
Virginia SATIR :
Thérapie du couple et de la famille.
William GLASSER :
La « thérapie par le réel ».
Georges GUELFAND, Roland GUENOUN et Aldo NONIS :
Les tribus éphémères. Une expérience de groupe.
Jay HALEY :
Un thérapeute hors du commun : Milton H. Erickson.
Yannick GEOFROY, Patrick ACCOLLA, Anne ANCELIN-SCHÜTZENBERGER :
Vidéo... formation et thérapie. D'autres images de son corps.
Jacques DROPSY :
Vivre dans son corps.
Anne ANCELIN-SCHÜTZENBERGER :
Vocabulaire de base des sciences humaines. Formation, psychothérapie, psychanalyse, psychiatrie, dynamique des groupes, psychodrame et nouvelles techniques de groupes.

5ᵉ édition/1986

Achevé d'imprimer en septembre 1986
sur les presses de l'Imprimerie Saint-Paul
55000 Bar le Duc, France
Dépôt initial: avril 1982
Dépôt légal: septembre 1986
N° d'éditeur: 86-88
N° 8-86-610